하나님의 음성

IVP(InterVarsity Press)는
캠퍼스와 세상 속의 하나님 나라 운동을 지향하는
IVF(InterVarsity Christian Fellowship)의 출판부로
생각하는 그리스도인을 위한 문서 운동을 실천합니다.

Hearing God: Updated and Expanded
ⓒ 1984, 1993, 1999, 2012 by Dallas Willard
Translated by permission of InterVarsity Press
P. O. Box 1400, Downers Grove, IL 60515, U. S. A.

Korean Edition ⓒ 2001, 2016 by Korea InterVarsity Press
156-10 Donggyo-Ro, Mapo-Gu, Seoul 04031, Korea

하나님의 음성
Hearing God

달라스 윌라드
윤종석 옮김

Ivp

다정한 여인이자

하나님 나라의 좋은 군사이며

신실한 동반자인

제인 레이크스 윌라드에게

차례

개정판 서문　9

서문　11

1. 하나님의 음성을 듣는 것에 관한 역설　19

　　하나님의 음성을 듣는다고 말하지만 그것을 설명하는 사람은 왜 적은가?

2. 하나님의 음성을 듣기 위한 지침　45

　　하나님의 음성에 대한 흔한 오해는 무엇인가?

　　하나님의 음성 듣기 연습: 열왕기상 19:2-18

3. 결코 혼자가 아니다　69

　　하나님은 우리와 어떻게 함께하시는가?

4. 대화하는 우주　107

　　하나님은 정말로 우리와 대화하시는가?

　　하나님의 음성 듣기 연습: 열왕기하 6:11-17

5. 세미한 소리와 그 경쟁자들　147

　　이전에는 하나님이 사람들에게 어떻게 말씀하셨는가?

　　하나님의 음성 듣기 연습: 잠언 20:27, 고린도전서 2:9-13, 15-16

6. 하나님의 말씀과 하나님의 통치   199

   일상에서 하나님의 말씀은 어떤 역할을 하는가?

   하나님의 음성 듣기 연습: 시편 19:1-6, 119:89-91

7. 하나님의 말씀을 통한 구속   245

   하나님의 음성을 듣는 것은 어떻게 성품의 변화를 이끄는가?

   하나님의 음성 듣기 연습: 로마서 5:10-11, 6:4, 8-11

8. 하나님의 음성 알아듣기   281

   하나님의 음성과 우리 자신의 음성을 어떻게 구별하는가?

   하나님의 음성 듣기 연습: 역대상 14:8-17

9. 인도하심 그 이상의 삶   327

   하나님의 음성 듣는 법을 어떻게 배우는가?

후기: 뜨거운 마음을 갖는 길   367

부록: 핵심 질문과 대답   377

주   383

개정판 서문

하나님의 음성에 대해 혼란스러워하며 자신이 늘 부족하다고 느끼는 사람들이 많을 것이다. 1장에서 만날 '메마'로 통하는 내 아내의 할머니도 그중 한 분이셨다. 할머니는 분명 하나님을 깊이 있게 경험했으며 그분과 풍성한 교제를 누리며 사셨다. 하지만 '하나님의 음성을 듣는다'는 표현 앞에서는 자신이 꼭 집 안을 기웃거리는 외부인처럼 느껴졌다. 알고 보니 이 사랑스러운 여인처럼 그런 말에 당황해하는 사람들이 많았다. 그렇게 되면 많은 경우에 하나님이 원하시는 친밀한 소통은 사실상 하나님의 육성을 들으려고 애쓰거나 성경책을 옆에 펼쳐 놓고 '말씀을 받는다'는 개념으로 축소될 수 있다.

하나님과 친밀하다는 것은 그분과 소통한다는 뜻이며 이는 거의 언제나 양방향으로 이루어진다. 하나님과 지속적으로 우정을 나누려면 우리 마음에 있는 것을 기도로 그분께 아뢸 뿐 아니라, 그분이 우리에게 무엇을 말씀하시는지 깨달을 줄 알아야 한다. 하나님과의 대화에서 많은 사람들이 특히 후자를 어려워하거나 막연해한다. 하나님이 내게 말씀하시는지 어떻게 확실히 알 수 있단 말인가? 답은 경험으로 배운다는 것이다.

그 비결은 창조주와의 인격적 관계를 가꾸는 데 집중하는 것이다. 개별적인 행동과 결정은 그다음이다. 하나님의 지시를 듣는 일은 풍성하고 상호적인 관계의 한 가지 측면에 불과하다. 구체적인 인도를 받는 일은 하나님의 음성을 듣는 것의 일면일 뿐이다.

결국 우리는 하나님의 음성을 듣는 문제를 **넘어서** 자신보다 더 큰 삶, 곧 하나님 나라의 삶**으로** 들어가야 한다. 하나님을 사랑하고 예배하는 마음이 그분의 음성을 분별하려는 마음을 압도해야 한다. 세상을 창조하시고 우리의 모든 삶을 채워 주시는 그분을 먼저 기뻐해야 한다. 이런 삶의 취지는 우리의 모든 존재와 모든 행위를 세상과 우리를 창조하신 하나님의 목적과 결부시키는 것이다. 그럴 때 우리는 무엇을 하든지 다 하나님의 영광을 위하여 할 수 있다(고전 10:31; 골 3:17). 그렇게 살면 하나님과의 양방향 소통은 자연스럽게 배우게 되어 있다.

잊지 말고 늘 염두에 두어야 할 아주 중요한 사실이 있다. 당신은 부단한 영적 존재로서 삼위일체 하나님이라는 창조적 공동체와 친밀한 우정을 나누며 변화되어 가도록 지음받았다. 하나님의 음성을 듣는다는 것은 지속적인 대화에 더 편안해지고 하나님의 선하심과 사랑에 늘 의지하는 것이지, 그분을 충고 자판기로 둔갑시키거나 성경을 요술 구슬 취급하는 것이 아니다. 당신이 하나님과의 지속적 관계를 가꾸는 데 이 책이 도움이 되기를 바란다. 그 관계는 대화와 사귐과 완성으로 이루어진다.

달라스 윌라드

서문

하나님의 음성을 듣는다? 무모한 생각이라 할 수도 있고 주제넘을 뿐 아니라 심지어 위험한 생각이라 할 수도 있다. 하지만 우리가 본래 그것을 위해 지음받은 존재라면 어찌할 것인가? 그분의 음성을 듣지 않고는 인간 체제가 제 기능을 발휘하지 못한다면 어떻게 할 것인가? 그렇게 생각할 이유는 얼마든지 있다. 삶의 큰 흐름은 물론 미세한 조직까지도 우리가 하나님의 음성을 들어야 할 필요성을 증명하고 있다. 사실 하나님의 음성을 듣지 **않은 채** 인간 존재를 다루는 것이 더 주제넘고 위험하지 않겠는가.

우리에게 가장 고독한 순간은 결단의 시간이며 인도가 필요할 때다. 미래의 삶의 무게가 우리 마음을 짓누른다. 선택의 결과가 어찌 됐든 그것은 우리의 책임이며 우리의 잘못이다. 마음에 품고 있는 좋은 일들도 우리의 선택을 통해서만 비로소 현실이 된다. 하지만 선택을 잘못하면 마음에 품었던 일이든, 미처 꿈꾸지 못한 좋은 일이든 영영 돌이킬 수 없게 놓쳐 버릴 수 있다. 평생 감내해야 할 실패와 비참한 결과에 꼼짝없이 매일 수 있다.

그럴 때 재빨리 두 번째 그리고 세 번째, 네 번째 생각이 우리를 집요하게 따라온다. 나는 과연 지혜로운 선택을 한 것일까? 이것이 하나님이 원하시는 길일까? **내가** 정말 원한 길이기는 할까? 나는 결과를 감당할 수 있을까? 남들이 나를 바보로 보지는 않을까? 하나님은 그래도 나와 함께 계실까? 내가 잘못된 선택을 했음이 백일하에 드러난다 해도 나와 함께하실까?

젊었을 때는 자신의 욕망과 충동과 사고에 따라 경솔한 선택을 할 수 있지만 그 선택이 10년 후에는 우리를 궁지에 빠뜨릴 수 있다. 한창 젊을 때는 그저 해야 할 일을 하거나 마음 내키는 대로 하며 산다. 얼마나 간단해 보이는가! 자신이 무언가를 선택했다는 사실조차 의식하지 못할 때도 많다. 몇 차례 호된 대가를 치른 뒤, 행동이란 영원한 것이고 기회란 좀처럼 다시 오지 않으며, 결과란 냉혹한 것임을 배우고 나서야 우리는 하나님께 간절히 부르짖는다. "뜻이 하늘에서 이루어진 것같이 땅에서도 이루어지이다!" 이는 단순히 세상사가 그분의 뜻대로 이루어지기를 바라는 두루뭉술한 기도가 아니라, 하나님이 우리 개인의 삶에 지속적으로 임재하여 우리를 인도해 주셔야 한다는 절박함이 담긴 기도다.

하나님은 우리가 지금부터 영원히 그분과 친밀한 우정을 나누도록 지으셨다. 이것이야말로 기독교의 관점이며, 이 사실은 성경 전체, 특히 출애굽기 29:43-46, 33:11, 시편 23편, 이사야 41:8, 요한복음 15:14, 히브리서 13:5-6 같은 본문에 분명히 나와 있다. 친밀한 인격적 관계에 있는 사람들이 모두 그러하듯 하나님은 우리 각자에게 때를 따라 적절히 말씀하신다. 하지만 이것이 정말로 의미하는 바는 무엇일까? 실제로 우리 삶에서 그것은 어떻게 이루어지는가? 나는 이 책에서 이런 의문들에 대해 분명하고 실제적인 답을 제시하고 싶다.

이에 대한 정확한 정보가 필요하다. "의도만 좋다고" 되는 게 아니기 때문이다. 생각은 정말 우리의 삶을 지배한다. 하나님에 대한 우리의 생각은 그 사실을 극명하게 보여 준다. 잘못된 정보를 믿고 살아가는 이들은 자신의 삶을 형성하는 결정에 하나님이 임재하신다는 것을 잘 깨닫지 못한다. 또한 자신의 영혼이 창조된 목적인 하나님과의 지속적인 교제를 놓칠 수밖에 없다.

나의 전략은 인간관계 중에서 내가 아는 가장 고상하고 훌륭한 의사소통 형태를 모델로 취해, 그 모델을 예수 그리스도의 인격과 가르침이라는 훨씬 더 밝은 빛에 비추어 보는 것이었다. 그런 식으로 나는 하나님과의 친밀한 관계에 대한 이상적인 그림에 도달할 수 있었다. 또한 하나님의 음성을 듣는 것이 일상적으로 일어나는 생활양식에 대해서도 분명한 시각을 정립했다.

이 이상적 그림을 진지하게 받아들이기 원한다면, 하나님이 우리에게 원하시는 일이 무엇인지 찾아내려는 잔재주와 기계적 공식과 요령을 모두 배제해야 한다. 하나님의 음성 듣기를 자신이 항상 옳다고 확신하는 것을 입증해 주는 장치로 전락시킬 수 없다. 사실 분명히 해두고 싶은 것이 있다. 하나님의 음성 듣기라는 주제는 하나님이 우리에게 무엇을 원하시는지의 관점으로만 접근해서는 제대로 다룰 수 없다. 일반적인 가정처럼 **우리가 무엇을 원하는지**, 심지어 우리가 **하나님께 무엇을 원하는지**를 자동적으로 배제한다면 말이다. **하나님의 음성을 듣는 것은 풍요로운 상호 관계의 한 가지 측면에 지나지 않으며, 인도를 받는 것은 하나님의 음성 듣기의 일면에 지나지 않는다.**

이상하게 들릴지 모르지만 하나님의 뜻을 행한다는 것은 단순히 하나님이 우리에게 원하시는 일을 행하는 것과는 다른 문제다. 사실 그 둘은 너무 동떨어져 있어서 우리 삶의 다양한 세부 사항에 대해 하나님이 무엇을 원하시는지 모르더라도, 우리는 얼마든지 그분의 뜻 가운데 견고히 거할 수 있고 또 그러하다는 것을 알 수 있다. 하나님이 어떤 다른 대안들보다 이러한 행동을 선호하신다는 것을 알지 못하더라도 우리는 구체적 사안에서 얼마든지 그분의 뜻 가운데 거할 수 있다. 하나님의 음성을 듣는 것은 하나님의 뜻 가운데 살아간다는 틀 안에서만 의미를 지닌다.

우리 아이들 존과 베키는 어렸을 때 뒤뜰에서 즐겁게 뛰놀곤 했다. 아이들이 뒤뜰에서 특정한 놀이를 해야 한다든지, 방이 아닌 뒤뜰에서 놀아야 한다든지, 부엌에서 간식을 먹어야 한다든지 하는 식으로 아이들의 어떤 행동을 특별히 더 선호하지는 않았지만 그들은 전적으로 내 뜻 안에 머물렀다. 대체로 **하나님이 우리에게 원하시는 방식대로 살아가고 있다면 우리는 언제나 그분의 뜻 가운데 있는 것이다.** 그렇게 되면 우리 쪽에 주도권이 생길 여지가 커진다. 우리의 개인적인 주도권이란 본질적인 것으로 우리를 향한 그분의 뜻에서 핵심 요소이다.

물론 하나님의 구체적 지시를 따르지 않으면서 그분의 뜻 가운데 있을 수는 없다. 그리고 설사 구체적 지시가 없다 해도 분명히 그분의 뜻에 맞지 않는 생활방식이 많이 있다. 모세가 받은 십계명은 이런 문제에 대해 아주 깊고 강력한 의미를 지니고 있다. 인류가 십계명대로만 산다면 일상생활은 알아볼 수 없을 만큼 달라질 것이고 대다수 대중매체는 소재 부족으로 몰락하고 말 것이다. 일간지나 텔레비전 뉴스에서 십계명 위반에 대한 보도를 모두 제외시킨다면, 남는 것이 별로 없을 것이다.

그러나 하나님이 원하시며 그분이 분명히 명하신 구체적인 일들을 전부 행한다 해도 우리는 여전히 하나님이 원하시는 사람이 아닐 수 있다. "율법 조문은 죽이는 것이요 영은 살리는 것"(고후 3:6)이라는 말씀은 언제나 진리다. 하나님이 명하시는 일을 모두 **하겠다는**(doing) 강박관념이야말로 하나님이 부르시는 사람이 **되지**(being) 못하게 막는 장애물일 수 있다.

예수님은 하나님을 섬기려는 자들에게 그분이 소중히 여기시는 것을 다음 비유로 밝혀 주셨다.

너희 중 누구에게 밭을 갈거나 양을 치거나 하는 종이 있어 밭에서 돌아오면 그더러 곧 와 앉아서 먹으라 말할 자가 있느냐. 도리어 그더러 내 먹을 것을 준비하고 띠를 띠고 내가 먹고 마시는 동안에 수종 들고 너는 그 후에 먹고 마시라 하지 않겠느냐. 명한 대로 하였다고 종에게 감사하겠느냐. 이와 같이 너희도 명령 받은 것을 다 행한 후에 이르기를 우리는 무익한 종이라. 우리가 하여야 할 일을 한 것뿐이라 할지니라. (눅 17:7-10; 참고. 마 5:20)

훌륭한 종의 표어는 단순한 순종이 아니라 **사랑**이다. 사랑이 있으면 자연히 합당한 순종이 따라오게 마련이다.

이 책의 내용 대부분은 이 비유를 자세히 설명한 것에 지나지 않는다. 물론 **시키는 대로만 하면 된다**고 생각하는 이들에게도 이 책이 도움이 되기를 바란다. 하지만 아무리 동기가 좋아도 그런 생각은 결국 무익한 종의 자세일 뿐이다. 사실 그런 자세는 예수님과 그분의 천국 친구들과 자유롭게 협력하는 삶을 살게 해주기는커녕 영적 성장에 심각한 방해가 된다.

그뿐 아니라 우리가 예수님과 동행하는 삶의 참 모습에 확실히 붙들려 그 실체를 점점 더 깊이 경험한다면, 종교적 권위의 오용과 실수에 대해 강력하고도 침착하게 저항할 수 있다. 지역 교회로부터 시작해 국가적, 국제적 영향력을 발휘하는 가장 높은 단계에 이르기까지 수많은 사람과 단체들은 **우리가** 행해야 할 바에 대해 저마다 자기가 하나님의 인도를 받았다고 주장한다. 때로는 그들의 의도와 결과가 선하고 옳을 수 있다. 그러나 언제나 그런 것은 아니다.

한편으로 하나님의 인도가 어떻게 개인에게 임하는지 알고, 다른 한편으로 개인이나 집단적 권위가 변혁적인 사랑으로 예수님의 공동체 안에서 어떻게 융합되는지 이해하는 사람은, 종교적 권위의 오용에 대해 적절히 대응하는 법을 깨달을 것이다. 오늘날 그리스도 안에서 실천적으로 살아가며 그분의 음성을 듣는 데 능숙하고 자신 있는 다수의 사람들이 사회 각계각층에 절실히 필요하다. 그런 사람들이야말로 기독교 영성을 우리 시대에 맞게 구체적으로 재정의하는 힘을 발휘할 것이다. 그들은 하나님과 손잡고 대화하며 동행하는 가운데 자유롭고도 지성적으로 살아가는 개인과 집단에 속한 인간 존재를 보여 줄 것이다. 그것이 인간의 삶에 대해 성경이 제시하는 이상이다.

이 책에서 나는 하나님의 음성을 듣는 일을 하나님의 뜻 가운데서 **전인적 삶**을 산다는 관점에서 살펴볼 것이다. 즉 하나님이 우리에게 어떤 행동을 하기를 원하시는가뿐 아니라 우리가 어떤 존재가 **되기**를 원하시는가에 대해서도 (적절한 곳에서) 다룰 것이다. 그분이 우리가 무엇을 행하기를 원하시는지는 매우 중요하다. 우리는 그것을 분별하여 행하는 법을 신중하게 배워야 한다. 그러나 하나님의 빛나는 얼굴 앞에서 찬란한 삶을 살아간다는 것이 무엇인지 깨닫고 그 속으로 들어가려면 하나님이 원하시는 행동을 아는 것만으로는 절대 부족하다. 복음의 은혜 안에서 우리에게 주어진 삶이야말로 하나님을 기쁘시게 하는 삶이요, 그분이 우리에게 "이는 내 사랑하는 아들이요 내 기뻐하는 자라" 하실 수 있는 삶이다.

1장에서는 그리스도인의 삶에 나타나는 긴장을 살펴볼 것이다. 그리스도인들은 하나님의 음성을 듣는 것이 그분과 동행하는 데 매우 중요한 일이라 믿으면서도 그것이 실생활에서 이루어지는 과정에 대해서는 확실히 이해하지 못한다. 2장에서는 하나님과 우리의 대화에 대한 몇 가지 흔한 오해를 바로잡으려 한다. 3장에서는 하나님이 우리와 함께하시는 다양한 방식을 설명한다. 4장에서는 하나님이 개인과 대화하신다는 개념에 대한 몇 가지 반론을 검토할 것이다. 5장에서는 하나님이 '세미한 소리'의 우위성을 전달하시고 설명하시며 옹호하시는 다양한 방식을 알아볼 것이다. 6장과 7장에서는 하나님의 피조 세계와 구속 과정을 향한 그분의 말씀, 즉 성경의 중심성을 살펴볼 것이다. 성경은 일상의 현실과 동떨어진 것이 아니라 오히려 그 핵심을 이루고 있다. 8장에서는 우리가 하나님의 음성을 듣고 있음을 확신할 수 있는 길을 밝힐 것이다. 끝으로 9장은 하나님이 말씀하시지 않을 때 또는 적어도 우리에게 그분의 음성이 들려오지 않을 때 어떻게 할 것인지를 다루고 있다. 그럴 때가 반드시 있다. 본문에 인용한 성경 말씀 중 일부는 내가 풀어 쓴 것이며, 그 경우에는 '저자 사역'이라 표시했다.

책 중간 중간에 성경 속에서 '하나님의 음성 듣기 연습'을 실었다. 여섯 편으로 이루어진 이 연습은 본문에 소개된 핵심 성경 본문들을 통해 하나님의 음성을 듣는다는 개념을 묵상하는 데 도움이 되는 지침을 제공한다. 잰 존슨(Jan Johnson)이 그 부분을 작성했다.

하나님의 뜻 가운데 살아가는 삶의 일환으로서 그분의 음성을 듣는 것을 제대로 다루려면, 우리를 향한 그분의 의도가 무엇인지 그리고 그분이 우리에게 살아가도록 허락하신 이 세상의 본질에 관한 더 깊은 문제들을 생각해야만 한다. 때로 난해한 주제도 논의할 것이다. 나의 바람은 독자들이 자신의 삶을 확신 있게 살아가는 법에 대해 분명한 감각을 갖도록 돕는 것이다. 그런 삶은 하나님과 지속적으로 대화하는 관계를 통해 완성될 것이다.

하나님의 음성을 듣는 것은 예수 그리스도와 함께하는 삶의 일부일 뿐이다. 하나님 나라 안에서 예수 그리스도와 함께하는 삶에 대해 더 큰 그림을 보기 원하는 독자들은 내 책 『영성 훈련』(*The Spirit of the Disciplines*, 은성)과 『하나님의 모략』(*The Divine Conspiracy*, 복있는사람)을 읽어 보기 바란다.

이 책의 집필 과정 중 다양한 영역에서 상당한 기여를 한 레이먼드 닐(Raymond Neal), 베스 웨버(Beth Webber), 린다 그레이빌(Lynda Graybeal), 톰 모리시(Tom Morrissey)에게 감사를 전한다.

하나님의 음성을 듣는 것에 관한 역설

이 세상에 하나님과 끊임없이 대화하며 사는 삶보다
더 달콤하고 기쁜 삶이란 존재하지 않는다.
그것은 실천하고 경험하는 자들만이 이해할 수 있다.
하지만 나는 그런 동기에서 그것을 행하기를 권하지 않는다.
이러한 연습에서 우리가 구해야 할 것은 즐거움이 아니다.
오직 사랑으로써 행하라.
그것이 하나님이 우리에게 원하시는 일이기 때문이다.
로렌스 수사, 「하나님의 임재 연습」(두란노)

주일 저녁 식사는 끝났으나 우리는 그대로 식탁에 둘러앉아 맛있는 음식을 즐기며 교회의 아침 예배에 대해 이야기를 나누었다. 당시 나는 그 교회의 아주 젊고 풋내기인 부교역자였다. 교인들은 낡은 건물 대신 새 예배당을 짓는다는 계획에 마음이 들떠 있었다. 기존 건물에 대한 교인들의 애착은 컸지만 너무 오래된 데다 교인 수도 늘어나 비좁았다.

아침 메시지는 새로운 건물에 대한 계획에 초점이 맞춰졌다. 목사님은 교회의 확장된 사역에 대한 비전을 이야기했다. 그는 교인들이 나아갈 방향에 대한 하나님의 인도를 자신이 얼마나 강하게 느끼고 있는지 설명한 다음, 앞으로 해야 할 일들에 관해 하나님이 자기에게 **말씀하셨다**고 간증했다.

그런 이야기가 계속되는 동안 우리 모두에게 '메마'로 통하는 내 아내의 할머니 루시 라티머 여사는 깊은 생각에 잠긴 듯했다. 이윽고 할머니는 나직이 말씀하셨다. "하나님이 왜 나한테는 통 그렇게 말씀해 주시지 않는지 모르겠어."

견고한 믿음과 온전한 헌신의 여인에게서 흘러나온 청천벽력 같은 이 단순한 한마디가 우리를 향한 하나님의 음성이나 그분의 인도에 관한 그럴듯한 말들을 대하는 내 태도를 완전히 바꿔 놓았다. 나중에야 알았지만 하나님은 할머니의 그 말을 통해 내게 말씀해 주셨다.

나는 그런 말들이 수많은 신실한 그리스도인을 밖에서 안을 기웃거리는 외부인처럼 만든다는 사실을 생생히 깨달았다. 그리고 그 생각은 영영 나를 떠나지 않았다. 하나님의 음성을 듣는 경험이 부족한 것도 아닌데 그들은 그 말의 뜻이나 자신의 경험이 일어나는 방식을 이해하지 못한다. 그래서 혼란과 열등감을 느끼고, 잘 알지도 못하는 게임에 빠져든다.

당연히 그들은 아주 불편해진다. 하나님이 자신을 온전히 받아 주신다는 확신이 흔들리는 것이다.

사실 할머니는 우리 모두가 알다시피 하나님과 풍성한 교제를 나누며 사셨다. 그러나 이유야 어찌 됐든 할머니는 하나님이 자신의 삶에 임재하신다는 사실에 대한 분명한 확신을 갖고 계시면서도, 정작 그 경험을 하나님이 자기에게 말씀하신다는 개념과 연결시키실 수 없었다. 하나님과의 우정 관계에서 **대화적** 측면을 이해할 길이 막연했던 것이다.

나 자신의 경험으로 말하자면, 그때까지만 해도 나는 진정한 그리스도인이라면 마땅히 하나님이 말씀을 들려주시며 본인도 그것을 알 거라고 경솔하게 추측하고 있었다. 나는 하나님이 각 신자에게 무엇을 원하시는지 개인적이고 구체적으로 말씀해 주신다고 확신했다. 그분과 함께하는 삶을 시작하기 위해 모든 사람이 믿어야 하는 일반적인 진리도 개인적 차원에서 가르쳐 주고 깨우쳐 주신다고 믿었다.

하나님의 역사

나중에야 나의 그런 믿음이 올바른 이해에 기초하지 않은 것임을 깨달았다. 그것은 내가 젊었을 때 푹 빠져 있었던 일련의 부흥집회 경험에서 나온 것이었다. 그런 집회가 진행되는 동안 나는 독특한 유형의 생각이나 충동과 상호작용하는 데 익숙해졌다. 그것은 내 마음과 심령에 찾아오시는 하나님의 역사였다. 이러한 경험들은 나에게 매우 특별하게 와닿아 내 행동을 인도해 주었다. 그것에 관한 이론이나 교리는 몰랐어도 말이다.

그 후 사역의 길에 들어서면서 나는 '하나님의 말씀'이 내게 임하기를 사모하고 기다리는 법을 배웠다. 하나님의 말씀이란 가장 근본적 의미에서 한마디로 하나님이 말씀하시는 것이다. 나는 그분의 그런 말씀이 나를 통해 다른 사람들 귀에 들어가리라 기대하는 법도 배웠다. '그저 내가' 말하거나 '그저 내가' 성경을 인용하고 해석하는 것과, 그보다 더 깊은 일이 일어나는 것 사이에는 엄청난 차이가 있음을 경험을 통해 배웠다.

장 칼뱅(Jean Calvin)과 윌리엄 로(William Law) 같은 과거의 위대한 그리스도인들은 저서를 통해 내게 소위 '엘리의 사역'이라는 것을 제공해 주었다(삼상 3:8-9의 기사를 참고하라).[1] 내 경험 속에서 어떤 일이 벌어지고 있으며 왜 그런 일이 일어나고 있는지 좀더 깊이 깨닫게 해주었다. 성경 기사에서 엘리가 사무엘을 도운 것처럼 그들은, 하나님의 말씀을 듣는 경험을 분별하고 반응하도록 나를 도와주었다.

그들은 옛날 거룩한 사람들에게 성경을 전해 주신 그 성령이, 오늘날 양육하고 양육받기 위해 기록된 말씀 앞에 모인 이들의 마음속에 동일하게 말씀하신다는 사실도 일깨워 주었다. 아울러 이런 일이 일어날 **때에만** 글로만 배운 그저 그런 똑똑한 서기관이 되지 않을 수 있다고 경고해 주었다. 즉 내 머릿속에 채워진 것으로 청중의 영혼을 먹이려 애쓰는 사람, 성경에서든 어디서든 내 노력으로 얻을 수 있는 것만 주려는 사람이 되지 않을 수 있다는 것이다.

그러나 가장 거룩한 경험이 종종 우리 눈을 멀게 한다는 사실을 깨닫는 것은 쉽지 않았다. 앞을 보게 해주는 빛에 눈이 부신 까닭에 오히려 실체를 정확하게 보지 못하고 그림자 속의 물체를 아예 놓칠 수도 있다. 나는 하나님의 음성의 역사에 대한 나 자신의 경험에 사로잡혀 그것을 전혀 이해하지 못했다. 그것의 실재만 알면서, 그것을 모든 신자의 삶에 나타나는 이해할 만한 사실로 속단했던 것이다. 분명 배워야 할 것이 많았다.

한동안 나는 하나님이 우리에게 말씀하신다는 개념 자체가 비그리스도인은 말할 것도 없고 신실한 교인들에게도 거대한 문제가 될 수 있다는 사실을 깨닫지 못했다. 누군가 하나님의 말씀을 잘 듣지 못하는 것같이 보이면, 그것을 믿음이 약하다는 증거나 심지어 그들의 반항 탓으로 일축하곤 했다. 그럼에도 불구하고 나는 수많은 신실하고 경건한 그리스도인들이 하나님의 인도를 받는다는 것에 대해 전혀 이해하지 못할 수도 있다는 사실을 마음에서 완전히 털어낼 수 없었다. 환경에 의해 어쩔 수 없이 하나님의 인도가 필요해진 경우를 제외하고는 말이다.

나는 그들이 급기야 모든 인도를 맹목적 힘, 즉 엄격하게 우리를 통제하는 힘으로 치부하며 하나님의 뜻을 한낱 운명으로 여기는 모습을 보았다. 무지막지한 사건마저 하나님의 뜻으로 규정될 때가 비일비재한 것을 보며 몹시 괴로웠다. 인간의 잘못된 결정 탓임이 분명한 경우에도 말이다. 그런 생각은 이 세상에서 일어나는 모든 일이 하나님 때문이라는 개념으로 쉽게 발전했다. 그것은 믿음을 파괴하며 심지어 신성을 모독하는 개념이다.

끊임없는 대화

나는 지금도 변함없이 인간이 하나님과 끊임없이 대화하며 살도록 지음 받았다고 믿는다. 우리는 하나님께 말씀드리고 하나님은 우리에게 말씀하신다. 제대로만 이해한다면 이것은 얼마든지 경험으로 확인할 수 있을 것이다. 에덴동산의 아담과 하와를 찾아오신 하나님, 하나님과 동행한 에녹, 모세와 여호와의 얼굴을 맞댄 대화는 모두 인류의 종교사에서 지극히 예외적인 순간들로 간주된다. 그러나 고유의 역사적 역할을 제외하면 그 순간들은 본래 전혀 예외적인 것이 아니다. 오히려 그것은 하나님이 우리에게 의도하신 정상적인 인간 생활의 실례일 뿐이다. 하나님은 인격적 임재와 교제를 통해 그분의 백성 가운데 거하신다. 인간이 본질상 어떤 존재인지를 감안할 때, 우리의 진정한 삶은 하나님이 우리의 영혼 안에서 지속적으로 말씀하심으로 이루어진다. 즉 "하나님의 입으로 나오는 모든 말씀으로" 이루어진다.

이 책을 쓰는 동안 나는 다른 사람들로부터 하나님의 음성을 들은 경험담을 끌어내 보려고 대화 중에 각별한 노력을 기울였다. 받아들여지는 분위기가 감지되고 주제가 진지하게 다루어질 것이라 인식하면 이야기들이 봇물처럼 터져 나온다. 이해받고 자신감을 얻게 되면, 개인에게 들려온 하나님의 말씀처럼 여겨지거나 그런 말씀이 담겨 있다고 생각되는 다른 사례들이 마음속에 떠오른다. 진지한 그리스도인뿐 아니라 심지어 불신자 가운데에서도 하나님이 자기에게 말씀하셨다고 확신하는 사람들이 있다. 그런 특별한 경험담을 들려줄 수 있는 사람의 비율이 얼마나 높은지 알면 깜짝 놀랄 사람들이 많을 것이다.

물론 **하나님께** 말한다는 것은 거의 보편적인 일이다. "신에게 말하기: 미국인의 기도 방식에 관한 심층 분석"이라는 제목의 기사가 1992년 1월 6일자 「뉴스위크」 표지를 장식했다. 주된 내용은 당시 미국인이 드리는 기도에 대한 사회학적 연구를 토대로 한 것이었다. 기사에 따르면 "이번

주 미국에는…직장에 출근하거나 운동하거나 성관계를 갖는 사람들보다 기도하는 사람들이 더 많을 것이다.…모든 미국인의 78퍼센트가 최소한 매주 한 번씩 기도하고 절반 이상(57퍼센트)은 최소한 하루에 한 번씩 기도한다고 응답했다.…심지어 미국인의 13퍼센트에 달하는 무신론자나 불가지론자들도 다섯 명 중 한 명꼴로 매일 기도한다."

이런 연구에서도 밝혀진 바와 같이, 기도의 중요한 기능은 하나님의 음성을 듣고 그분의 인도를 받는 일이라고 널리 알려져 있다. 그러나 실제로 하나님이 지시하시는 말씀을 들은 사람들은 좀처럼 그 이야기를 하지 않는다. 가장 가까운 친구들에게도 입 밖에 꺼낸 적이 없는 경우가 대부분이다.

UFO 신드롬

하나님이 자신에게 말씀하셨다고 생각되는 경험을 이야기하길 꺼리는 데는 그만한 이유가 있지 않을까? 자신이 UFO를 봤다고 생각하거나 최근 많이 거론되는 죽음 체험을 한 사람들도 곧 입 다무는 법을 배운다. 그들은 아주 조심하지 않으면 공연히 앞에 나서다 원치 않는 주목만 받게 되리라는 것을 안다.

어쩌면 괴상한 사람이나 아예 미친 사람으로 취급당할지도 모른다. 사실 **그런** 체험은 정말 이상하고 난해하기 때문에 자기가 잘못된 방향으로 가고 있지 않나 하는 두려움을 느끼게 마련이다. 그들은 자신의 실수일지도 모르는 것을 다른 사람들에게 드러내고 싶어 하지 않는다. 행여 자신이 교만한 사람이나 스스로 특별한 존재로 생각하는 사람처럼 보일까 봐 염려하기도 한다. 사도 바울이 자신의 경험을 묘사하는 것처럼 "여러 계시를 받은 것이 지극히 크므로 너무 자만한"(고후 12:7) 사람으로 비치지 않을까 우려하는 것이다.

하나님의 말씀을 들었다고 생각하는 사람들도 이와 비슷한 회의와 망설임 때문에 당연히 애를 먹는다. 코미디언 릴리 톰린(Lily Tomlin)은 이렇게 묻는다. "우리가 하나님께 말씀드리는 것은 기도라고 하면서 하나님이 우리에게 말씀하시는 것은 정신분열이라고 하니 어찌된 일인가?" 하나님의 음성을 들었다는 주장에 대해 오늘날 특히 이런 반응이 흔하다. 이런 문제에 대한 구체적 가르침과 목회적 지도가 없기 때문이다. 사실 많은 교회 지도자가 옛날 사두개인들처럼 하나님이 개인에게 **친히** 말씀하신다는 개념 자체를 인정하지 않는다. 하나님이 자신들의 양떼에게는 말씀하시지 않고 자기에게만 말씀하시는 것을 노골적으로 선호하는 지도자들도 있다. 그러다 보니 하나님이 '말씀하시기' 시작할 때 사람들은 널리 알려진 바와 같이 온갖 오류에 빠지며 어찌할 바를 모르는 것이다.

지도자는 하나님의 음성을 듣는다

오늘날 그리스도의 제자들은 이런 내적 두려움과 가르침의 부재에 그리고 노골적인 부인과 방해에 직면해 있다. 그들은 자기가 속한 공동체에서 나오는 또 다른 메시지에서 다소나마 위안을 얻을 수 있다. 이상적으로는 우리도 지도자들처럼 **마땅히** 하나님과 대화하며 살아야 한다는 암시나 제안을 늘 접하고 있기 때문이다.

분명 기독교 지도자들은 하나같이 하나님이 자신에게 말씀하셨다는 암시를 준다. 그리고 거기에는 그들이 어디까지나 우리의 지도자이다 보니 우리도 그들처럼 되기 위해 힘써야 한다는 강한 제안이 존재한다. 임의로 몇 가지 사례를 들어 보면 다음과 같다.

널리 읽히는 성경 『리빙 바이블』(The Living Bible)과 『뉴 리빙 바이블』(The New Living Bible)을 펴낸 켄 테일러(Ken Taylor) 박사는 1983년 1월 31일 텔레비전 인터뷰에서, 어떻게 해서 아이들이 쉽게 이해할 수 있는 성경을 만드는 일에 관심을 갖게 되었는지 털어놓았다. 그에 따르면 어느 날 오후 하나님이 그에게 "문자적 번역이 아니라 뜻을 살리는 번역에 대한 생각을 계시해 주셨다"고 한다. 그 생각은 커다란 결실을 맺어 현재 이 번역본들은 전 세계 수많은 언어로 출간되었으며 더 새롭게 풀어 쓴 성경도 많이 있다.

인간은 심한 고뇌에 차 있을 때 자신을 향한 하나님의 구체적인 음성을 듣는 경우가 많다. 퀘이커 운동의 창시자 조지 폭스(George Fox)는 1640년대에 하나님과 화목해지는 길을 보여 줄 사람을 찾으며 영국 시골의 들판과 샛길을 배회하고 있었다. 그러다 마침내 이런 확신에 이른다.

그들 중에서 내 상황에 대해 말할 수 있는 사람은 아무도 없었다. 그들과 모든 인간에 대한 희망이 전부 사라지고 아무것도 기댈 것이 없어 어찌할 바를 모르게 되자 비로소 내게 이런 음성이 들려왔다. "지금 상황에서 네게 말씀하실 수 있는 분은 예수 그리스도 단 한 분이다." 그 음성을 들었을 때 내 마음은 뛸 듯이 기뻤다. 그때 주님은 그 상황에서 내게 말할 수 있는 사람이 이 땅에 없는 이유를 알려 주셨다. 모든 영광을 오직 그분께만 돌리게 하기 위함이었다.[2]

주후 354-430년에 살았던 아우구스티누스도 『고백록』 제8권에서 이와 비슷한 고뇌를 겪으면서 경험한 일을 들려준다. "옆집에서 남자인지 여자인지 모를 어린아이 음성으로 '집어 들어 읽으라. 집어 들어 읽으라'는 노랫소리가 계속 들려왔다." 그의 기억에 그런 말이 들어가는 아이들 놀이는 전혀 없었다. "그래서 나는 쏟아지는 눈물을 억누르며 일어났다. 하나님의 명령으로밖에는 달리 해석할 수 없어 책을 펴 들고 눈에 띄는 첫 장을 읽었다." 그때 그가 읽은 것이 로마서 13:13-14이었다. 수세기 후의 조지 폭스와 마찬가지로 그의 상황은 즉각 바뀌었다. 가장 위대하고 영향력 있는 그리스도인 가운데 한 사람이 천국에 들어서는 순간이었다.

어느 대형 교회 주간 간행물에 목사가 "우리 주님이 분명한 환상을 주셨다"고 주장하는 꽤 특이한 글이 실렸다. 그 환상이란 교인들이 1년간 교회 주변 지역에 사는 모든 주민에게 전화로 그리스도를 전해야 한다는 내용이었다. 이것이 목사에게 떠오른 멋진 아이디어로 표현되지 않고 하나님이 그에게 보여 주신 환상으로 표현된 점에 주목하기 바란다. 그로 인해 교인들에게 메시지의 의미가 완전히 달라지리라는 것은 말할 것도 없다.

여기에 이런 사례를 소개하는 것은 그것들이 예외적이기 때문이 아니라 오히려 너무 흔하기 때문이다. 이런 이야기는 사실상 끝도 없다. 교단 전통에 따라 세부 내용은 다르지만, 이는 신학적 자유주의를 넘어 단순한 인본주의로 빠져든 경우를 제외하고는 모든 기독교 공동체에 상당히 공통된 현상이다.

성경에 기록된 말씀과 교회의 유산을 감안할 때 우리가 다른 기대를 가져야 할 까닭이 있을까? 그리스도인으로서 우리는 하나님의 음성을 들은 사람들에 의해 수천 년 동안 이어져 온 전통 속에 있다. 고대 이스라엘 백성은 하나님이 불 가운데서 자기들에게 말씀하시는 것을 들었다(신 4:33). 하나님의 언약궤 위에는 속죄소가 있어 대제사장과 하나님의 규칙적인 교제와 대화의 장소로 사용되었다(출 25:22; 또한 눅 1:11-21을 보라).

뿐만 아니라 이스라엘 백성 중 믿음이 있는 **개인**도 하나님의 가르침을 바라며 부르짖었다.

> 주는 나의 하나님이시니
> 　나를 가르쳐 주의 뜻을 행하게 하소서.
> 주의 영은 선하시니
> 　나를 공평한 땅에 인도하소서. (시 143:10)

하나님과의 대화를 직접 경험한 선지자 이사야(사 6장) 역시 이스라엘의 경험을 바탕으로 성도가 처한 상황을 이렇게 묘사했다.

> 네가 부를 때에는 나 여호와가 응답하겠고
> 　네가 부르짖을 때에는 내가 여기 있다 하리라…
> 여호와가 너를 항상 인도하여. (사 58:9, 11)

함께 거함에는 대화가 포함된다

십자가에 달리시기 전날 밤 예수님은 작은 무리의 제자들에게, 비록 자신은 그들을 떠나지만 자신을 사랑하는 모든 이에게 계속 나타나겠다고 약속하셨다. 그러자 다대오라고도 하는 유다(가룟인 아닌 유다)가 그 나타나심이 **어떻게** 이루어지느냐고 온당한 질문을 던졌다(요 14:22). 그러자 그분은 자신과 아버지가 "그에게 가서 거처를 그와 함께하리라"(14:23)고 대답하셨다.

물론 이렇게 아들과 아버지가 믿는 자의 마음속에 거하시는 데는 의식적인 의사소통이나 대화 이상의 것이 포함된다. 그리고 그것은 주님 자신이 적절하다고 생각하시는 방법과 정도에 따라 이루어진다. 다대오를 향한 예수님의 대답에 나타나듯이 친한 두 사람 사이에 분명한 대화가 없다는 것은 생각할 수조차 없는 일이다. 우리 안에 거하시는 성령은 말 못하시는 분이 아니다. 어쩌다 한 번씩 쿡 찌르거나, 잠깐 뜨거워졌다 식거나, 눈부신 형상으로 떠오르거나, 온몸을 전율케 하는 존재 정도로 스스로를 제한하시는 분이 아니다.

우리가 하나님과 인격적 대화를 나누며 살아야 한다는 이상적인 생각을 확증해 주는 잘 알려진 그리스도인들의 사례는 그런 단순한 논리로 한결 탄력을 받는다. "개인적 대화 **없이** 어떻게 하나님(뿐만 아니라 다른 어떤 사람)과의 인격적 관계, 인격적 동행이 있을 수 있단 말인가?" 이것은 당연한 질문이다.

오늘날 하나님과의 인격적 관계는 때로 우리에 대한 예수님과 하나님 아버지의 계획이나 생각 정도로 간주된다. 그렇다면 우리의 인격적 관계는 천국에 있는 각자의 전용 구좌 정도의 의미로 전락하고 만다. 그 구좌에서 그리스도의 공로를 인출해 자신의 죗값을 갚게 하는 것이다. 아니면 피조 세계를 향한 하나님의 일반적 섭리만으로 각자에게 충분하다는 뜻일 수도 있다.

하지만 인격적 관계란 그것을 훨씬 더 능가하는 것이어야 한다고 생각하지 않을 사람이 있을까? 아무리 힘세고 마음씨 좋고 자상할지라도 단순히 호의를 베푸는 사람과 **친구**는 전혀 다르다. 예수님은 말씀하신다. "너희를 친구라 하였노니"(요 15:15). "볼지어다. 내가 세상 끝 날까지 너희와 항상 함께 있으리라"(마 28:20; 참고. 히 13:5-6).

하나님과의 일대일 관계

하나님이 우리 가운데서 행하시고 말씀하시는 것은 우리 안에 임한 하나님 나라의 일부다(눅 17:21). 우리와 하나님의 관계는 소비자 중심적인 관계가 아니며, 그리스도인들이 이해하는 신앙도 소비자 종교가 아니다. 우리는 그리스도의 공로나 교회의 봉사를 소비하는 게 아니다. 우리는 구경꾼이 아니라 참여자이며 따라서 듣고 말하는 관계를 맺으며 하나님과 상호작용하기에 힘쓴다. 다음 말씀에서 그 관계를 주의 깊게 보라. "내 이름으로 일컫는 내 백성이 그들의 악한 길에서 떠나 스스로 낮추고 기도하여 **내 얼굴을 찾으면 내가** 하늘에서 듣고 그들의 죄를 사하고 그들의 땅을 고칠지라"(대하 7:14, 저자 강조). 우리가 겸손히 하나님을 찾으면 그분은 응답하신다. 이런 상호작용은 우리가 하나님과 나누는 우정의 일부다.

궁극적으로 하나님이 각 사람을 개인적으로 다루신다는 확신만큼 그리스도인의 실생활에 핵심이 되는 것은 없다. 목자가 양을, 부모가 자녀를, 사람이 사랑하는 자를 개별적으로 돌보는 것은 모두 서구 인류의 근본 의식 속에 자리 잡은 성경적 이미지를 보여 준다. 서구의 종교는 물론 예술과 일반 문화에서도 이런 이미지가 본질적으로 구석구석에 스며 있다. 보수주의 및 자유주의 그리스도인, 전통 교회 및 오순절 교회는 물론 그리스도인과 유대교도, 심지어 유대교도와 이슬람교도까지 함께하는 고백이 있다. "여호와는 **나의** 목자시니 **내게** 부족함이 없으리로다. 그가 **나를** 푸른 풀밭에 누이시며 쉴 만한 물가로 인도하시는도다"(시 23:1-2, 저자 강조).

성경은 하나님과 신자의 관계를, 단지 한쪽에서 다른 쪽의 필요를 책임지고 채워 주는 사이라기보다는 언제나 친구나 가족 관계로 묘사한다. 아담에서부터 사도 바울과 요한에 이르기까지 성경 인물들의 놀라운 흐름을 머릿속에 떠올릴 때, 우리는 하나님이 수천 년간 인간의 성품과 역사 속에 일대일로 개입하셨음을 보게 된다. 하나님과 아브라함, 모세, 이사야, 느헤미야, 마리아, 베드로의 만남에는 일반적이거나 간접적인 면이 전혀 없다.

이 역사는 우리 시대까지 이어져 영성의 지도자들로 알려진 이들의 삶 속에 그대로 나타난다. 고금을 통틀어 아우구스티누스, 아빌라의 테레사, 아시시의 프란치스코, 마르틴 루터(Martin Luther), 조지 폭스, 존 웨슬리(John Wesley), 스펄전(C. H. Spurgeon), 피비 팔머(Phoebe Palmer), 무디(D. L. Moody), 프랭크 루박(Frank Laubach), 토저(A. W. Tozer), 헨리 나우웬(Henri Nouwen) 등을 생각해 보라. 이들은 하나님과의 인격적 교제와 대화를 일생을 바꾸는 사건이자 매일의 양식으로 여겼다. 이 사람들은 마음을 하나님께 집중시켜 매순간 기도에 힘썼다. 책에 이름이 나올 법하지 않은 사람들, 즉 설교를 하지도 않고 성경을 가르치지도 않을 다수의 겸손한 그리스도인들도 이런 영성의 거장들이 보여 준 것처럼 하나님과의 만남을 똑같이 강력하게 증거할 수 있다.

로버트 맥팔레인(Robert C. McFarlane)은 로스앤젤레스 지역의 유명한 사업가였다. 1970년에 오클라호마에서 캘리포니아로 이주한 그는 도착한 지 며칠 만에 가까운 친구와의 엄청난 오해로 인해 한 보험회사의 운영을 떠맡게 되었다. 원치 않는 일이었지만 거액의 투자금을 건지기 위해 어쩔 수 없이 회사를 이어받아야 했다.

긴장과 스트레스가 끊이지 않는 회사 운영은 1973년 봄에 세 번째 해를 맞았다. 그 무렵 그는 캘리포니아 남부 롤링 힐즈 언약 교회의 사역을 통해 예수님께 회심했다. 이는 아내 베티와 아내의 많은 그리스도인 친구들이 기도한 결실이었다.

그 봄의 어느 날에도 끊임없는 실패의 위험, 불철주야로 이어지는 노고, 연이은 좌절의 순간, 재정 위기의 원인에 대한 응어리진 기억 등이 걷잡을 수 없이 그를 덮쳐 왔다. 또 하루의 헛수고와 실패가 사무실로 향하는 로버트를 기다리고 있을 테지만 회사의 파산을 막기 위해서는 어떻게든 발등에 떨어진 불부터 꺼야만 하는 상황이었다.

갑자기 그는 시내를 벗어나 왼쪽으로 방향을 돌려 어디론가 영영 사라져 버리고 싶은 강렬한 충동에 사로잡혔다. 그 후로 방향을 돌리게 될 것 같은 생각이 줄곧 들었다. 물론 방향을 돌려 얼마나 갈지는 아무도 모르는 일이었다. 그렇게 머릿속이 어지러운 와중에 그에게 어떤 명령이 들려왔다. "차를 길가에 세워라."

그 말은 마치 차창에 쓰여 있는 것 같았다. 차를 옆에 세우자 마치 차 안에 있는 사람이 하는 말처럼 그에게 이런 말이 들려왔다. "내 아들(Son)은 네가 평생 알지 못할 긴장 속에서 살았다. 그런 긴장이 찾아올 때 그는 나를 찾았다. 너도 똑같이 하면 된다."

그 말을 들은 후 그는 오래도록 운전대 앞에 앉아 큰소리로 흐느껴 울었다. 그러고는 다시 차를 몰아 롱비치에 있는 자신의 사무실로 갔다. 22가지의 굵직한 미결 과제가 그를 기다리고 있었지만 가장 큰 문제들은 사실상 그날 안으로 해결되었다. 사내 갈등이 해소되는가 하면, 보험회사를 바꾸지 않겠다고 결정한 고객들이 연체된 거액의 보험료를 납부하는 일도 벌어졌다.

19세기 말의 위대한 신학자 빌헬름 헤르만(Wilhelm Hermann)은 하나님과의 인격적 교제를 그리스도인의 표지로 꼽을 정도로 중요하게 여겼다. "우리는 이런 사람을 진정한 그리스도인으로 생각한다. 하나님이 예수 그리스도 안에서 그에게 자신을 계시해 주셨다고 믿을 만한 충분한 증거가 있어야 하며, 그렇게 자신을 나타내 주신 하나님과의 교제로 인해 현재 내면생활이 새로운 성품을 입고 있는 중이라야 한다."[3] 그리스도를 닮아 가는 영성 계발, 즉 진정한 성품의 변화는 하나님과 관계를 맺으며 살아갈 때 이루어진다.

좀더 최근 인물인 영국의 철학자 겸 신학자 존 베일리(John Baillie)는 이렇게 썼다. "우리가 하나님을 아는 지식의 근거는 그분의 인격적 임재에 대한 계시에 있다.…이 임재에 관한 한 가지 분명한 사실은, 그것을 한 번도 경험하지 못한 이들에게는 이 말이 무의미하지만 경험한 이들에게는 이 말만으로 충분하고도 남는다는 것이다."[4]

우리 영혼에 인격적으로 말씀하시는 하나님에 대한 믿음이 가장 분명하게 기록된 것은 뭐니 뭐니 해도 고금의 교회 찬송가다. 교회는 매주 모일 때마다 이런 찬송을 부르며, 그리스도인들은 직장과 가정과 여가 생활 속에서 날마다 이런 찬송을 부른다. "선한 목자 되신 우리 주", "나의 갈 길 다 가도록", "주 예수 믿는 자여", "주 인도하는 곳으로", "내 갈 길 멀고 밤은 깊은데", "예수가 거느리시니", "진실하신 주 성령", "나는 갈 길 모르니", "너 하나님께 이끌리어", "나그네와 같은 내가", "예수여 인도하소서." 인격적인 하나님의 인도, 하나님과의 대화를 통한 교제에 관한 찬송가를 다 열거하려면 이 정도 예로는 어림도 없다. 다음 찬송 가사도 비슷한 맥락에서 쓰였다.

> 주가 나와 동행을 하면서
> 나를 친구 삼으셨네.
> 우리 서로 받은 그 기쁨은
> 알 사람이 없도다.[5]

역설

이 모든 것을 바탕으로 볼 때, 하나님의 음성을 듣는 것과 관련된 현대인의 경험과 이해에 하나의 **역설**이 있다고 말해도 과장이 아니다. 이는 우리의 신앙생활에 심각한 장애가 되는 역설이다.

한편으로 우리 앞에는 하나님이 인격적 대화를 통해 우리를 인도하신다는 폭넓은 간증과 보편적 믿음이 있다. 이는 일반적 섭리나 맹목적 통제와는 차원이 다른 인도로, 성경에 기록되어 있고 교회사에 새겨져 있을 뿐 아니라 우리의 예배 및 하나님과의 개인적 관계에서 핵심을 이룬다.

사실상 교사들과 지도자들의 권위의 기초도 하나님의 인도를 받는

데 있다. 자신의 교육 배경과 타고난 재능과 소속 교단만을 기초로 하나님의 사람들을 가르치고 지도한다고 말하는 사람은 거의 없다. 영적 지도층의 권위는 성령 안에 있는 삶에서, 즉 사역자와 하나님의 인격적 만남과 지속적 관계에서 비롯되는 것이다.

다른 한편, 하나님의 음성을 듣는 일이 오늘날 실제로 어떻게 이루어지며 교회와 그리스도인의 삶에서 그것이 차지하는 위치에 관해서는 고통스러울 정도로 불확실성이 만연해 있다. 하나님의 말씀을 들었다고 확신하는 이들조차도 사건의 진상과 마땅한 대응을 몰라 답답해할 수 있다. 성경을 보면 어찌할 바를 모르는 가련한 기드온이 자기 앞에 서신 여호와께 이렇게 아뢴다. "나와 말씀하신 이가 주 되시는 표징을 내게 보이소서"(삿 6:17).

이렇듯 우리가 하나님의 말씀을 들려 달라고 간청한다 해도 그 말씀이 어떻게 들려올지 잘 모를 뿐 아니라 거기에 반응하는 능력이 부족해서 정작 말씀이 들려와도 오히려 혼란만 가중될 수 있다. 나는 말씀을 들려주시는 것이 더없이 적절하고 유익한 경우라도 하나님이 우리에게서 말씀을 거두시는 이유가 바로 그 때문이라고 믿는다.

우리가 이해해야 할 필요는 분명 절박하다. 우리는 자신을 향한 하나님의 뜻을 분별하기 위해 고심하는 개인들의 고통스러운 혼란을 잘 안다. 이들은 대개 아주 신실하고 경건한 사람들이다. 우리는 그들이 자신의 기분이나 우연한 기회를 따랐다가 중대한 과오를 범하는 모습을 본다. 절박한 필요 때문에 그런 것들이 어쩔 수 없이 하나님의 신호로 둔갑하는 것이다. 우리는 그들이 절망과 회의와 심지어 냉소주의에 빠지는 모습을 발견한다. 대개 종교적 일상은 계속되지만 철저히 기계적이 되거나 생명을 잃고 만다. 자신이 당한 일을 바탕으로 그들이 '알고 있는' 바는 실생활은 철저히 '내 힘으로' 해결해야 한다는 것이다.

   신문 기사를 통해서나마 우리가 익히 아는 것이 또 있다. 하나님의 특별한 징표나 말씀을 받았다고 주장하는 사람들에게 집단 전체가 끌려다니는 비참한 현실이다. 종교적 독재자들은 기이한 가면을 쓰고 곳곳에 끊임없이 출현하고 있다. 이에 맞서 효과적으로 저항하는 구성원조차 없는 경우가 허다하다. 하나님의 말씀이 실제로 어떻게 들려오는지에 대해 경험을 통해 시험하고 검증된 분명한 개념이 그들에게도 없기 때문이다. 이들은 하나님의 이름을 빙자하여 광기로 치달을 취약성을 안고 있다.

해결책을 향한 첫걸음

나는 우리가 예수 그리스도의 제자들로서 하나님의 음성을 들을 수 있다는 믿음을 저버려서는 안 된다고 믿는다. 그것을 저버린다는 것은 하나님과의 인격적 관계의 실체를 저버리는 것이다. 절대로 그래서는 안 된다. 기독교 전통은 물론 우리의 마음과 정신도 그런 태도를 반박하고 있다.

   그렇다면 하나님의 음성을 듣는 것에 대한 역설은, **하나님이 우리를 인도하시고 우리와 대화하시는 방식에 관한 확실하고 실제적인 방향과 분명한 시각을** 신자들에게 제시함으로써 해결하여 없애야 한다. 그것이 바로 앞으로 전개될 이 책의 목표다. 그러나 그 일을 시작하기에 앞서 간략히 짚고 넘어가야 할 세 가지 일반적인 문제가 있다.

   첫째, **하나님과의 의사소통은 다양한 형태로 이루어짐을 알아야 한다.** 앞서간 이들의 삶과 성경에 나타난 하나님의 인도 그리고 하나님과 인간의 만남을 통해 그 사실을 알 수 있다. 이 다양성이야말로 복잡한 인간의 성품과 역사에 부합하므로 우리는 다른 것을 기대해서는 안 된다. 구속의 하나님은 우리의 타락하고 연약한 상태에 적합하다면 어떤 방식으로든 인류에게 기꺼이 다가오신다. 우리는 그 많은 형태를 주의 깊게 보면서 하나님이 자기 백성과 갖기 원하시는 관계에 가장 적합한 것이 무엇인지를 밝혀야 한다. 우리가 하나님이 자기 자녀와의 관계에서 대체로 선호하시지 않는 의사소통 형태를 우선시한다면, 그분의 음성을 이해하고 협력하는 데 차질이 생길 것이다. 그런 태도는 우리를 향한 그분의 뜻을 완전히 좌절시킬지도 모른다. 이 책의 주요 과제 중 하나는 바로 그것을 막는 것이다.

둘째, 하나님의 음성을 들으려는 우리의 동기가 잘못되어 있을 수 있다. 인간은 누구나 미래에 대해 전반적인 불안을 어느 정도 지닌다. 본질상 우리는 미래에 살고 있다. 좋든 싫든 끊임없이 미래를 맞이해야 한다. 미래에 대처할 준비를 할 때 앞으로 당할 일을 미리 아는 것은 기본 조건이다. 아는 것이 힘이라는 프랜시스 베이컨(Francis Bacon)의 말은 우리가 미래에 대해 염려할 때 가장 생생하게 다가온다. 이렇듯 우리는 장차 닥쳐올 사건을 끊임없이 궁금해한다. 오늘날 대기업과 정부 기관에는 현대판 마술사와 예언자인 미래 문제 전문가와 관료가 넘쳐난다. 학계에는 '미래학'이라는 새로운 분야가 등장했다. 손금을 보고 점을 치는 고대의 사업이 다시 번창하고 있는 것이다.[6]

기독교계 내에서도 하나님의 뜻과 그것을 아는 방법에 대한 가르침이 눈에 띄게 부상하고 있다. 러스 존스턴(Russ Johnston)은 폭넓은 경험을 바탕으로 그것이 줄곧 최고의 인기 주제가 되고 있음을 이렇게 설명했다.

내가 아는 어떤 교회는 장년들을 대상으로 주일학교 선택 강의를 개설하는데 3개월마다 주제를 새로 정한다. 목사의 말에 따르면, 하나님의 뜻을 아는 법에 대해 가르칠 사람만 있다면 그 과목을 얼마든지 지속적으로 개설할 수 있으며, 사람들이 여전히 떼 지어 신청한다고 한다.

나는 여러 수련회에서 강연을 해왔는데 대개 오후에는 다양한 주제에 대한 워크숍이 마련된다. '하나님의 뜻을 아는 법'이라는 워크숍이 개설되면 다른 주제가 20개나 더 있더라도 인원의 절반이 그쪽으로 몰린다.[7]

하지만 여기에 자멸로 치닫는 동기가 작용하고 있다. 미래를 알고 싶어 하는 마음 때문에 사람들은 하나님의 뜻에서 자신이 차지하는 자리를 깨닫지 못한 채 계속 이런 강의와 워크숍만 찾아다닌다.

많은 사람이 자신의 안전과 위안과 의로운 느낌을 확보하는 장치로만 하나님의 음성을 들으려 하는 현상에 나는 우려를 금할 수 없다. 이렇게 하나님의 뜻을 알려고 분주히 따라다니는 사람들에게 다음 말씀은 여전한 진리다. "누구든지 제 목숨을 구원하고자 하면 잃을 것이요"(마 16:25). 나를 향한 하나님의 뜻을 알기 위해 극단적으로 집착하는 것은, 일반적인 생각과는 반대로 나 자신에게 지나치게 몰두하고 있다는 증거일 뿐이다. 그것은 다른 사람들의 유익이나 하나님의 영광에 대한 그리스도를 닮은 관심이 아니다.

프레드릭 마이어(Frederick B. Meyer)는 이렇게 썼다. "자신의 유익을 구하는 생각과, 인간의 칭찬과 인정을 얻으려는 동기와, 자기를 나타내려는 목표가 조금이라도 있는 한 우리를 향한 하나님의 뜻을 찾는다는 것은 한마디로 불가능할 것이다."[8] 이런 그릇된 동기가 기초가 되는 한 하나님의 음성을 들으려는 우리의 노력은 수포로 돌아가고 말 것이다. 하나님은 결코 협력하시지 않을 것이다. 하나님의 뜻을 알고 그분의 음성을 들으려면 다른 종류의 동기를 찾아야 한다.

어떤 사람들은 자신의 행동을 책임지고 싶어 하지 않기 때문에 하나님의 분명한 지시를 원한다. 이것은 미래를 알고 싶어서 하나님의 음성을 들으려는 것과 동일한 맥락에 있다. 하지만 책임과 주도권이야말로 하나님과 우리의 관계에서 핵심을 이룬다. 우리는 로봇이 아니며 하나님은 로봇들과 함께 일하지 않으신다.

셋째, 하늘 아버지의 본성과 우리를 향한 그분의 뜻의 본질을 잘못 알면 정말 난감한 문제가 발생한다. 하나님과 그분의 구속받은 자녀이며 친구인 우리의 의사소통에 대해 전혀 이해하지 못하게 되는 것이다. 하나님과의 의사소통에 대한 오해는 나아가 구속 공동체인 교회의 본질과, 특히 천국에서 권위가 작용하는 방식에 대한 또 다른 오해를 불러일으킨다. 사실 인간의 모든 문제는 하나님을 잘못 생각하는 데서 비롯된다. 하나님을 잘못 생각하면 우리 자신을 잘못 생각할 수밖에 없다.

하나님은 분명 마냥 좋은 친구나 동료가 아니다. 그렇다고 하나님이 우리를 자신의 계기반에 연결된 로봇이나 끈에 매달린 꼭두각시나 채찍으로 다스리는 노예로 지으신 것도 아니다. 이런 개념이 하나님의 음성을 듣는 것에 대한 관점의 기초가 되어서는 안 된다. 스탠리 존스(E. Stanley Jones)는 이렇게 말했다.

분명 하나님은 우리 안에 자발성을 기르는 방식으로 우리를 인도하심이 틀림없다. 이런저런 구체적 문제에 대한 지시보다는 성품 계발이야말로 하늘 아버지의 기본 목표임이 분명하다. 그분은 우리를 인도하시지만 우리의 자리까지 침범하시지는 않는다. 그 사실을 안다면, 연필과 빈 종이를 들고 앉아 그분이 불러 주시는 대로 하루 일과를 받아 적는 식의 태도는 삼가야 한다. 부모가 자식에게 그날 해야 할 일을 소소하게 다 불러 준다고 생각해 보라. 아이는 그런 체제에서 제대로 성장하지 못할 것이다. 부모는 자녀가 스스로 바른 결정을 내릴 수 있도록 자율성을 길러 주는 방식으로 그러한 수준까지 지도해야 한다. 하나님도 이와 똑같이 하신다.[9]

대화의 관계

하나님의 음성을 듣는 것의 이상은 결국 하나님이 누구이고 우리는 어떤 존재이며 우리와 하나님 사이의 인격적 관계란 어떤 것이어야 하는가에 의해 결정된다. **하나님의 음성을 듣지 못하는 근본적인 원인은, 우리가 하나님과 대화를 나누는 관계를 이해하지 못하고 받아들이지 못하며 그것을 향해 자라가지 못하는 데 있다.** 그 관계란, 다른 부분에서는 서로 얼마든지 다를 수 있으면서도 성숙한 성품으로 동역하는 친구들 사이에 존재하는 관계다.

진정 주님은 우리가 바로 그 관계 안에서 그분이 필요에 따라 우리 마음에 들려주시는 음성을 즉시 알아듣고 누리기를 원하신다. 그분은 우리에게 생명과 더 풍성한 삶을 주시는 사명을 완수하기 위해 얼마든지 그런 음성을 들려주실 준비가 되어 있는 선한 목자시다. 풍성한 삶이란 그분을 따를 때 저절로 찾아오는 것이며, 따라서 "양들이 그의 음성을 아는 고로 따라온다"(요 10:4).

다음 장에서는 하나님의 음성을 찾는 과정에서 부딪히는 이런 문제 영역들의 해결책을 모색하고자 한다. 그러기 위해서는 일반적이면서도 본질적인 몇 가지 예비 지침을 살펴보아야 한다.

묵상을 위한 질문

1. 사람은 하나님이 자신에게 말씀하신 적이 없다고 확신할 수 있는가? 지금까지 당신의 삶에서 하나님의 메시지였을 수 있는 사건은 어떤 것들이 있는가? 몇몇 사건을 구체적으로 묵상해 보라.

2. 이 장에서 논의된 하나님의 음성 듣기에 관한 역설이란 무엇인가? 당신의 삶과 주변 종교인들의 삶에서 이 역설의 긴장을 볼 수 있는가?

3. 하나님과 대화의 관계를 갖는 일에 어떤 단점이 있을 수 있는가? 그런 삶에 의욕을 느끼지 못할 사람들은 어떤 부류라고 생각하는가?

4. **인격적 관계**라는 용어를 사용하면서 정작 구체적인 의사소통이 없다면 하나님에 대한 그 사람의 관점은 무엇이라 할 수 있는가?

5. 하나님의 음성을 들었다는 지도자의 주장에 때로 이의를 제기할 필요가 있는가? 사랑과 지식을 겸비하여 이의를 제기하려면 구체적으로 어떻게 해야 하는가?

6. 모든 것을 고려해 볼 때, 당신은 **진정** 하나님의 음성을 듣고 싶은가?

2

하나님의 음성을 듣기 위한 지침

그가 나를 인도하여 잔칫집에 들어갔으니
그 사랑은 내 위에 깃발이로구나.…
나의 친구들아 먹으라.
나의 사랑하는 사람들아 많이 마시라.

아가 2:4; 5:1

사랑하는 자마다 하나님께로 나서 하나님을 알고
사랑하지 아니하는 자는
하나님을 알지 못하나니
이는 하나님은 사랑이심이라.

요한일서 4:7-8

<스텝포드 와이프>(The Stepford Wives)라는 영화를 본 사람들이 있을 것이다.[1] 이 영화는 스텝포드라는 중상류층 도시에 이사 온 30대 초반이나 중반의 한 부부 이야기를 담고 있다. 이 도시의 남자들은 대부분 첨단 기술 분야 종사자고 여자들은 전업주부다.

주인공인 아내는 얼마 지나지 않아 스텝포드의 여자들이 대부분 획일적이고 매우 특이한 행동 유형을 지닌 것을 발견한다. 그들은 바느질, 집안 청소, 잔디 손질, 빵 굽기에 끝없이 열을 올린다. 함께 모이면 주로 요리법을 주고받거나 공예품을 만들고 깨끗한 마룻바닥 얘기며 최근 남편의 삶을 편안하게 만든 자신들의 성공담을 속닥거린다. 그들은 싸우는 법도 없고 다른 사람, 특히 자기 남편을 불쾌하게 만드는 일도 없다. 가족과 가정과 자신이 속한 모임을 벗어나는 일에는 결코 아무런 의견이나 관심도 없다.

소수의 아내들만이 자유분방한 개인주의적 삶을 고수한다. 하지만 그들도 갑자기 나머지 여자들처럼 모두 변한다.

스텝포드에 가장 늦게 이주한 주인공 아내는 그렇지 않아도 주변 상황을 짙은 의혹의 눈초리로 보고 있던 차에 자기와 가장 친한 친구마저 그들과 똑같이 변하자 낙심한다. 친구의 손이 난로의 불꽃에 닿아도 타지 않을 뿐더러 친구는 그것을 알아차리지도 못한다. 오히려 친구가 연거푸 깔끔한 부엌 자랑만 늘어놓자 주인공 아내는 뒷걸음질쳐 문밖으로 뛰쳐나온다.

그러자 남자들 모임에서는 그녀를 '변신시키려는' 계획을 세운다. 하지만 그녀는 귀엽고 예쁘고 상냥한 여자, 즉 완전히 통제된 아내가 되는 척하면서 남편과 함께 남자들을 속이고 그 속셈을 폭로한다.

사회적 주제는 별도로 하더라도 <스텝포드 와이프>의 메시지는 분명하고도 중요하다. 그러나 그것은 너무 쉽게 자주 잊힌다. **가까운 인격적 관계에서 다른 사람이 원하는 대로 순응하는 것은, 그것이 아무리 완벽할지라도 생각 없고 맹목적이거나 자유와 개성 파괴를 대가로 얻은 것이라면 바람직하지 않다.** 하나님과 그분의 피조물인 인간의 관계 그리고 우리를 향한 그분의 사랑의 의미를 생각할 때, 우리가 굳게 붙잡아야 할 것이 바로 이 사실이다.

하나님은 인간을 자유의지를 지닌 존재로 창조하셨다. 그래서 우리는 그분을 사랑하며, 그분의 나라와 우리의 일에 그분이 동참하심을 안다. 하나님은 로봇들의 세상을 창조하실 수도 있었다. 그랬다면 대화도 일체 없었을 것이고 인간의 주도권과 자유도 박탈되었을 것이다. 하지만 하나님과 참된 우정을 나누려면 창의적 협력이 필요하다. 우리는 하나님께 복종해야 하는가? 물론이다. 하지만 그분은 강제적인 지시로 인간의 주도권을 말살하시는 분이 아니다.

인간의 주도권을 포기하면 기도가 무의미해진다. 그런 기도는 우리의 사기를 북돋아 줄 뿐 하나님이 하시려는 일에는 영향을 미치지 못한다. 하나님은 자신이 뜻하신 바를 이루실 때 그 목적을 수행할 사람들을 세우신다. 교회에서 사람들에게 기도를 시키기가 그토록 어렵고 기도회가 그토록 죽어 있는 것이 바로 그 때문이다. 기도는 양방향으로 이루어지는 하나님과의 진정한 대화다. 그런데 사람들은 기도해 봐야 전혀 달라질 것이 없다고 생각한다. 대화를 잘못 해석하여 하나님이 단지 우리에게 이래라저래라 하시는 것으로만 본다면, 당신은 하나님과 대화하고 그분의 음성을 듣는 일의 중요성을 모르는 것이다.

기도는 함께 일하는 주체들 사이의 솔직한 대화다. 나도 하나님과 함께 일하기에 이러한 활동에 그분의 능력을 구해야 한다. 협력하는 활동이야말로 대화의 흐름을 바로 이해하는 열쇠다.

그런 대화의 화제는 하나님이 오늘 내게 원하시는 일에서 그치지 않고 지금 벌어지고 있는 일, 재미있는 일, 슬픈 일에 대한 내용까지 모두 포괄한다. 하나님과 인간의 대화는 대부분 삶에 대한 우리의 이해를 돕기 위한 것이다. 하나님은 자신의 사람들을 대하실 때 그들의 성장과 발전을 도우신다. 우리는 스텝포드의 아내들이 아니다.

특히 하나님이 우리에게 말씀하시고 우리를 인도하시는 방식을 이해하려 할 때 우리가 무엇보다도 붙들어야 할 사실은, 그것을 **특정한 삶의 양식의 일부로서만** 추구해야 한다는 것이다. 그 삶이란 천국의 왕과 다른 신민들과 더불어 사랑의 교제를 나누는 삶이다. 하나님의 음성을 맨 처음 어떻게 경험하든, 그분이 우리에게 말씀하시는 의도는 지성을 바탕으로 자유로이 협력하는 관계로 자라가게 하기 위함이라는 사실을 절대 잊어서는 안 된다. 그것은 성숙한 사람들이 넘치는 참된 **아가페** 사랑으로 서로를 사랑하는 것과 같은 관계다. 따라서 우리는 단순히 하나님의 음성을 듣는 것이 아니라 그분과의 사랑의 관계 안에서 성숙한 사람이 되는 것을 기본 목표로 삼아야 한다. 그럴 때에만 그분의 음성을 바로 들을 수 있다. 이것이 **첫 번째** 일반 지침이다.

지침 1: 우리의 전 존재로 하나님을 사랑하라

누군가를 사랑하면 당연히 그 사람을 즐겁게 해주고 싶다. 단순히 문제를 피하거나 호감을 사려고 그러는 것이 아니다. 그것은 우리가 상대방과 더불어 존재하는 방식이요 그의 삶과 인격을 공유하는 방식이다. 부모를 돕는 어린아이의 넘치는 기쁨은 부모라는 더 큰 자아의 삶에 몰입함으로 자신의 작은 자아가 확장되는 데서 비롯된다. 아이는 그 큰 자아에 즐거이 자신을 내놓는다. 부모와 **함께** 아이는 혼자서는 할 수 없는 큰일을 해낸다. 그러나 그 일에 부모의 관심과 보호와 애정이 따르지 않는다면 아이는 그런 일에 어떤 관심도 보이지 않을 것이다.

성인들도 서로 반응하는 사랑을 맛볼 때 더 큰 힘과 더 큰 삶을 느끼게 된다. 적절한 방식으로 둘이 하나가 될 때 서로 동질감을 느끼면서 각자의 자아와 세계가 확장된다. 사랑받는 자, 즉 사랑하기도 하고 사랑받기도 하는 자는 사랑하는 자에게 이래라저래라 할 마음이 없다. 그는 굳이 주문이 필요 없을 만큼 사랑하는 자가 자신의 필요를 알아주기 원한다. 사랑이란 본래 다른 사람들과 '함께하는' 기본 방식이다.

이러한 영혼 간의 연합이 일어나는 관계에서 상대에게 일일이 할 일을 지시하는 것은 옳지 않다. 그들은 서로를 의식적으로 기뻐하며 서로에게 기댈 수 있는 사이며 두 인격체는 지고하고 성숙한 관계를 맺기 때문이다. 하나님과의 연합에서도 마찬가지다. 하나님은 사랑하시기도 하고 사랑받으시기도 하는 인격체다. 자신의 뜻이 무엇인지 일일이 설명하셔야만 한다면 그것은 그분이 기뻐하시는 바가 아니다. 하나님은 우리가 그분의 뜻을 이해하고 그에 따라 행하는 것을 즐거워하신다. 인생에서 최고의 소명과 기회는 우리의 전 존재로 그분을 사랑하는 것이다.

엄한 주인이신 하나님?

두말할 필요도 없이 우리는 달란트 비유에서 주인을 '굳은 사람'으로 보았던 종처럼 하나님을 그런 분으로 여길 때가 너무 많다. 그는 주인이 무서워서 무지 속에서 보란 듯이 '당신의 것', 즉 주인에게 속한 것만을 내놓았다(마 25:14-30). 이런 사람은 "주인의 즐거움에 참예할" 수 없다. 주인과의 관계를 오해해서 주인의 마음과 삶에 들어갈 수도 없고 자신의 삶을 주인에게 열어 드릴 수도 없기 때문이다. 그는 주인이 자기 것을 그대로 되돌려 받는 데만 관심을 갖는다고 오해함으로써 주인을 욕되게 했다. 주인의 진정한 관심은 자신의 삶과 재산을 다른 이들과 나누는 데 있었는데도 말이다.

이 비유의 핵심은 하나님과 우리의 관계가 대화의 속성을 지닌다는 것이다. 열 달란트를 받은 사람은 주인이 시킬 때까지 기다리지 않고 주도권을 행사했다. 반면에 한 달란트를 받은 사람은 하나님에 대한 잘못된 관점을 지니고 있었다. "주인이여, 당신은 굳은 사람이라 심지 않은 데서 거두고 헤치지 않은 데서 모으는 줄을 내가 알았으므로 두려워하여 나가서 당신의 달란트를 땅에 감추어 두었었나이다. 보소서, 당신의 것을 가지셨나이다"(24-25절). 그렇게 말한 것으로 보아 그는 '나는 잘못한 게 없다'고 생각했던 것 같다. 하지만 아무 잘못도 하지 않으려다가 그는 가장 큰 잘못을 범했다. 주도권을 저버린 채 주인이 하는 일에 동참하지 않은 것이다.

만족하는 주인이든 화가 난 주인이든 일을 맡기는 주인의 역할은, 우리의 제한된 이해력이 하나님에게 부여하는 역할이다. 그래서 그분은 종종 우리의 수준에 맞추어 스스로 낮아지신다. 우리의 의식이 더 이상 높아질 수 없기 때문이다(우리의 의식은 타락한 세상에서 경험한 상전을 통해 흐려져 있다. 부모나 직장 상사나 왕 같은 다른 상전들은 '사랑'으로 우리를 조종하며 우리 위에 군림하는 사람일 수 있다). 따라서 언제나 그렇듯이 "네 믿은 대로 될지어다"(마 8:13)가 원칙이다. 물론 하나님과 전혀 관계가 없는 것보다 **얼마라도** 관계가 있는 게 낫다!

같은 방식으로 우리는 하나님을 우주의 지배자나 감독관 혹은 독재자 역할로 밀쳐 냄으로써 그분을 한없이 욕되게 한다. 그분을 인간에게 이래라저래라 한 뒤 자기 명령에 놀아나는 우리 모습에 쾌감을 느끼는 존재, 실수라는 실수는 낱낱이 적어 두는 것을 인간과의 관계에서 최고의 낙으로 삼는 존재로 만드는 것이다. 그러나 사실 우리는 하나님의 친구(대하 20:7; 요 15:13-15)요 동역자(고전 3:9)가 될 존재들이다.

하나님의 음성을 듣는 법과 하나님의 인도가 무엇인지 **실제로** 알기 위해선 반드시 그리스도 안에 나타난 하나님의 계시를 제대로 이해해야 한다. 1장에서 말한 것처럼 하나님의 음성을 듣고 인도를 구하는 것은 인류의 보편적인 중요한 관심사다. 그러나 우리가 다가가기 원하는 그 하나님을 야만적인 분으로 만들려는 동기와 이미지와 개념을 우리 마음속에서 씻어내기란 쉽지 않다.

원시적인 의식들과 오늘날의 신자들이 자주 행하는 '성경 룰렛'(성경책을 아무 데나 펴서 걸리는 구절로 방향을 정하는 것)을 통해 우리는 하나님의 말씀을 받으려는 인간의 절박감과 그것의 미신적 특성을 동시에 볼 수 있다. 우리는 특히 미래에 벌어질 일과 이에 대한 대처 방법을 알고 싶어 한다. 필요하다면 그런 말씀을 하나님이나 다른 사람으로부터 **억지로**

찾아내려고 하는 사람들도 있다. 사울 왕이 엔돌의 신접한 여인을 찾았던 것처럼 우리 중에도 이에 필적할 만한 사람들이 많다(삼상 28장).

우리는 하나님이 들려주시는 말씀을 우리와 함께하시는 그분의 임재와 우리 안에 거하시는 그분의 생명의 일부로 보아야 한다. 그렇게 보지 않는 한, 하나님의 음성을 듣는 것은 우리가 이해할 수 있고 믿을 수 있는 삶의 현실이 될 수 없다. 하나님과의 **교제**만이 하나님과 **의사소통**을 할 수 있는 올바른 장을 제공한다. 인도하심은 그 의사소통 안에서 우리의 특정한 삶과 상황에 적합한 방식으로 주어질 것이다. 그분의 인도는 지상과 천국의 가정 안에서 하나님과 함께 살아가는 우리의 삶에 딱 들어맞게 되어 있다. 다시 말하지만 이것이 하나님의 음성을 분별하는 법을 배우는 데 도움이 될 **첫 번째** 예비적 통찰이다.

지침 2: 인간이라면 누구나 하나님과 대화할 수 있다

하나님의 음성을 들으려는 우리의 노력이 결실을 맺기 위해 미리 알아야 할 두 **번째** 예비적 진리가 있다. 그것은 우리의 개인적 경험과 성경 내용의 관계, 나아가 고금의 성도 및 신앙 영웅들의 관계에 관한 것이다.

> 무리가 바울이 한 일을 보고…소리 질러 이르되 "신들이 사람의 형상으로 우리 가운데 내려오셨다" 하여…무리와 함께 제사하고자 하니 두 사도 바나바와 바울이 듣고…무리 가운데 뛰어 들어가서 소리 질러 이르되 "여러분이여, 어찌하여 이러한 일을 하느냐. 우리도 여러분과 같은 성정을 가진 사람이라." (행 14:11-15)

위에서 인용한 사도행전 장면에는, 하나님의 임재에 대한 특별한 징후가 삶 속에 뚜렷할 정도로 그분과 친밀한 사람들에 대한 인간의 일반적인 반응이 잘 나타난다. 대개 즉시 이런 생각이 든다. "저들은 인간이 아니다!" 그 말은 곧 하나님에 대한 경험을 포함한 그들의 경험은 우리의 경험과 다르고, 그들은 뭔가 특별한 부류라 하나님에 대한 우리의 경험은 결코 그들의 경험과 같을 수 없다는 뜻이다.

초월적 삶의 징후를 분명히 나타내는 존재를 인간이라고 믿기란 물론 쉽지 않다. 초기 교회에서 일어난 가장 심각하고 까다로운 교리 논쟁 중 하나는 예수님이 참 인간인가에 관한 문제였다. 동정녀 탄생 교리가 처음 소개될 당시 그 일차적 기능은 예수님이 문자 그대로 여자의 몸에서 태어났기 때문에 진정 인간의 몸을 지니셨다는 사실을 사람들의 마음속에 확실히 심어 주는 것이었다. 그분의 몸은 모태에서 온 것이었다.[2] 그러나 그보다 먼저, 그분이 아직 "육체에 계실 때에" 즉 예수님의 인성이 문자 그대로 육체적 임재와 작용을 통해 분명히 눈에 보였을 때에는 그분의 가장 가까운 친구들과 동료들도 그분의 신성을 알아보지 못했던 것 같다. 마지막이 가까웠을 때 빌립은 이렇게 말했다. "주여, 아버지를 우리에게 보여 주옵소서. 그리하면 족하겠나이다." 예수님은 이렇게 답하실 수밖에 없었다. "내가 이렇게 오래 너희와 함께 있으되 네가 나를 알지 못하느냐? 나를 본 자는 아버지를 보았거늘"(요 14:8-9).

예수님은 인간이자 하나님이셨고 하나님이자 인간이셨다. 역사 속에 거하시는 예수님의 구속적 임재의 실체를 바로 알려면 이 미묘한 균형을 이해해야 한다. 말은 아주 쉽지만 은혜로운 하나님의 내적 도움이 있어야만 그것을 우리 삶의 기초로 삼을 수 있다.

하나님의 삶과 인간의 삶을 하나로 연합하는 이 문제는 초기의 신자들에게 줄곧 어려움을 안겨 주었다. 주님의 동생 야고보는 신자들의 경험과 그 가능성에 대한 이해를 돕기 위해 엘리야를 널리 알려진 사례로 소개한다. 이세벨을 두려워한 엘리야는 목숨을 건지고자 도망하여 나름 정당한 자기 연민에 하염없이 빠져든다(왕상 19장). 이 기사는 그가 진정한 인간임을 확실히 보여 준다. 하나님의 능력으로 간혹 멋진 이적을 행하긴 했어도 그는 어디까지나 "우리와 성정이 같은 사람"이었다(약 5:17).

성경과 교회사는 모세와 다윗과 엘리야와 바울과 베드로와 예수 그리스도가 모두 훌륭하면서도 지극히 인간적인 존재였음을 인정하며 그들의 경험을 기록하고 있다. 그들의 인성이 우리에게 주는 한 가지 중요한 교훈이 있다. 우리의 인성 자체는, 그들처럼 우리가 하나님을 알고 그분과 대화하는 것을 절대로 막을 수 없다는 것이다.

성경 이야기를 어떻게 믿을 것인가

오히려 반대로 성경의 기록을 제대로 이해하려면, 기본적으로 우리가 그 자리에 있었다면 거기 기록된 경험과 동일한 형태의 경험을 했을 것이라는 가정 하에 성경 공부에 임해야만 한다. 그런 경험을 하며 살았던 당시 사람들의 심정은 우리가 그 자리에 있었다면 느꼈을 심정과 크게 다를 바 없었을 것이다. 이렇게 인식하지 않는 한 성경 인물들에게 있었던 사건은 우리에게 영영 현실로 다가오지 않는다. 성경이 전혀 경험적 실체로 와닿지 않으니 당연히 성경을 진심으로 믿거나 그 내용을 실제 있었던 일로 받아들일 수 없게 된다.

성경 중심의 신앙을 표방하는 기독교 단체에서는 성경을 이렇게 하나의 현실로 읽지 못하기 때문에 흔히 두 가지 문제가 생겨난다. **첫 번째 문제는 성경이 단순히 하나님에 관한 추상적 진리를 나열한 교리서가 되는 것이다.** 즉 하나님을 직접 만나거나 그분의 음성을 듣지 못하면서도 끊임없이 파헤칠 수 있는 책으로 전락하는 것이다. 예수님 당시의 종교 권위자들도 바로 이런 태도를 취했기 때문에 오히려 성경을 예수님을 외면하는 용도로 사용했다. 그들은 성경을 열심히 탐구했으나 예수님은 그들에 대해 "그 말씀이 너희 속에 거하지 아니하니"(요 5:38)라고 말씀하셨다. 토저는 이 점에 대해 다음과 같이 날카롭게 지적했다.

> 신앙의 기초를 배우면서도 전체를 제대로 이해하지 못하는 일이 얼마든지 있다. 성경 교리에 전문가가 되어도 영적 깨달음이 없을 수 있다. 마음에 장막이 드리워져 있어 성경 진리의 영적 진수를 터득하지 못하는 것이다.[3]

성경 인물들의 경험을 우리 삶에서 경험하는 사건으로 이해하지 못할 때 나타나는 **또 다른 문제는 성경 읽기를 아예 그만두는 것이다.** 아니면 일정량을 취하여 약처럼 간신히 삼킬 수도 있다. 실은 하나도 좋은지 모르겠지만 남들이 좋다고 하니까 먹는 것이다.

'성경을 믿는' 많은 교회에 공공연한 비밀이 있다. 최소한 자기가 좋아하는 신문이나 잡지에 대해 보이는 정도의 관심, 지식, 기쁨을 가지고 성경을 공부하는 교인 비율이 아주 낮다는 것이다. 나의 적잖은 경험을 바탕으로 볼 때, 그것은 주로 그들이 성경 인물들의 경험을 자기 삶의 경험으로 이해하는 법을 배우지 않기 때문이다.

오히려 성경을 그런 식으로 보는 것은 위험하므로 그래서는 **안 된다**고 배웠을 수도 있다. 그러나 바울과 바나바와 엘리야는 우리와 성정이 같은 인간이었고 예수님은 "모든 일에 우리와 똑같이 시험을 받으신 이"(히 4:15)시기에 연약한 우리 심정을 잘 알고 계신다. 그 말씀에서도 볼 수 있듯이 성경은 성경 인물들의 경험을 곧 우리의 경험으로 이해해야 한다고 가르친다. 이는 **그들의 경험이** 본질상 **우리의 경험과 같았다는** 뜻이다.

하나님의 음성을 개인적 차원에서 직접 들으려면 무엇보다도 그분의 말씀이 성경 속의 인물들에게 어떻게 찾아왔는지를 잘 알아야 한다. 그들은 하나님이 의사를 전달하시는 것을 어떻게 경험했을까? 하나님의 음성을 듣는다는 것이 그들에게는 어떤 일이었을까? 우리는 하나님을 만난 사람들의 기사를 읽으면서 기도하는 마음으로 그러면서도 담대하게 하나님이 주신 상상력을 활용해야 한다. **우리가** 떨기나무 앞에 선 모세요(출 3:2), 캄캄한 방에 누운 어린 사무엘이요(삼상 3:3-7), 거문고 탈 때 감동받은 엘리사요(왕하 3:15), 바울에 대한 환상을 받은 아나니아요(행 9:11), 지붕 위의 베드로라면(행 10:9), 그때 우리의 심정이 어땠을지 자문해 보아야 한다. 우리는 **그런 일들이 우리에게도 일어날 수 있다고** 믿을 수 있는 신앙과 경험을 구해야 한다. 그럴 때에만 실제로 그런 일들이 일어날 때 그것을 알아보고 받아들이며 그 안에 거할 수 있다. 이것이 **두 번째** 일반 지침이다.

겸손한 교만: 주님, 제가요?

> 그러나 귀신들이 너희에게 항복하는 것으로 기뻐하지 말고 너희 이름이 하늘에 기록된 것으로 기뻐하라. (눅 10:20)

리처드 아텐보로(Richard Attenborough)의 영화 <간디>(Gandhi)를 보면 남아공에서 인도의 젊은 변호사 간디와 어느 백인 성직자가 산책로를 함께 걷는 장면이 나온다. 이는 당시 남아공에서는 범법 행위였다. 이때 불량해 보이는 젊은 백인들이 그들에게 다가가 말을 걸며 그들을 해치려 한다. 다행히 주동자의 어머니가 창문 위에서 아들을 불러 자기 일이나 하라고 호통친다.

성직자는 계속 걸으면서 운이 좋았다고 주장한다. 그러자 간디가 말한다. "저는 당신이 하나님의 사람인 줄 알았습니다만."

성직자가 대답한다. "맞소. 하지만 하나님이 나를 중심으로 하루 일과를 짜신다고는 믿지 않소!"

물론 관객들은 웃는다. 과연 날카로운 지적이다! 하지만 그 이면에는 우리로 하여금 하나님이 인도하신다는 가능성을 진지하게 취급하지 못하게 만드는 태도와 사고방식이 깔려 있다. 하나님의 인도를 진지하게 다루지 않는다면 당연히 그 안에 들어갈 수도 없다.

앞 단락에서 우리 자신도 바울이나 바나바나 엘리야의 경험을 할 수 있다고 보아야 한다고 말했다. 그 말에 대해 많은 사람은 자연스레 이런 반응을 보일 것이다. "하지만 내가 누구라고 그 위대한 사람들의 자리에 나를 대입한단 말입니까? 내가 누구라고 감히 하나님이 내게 말씀하시거나 나를 인도하실 거라고 생각한단 말입니까? 내 경험이 모세와 엘리사의 경험과 같으리라는 것은 더 말이 안 됩니다."

이렇게 반응하는 사람은 대개 그런 태도가 하나님의 위대하심을 높이는 것이라고 생각한다. 그러나 사실 그것은 하나님이 성경과 그리스도의 인격을 통해 자신에 대해 가르쳐 주신 내용을 반박하는 태도다. **그분은 나든 누구든 그분이 택하시는 모든 사람을 중심으로 '그분의 하루 일과를 계획하실' 수 있으며 바로 거기에 그분의 위대하심이 있다.**

성경을 보면 모세나 기드온처럼 하나님의 음성을 들은 사람들은 대개 자신이 부족하고 자격 없는 자임을 역설하려 든다. 이것은 어떤 의미에서 합당하면서도 실은 핵심을 벗어난 반응이다. 각 기사에서 하나님이 명백히 밝히시는 바와 같이 그들의 대답은 전혀 엉뚱한 것이다.

한낱 인간일 뿐인 정부 고관이나 다른 유명 인사한테서 전화가 왔다고 해도 우리는 좀처럼 그 사실을 믿지 못할 것이다. 한편으로는 자신이 그 정도로 중요한 사람이 아니라고 생각할 것이고, 다른 한편으로는 그 사람과의 대화가 자신을 중요한 사람으로 **만들어 줄** 거라고 생각할 것이다. 하나님이 우리에게 말씀하신다는 개념에 대해서도 똑같은 생각을 할 수 있다. 그러나 그런 생각은 우리를 다루시는 그분의 목적과는 거리가 멀다. 뿐만 아니라 그런 생각 속에는 하나님이 각 개인에게 들려주시는 말씀으로부터 우리를 차단시키는 비극적인 오해가 담겨 있다.

무엇보다 우리는 그 정도로 **중요한** 존재다. 하나님이 그 아들의 생명을 대신 내어 주시고 우리를 살아 있는 성전 삼아 우리 안에 거하실 정도로 중요한 존재다. 그렇다면 분명 우리는 그분이 때를 따라 인도해 주시고 말씀해 주실 만큼 중요한 존재다.

다른 한편으로 그분이 우리에게 말씀하신다는 사실 자체가 우리를 중요한 존재로 만들어 주는 것은 아니다. 하나님이 고대 이스라엘 백성에게 말씀하셨을 때와 똑같이, 그분의 음성을 들음으로써 우리가 선해지고 선행을 베풀 더 큰 기회가 주어지는 것뿐이며 이웃을 돌보고 이끌어 줄 더 큰 책임이 생기는 것뿐이다. 다른 것도 다 마찬가지지만 하나님과의 대화의 관계 때문에 자신이 대단히 중요한 존재나 되는 것처럼 생각한다면 그분의 인도는 분명 우리를 떠날 것이다. 우리에게 그것을 맡기실 수 없기 때문이다. 예수님의 가르침처럼 천국에서 자신을 높이는 자는 낮아질 것이며 교만은 패망의 선행 조건이다.

하나님의 음성 듣기 연습

열왕기상 19:2-18

이 '영적 독서'(*lectio divina*, 렉치오 디비나)를 연습하기 전에 앞에서 언급된 엘리야와 그의 경험을 되살펴 보는 것도 좋다("지침 2: 인간이라면 누구나 하나님과 대화할 수 있다"에서 시작하여 여기까지 쭉 훑어보라). 그러면 지식을 바탕으로 더 생생하게 엘리야의 경험 속으로 들어갈 수 있다.

본문을 읽으며 하나님의 말씀을 받기 위한 준비 단계로 잠시 책을 내려놓기 바란다. 눈을 감고 천천히 숨을 내쉬라. 오늘 성령께서 무엇을 주시든 마음을 열고 들을 수 있게 해달라고 하나님께 기도하라.

읽기(lectio)

성경 읽기가 "하나님을 만나거나 그분의 음성을 듣기" 위한 초대임을 생각하며 본문을 천천히 읽으라.

> 이세벨이 사신을 엘리야에게 보내어 이르되 "내가 내일 이맘때에는 반드시 네 생명을 저 사람들 중 한 사람의 생명과 같게 하리라. 그렇게 하지 아니하면 신들이 내게 벌 위에 벌을 내림이 마땅하니라" 한지라. 그가 이 형편을 보고 일어나 자기의 생명을 위해 도망하여…광야로 들어가 하룻길쯤 가서 한 로뎀 나무 아래에 앉아서 자기가 죽기를 원하여 이르되 "여호와여, 넉넉하오니 지금 내 생명을 거두시옵소서. 나는 내 조상들보다 낫지 못하니이다" 하고 로뎀 나무 아래에 누워 자더니 천사가 그를 어루만지며 그에게 이르되 "일어나서 먹으라" 하는지라. 본즉 머리맡에 숯불에 구운 떡과 한 병 물이 있더라. 이에 먹고 마시고 다시 누웠더니 여호와의 천사가 또다시 와서 어루만지며 이르되 "일어나 먹으라. 네가 갈 길을 다 가지 못할까 하노라" 하는지라. 이에 일어나 먹고 마시고 그 음식물의 힘을 의지하여 사십 주 사십 야를 가서 하나님의 산 호렙에 이르니라.
>
> 엘리야가 그곳 굴에 들어가 거기서 머물더니 여호와의 말씀이 그에게 임하여 이르시되 "엘리야야, 네가 어찌하여 여기 있느냐."
>
> 그가 대답하되 "내가 만군의 하나님 여호와께 열심이 유별하오니 이는 이스라엘 자손이 주의 언약을 버리고 주의 제단을 헐며 칼로 주의 선지자들을 죽였음이오며 오직 나만 남았거늘 그들이 내 생명을 찾아 빼앗으려 하나이다."
>
> 여호와께서 이르시되 "너는 나가서 여호와 앞에서 산에 서라" 하시더니 여호와께서 지나가시는데 여호와 앞에 크고 강한 바람이 산을

가르고 바위를 부수나 바람 가운데에 여호와께서 계시지 아니하며 바람 후에 지진이 있으나 지진 가운데에도 여호와께서 계시지 아니하며 또 지진 후에 불이 있으나 불 가운데에도 여호와께서 계시지 아니하더니 불 후에 세미한 소리가 있는지라.

엘리야가 듣고 겉옷으로 얼굴을 가리고 나가 굴 어귀에 서매 소리가 그에게 임하여 이르시되 "엘리야야, 네가 어찌하여 여기 있느냐."

그가 대답하되 "내가 만군의 하나님 여호와께 열심이 유별하오니 이는 이스라엘 자손이 주의 언약을 버리고 주의 제단을 헐며 칼로 주의 선지자들을 죽였음이오며 오직 나만 남았거늘 그들이 내 생명을 찾아 빼앗으려 하나이다."

여호와께서 그에게 이르시되 "너는 네 길을 돌이켜 광야를 통하여 다메섹에 가서 이르거든 하사엘에게 기름을 부어 아람의 왕이 되게 하고 너는 또 님시의 아들 예후에게 기름을 부어 이스라엘의 왕이 되게 하고 또 아벨므홀라 사밧의 아들 엘리사에게 기름을 부어 너를 대신하여 선지자가 되게 하라. 하사엘의 칼을 피하는 자를 예후가 죽일 것이요 예후의 칼을 피하는 자를 엘리사가 죽이리라. 그러나 내가 이스라엘 가운데에 칠천 명을 남기리니 다 바알에게 무릎을 꿇지 아니하고 다 바알에게 입 맞추지 아니한 자니라."

이제 내용을 파악했으니 다시 한 번 읽으라. 우리도 그들의 입장에 있었다면 그들의 심정과 아주 비슷했으리라는 점을 기억하라.

아울러 마음의 귀로 다음 중 하나를 경청하라.

- 이 이야기에서 당신에게 아른거리거나 눈에 띄는 단어나 문구나 세부 사항이나 특별한 순간.
- 본문에서 당신이 동화되는 대상. 엘리야나 이세벨이나 천사일 수도 있고, 동굴이나 구운 떡이나 심지어 지진과 바람과 불일 수도 있다.

이상하거나 특이한 게 아니니 그냥 그대로 있으면 된다.

어느 경우든 당신 자신이 고르지 말고 성령께서 주시는 대로 받으라. 설사 당신의 마음에 들지 않더라도 최대한 온유함으로 받으라. 그리고 어떻게 되는지 보라(약 1:21).

묵상(meditatio)

본문을 다시 천천히 읽으라. 읽는 동안 그리고 읽고 나서 몇 분 동안 다음 중 하나를 묵상하라.

- 눈에 띄었던 단어나 문구가 있는가? 왜 그 단어가 당신의 공감을 불러일으킨다고 생각하는가?
- 본문에서 당신이 동화되었던 대상이 있는가? 그 사람이나 물체가 되는 기분이 어떤가? 무엇이 당신의 마음을 끌어들이는가? 하나님에 대해 생각하거나 느끼는 것은 무엇인가?

몇 분 동안 그렇게 하라.

그다음에 하나님께 이렇게 여쭈라. "이것이 오늘 저의 삶과 어떻게 연결됩니까? 제가 알아야 하거나 되어야 하거나 해야 할 것은 무엇입니까?"

반응(기도, oratio)

본문을 마지막으로 한 번 더 읽은 뒤에 성령께서 말씀하셨다고 생각되는 내용이나 당신에게 와닿았던 내용을 하나님께 말씀드리라.

이끄시는 대로 기도하라. 하나님께 뭔가로 인해 감사드릴 수도 있고 뭔가를 구할 수도 있다.

안식(관상, contemplatio)

이끄시는 대로 하라. 하나님을 앙망하며 그저 그분과 **함께 있을** 수도 있다. 하나님께 주목하며 특히 본문에 나타난 그분의 **모습**을 생각해 볼 수도 있다. 하나님이 당신에게 그분을 예배하고 싶은 마음을 주시거나, 적어도 그분과 **함께 있고** 싶은 마음을 주실 수 있다. 앉아서 하나님과 교제를 나누라. 그분은 당신을 초대하여 잠시 떠나서 함께 있자고 하시는 분이다.

참된 온유의 힘

우리에게 들려주시는 하나님의 말씀을 구하고 받으려면 동시에 **겸손의 은혜**를 구하고 받아야 한다. 우리가 겸손하면 하나님이 우리에게 말씀하실 수 있다. 우리가 그분의 말씀을 오용하지 않을 것을 아시기 때문이다. 겸손하지 못하면 문제가 생긴다. 성령의 은사만 있고 성령의 열매는 없는 사람이 된다. 하나님은 아론과 미리암을 이렇게 책망하셨다.

> 모세가 구스 여자를 취하였더니 그 구스 여자를 취하였으므로 미리암과 아론이 모세를 비방하니라. 그들이 이르되 "여호와께서 모세와만 말씀하셨느냐. 우리와도 말씀하지 아니하셨느냐" 하매 여호와께서 이 말을 들으셨더라. 이 사람 모세는 온유함이 지면의 모든 사람보다 더하더라.
> (민 12:1-3)

미리암과 아론은 하나님께 지위를 인정받고 싶은 마음에 그분이 자기들에게도 말씀하셨다고 주장했다. 하지만 그들은 하나님이 원하시는 것에 집중하지 않고 자기들이 원하는 것만 생각했다.

이 본문에서 하나님은 겸손에 대한 그분의 방침을 설명하셨다. 이는 그분의 음성을 듣는 일에 대한 것이기도 하다. 겸손의 자질이 있으면 하나님이 역사하실 수 있는 문이 열린다. 하나님은 교만한 자를 대적하시기 때문이다(벧전 5:5). 모세는 역사상 가장 겸손하고 가장 주제넘지 않은 사람 가운데 하나였다. 하나님과의 대화 시간으로 말하자면 모세야말로 최고 기록 보유자일 것이다. 기네스북에 그런 항목이 있다면 모세가 단연 선두를 달릴 것이다. 하나님 가까이에서 일하며 그분과 대화하는 관계와 온유함 사이에는 분명 상관관계가 있었다. 시편 25:9은 하나님에 대해 이렇게 말한다. "온유한 자를 정의로 지도하심이여, 온유한 자에게 그의 도를 가르치시리로다."

『브리스톨의 조지 뮬러』(George Mueller of Bristol)라는 책에서 피어슨(A. T. Pierson)은 이 시편 구절에 대해 다음과 같이 말한다. 이는 지금 우리가 하는 이야기를 부연 설명해 줄 뿐 아니라 이 책 후반부에 가서도 큰 유익을 줄 것이다.

그런 인도와 가르침의 조건으로 여기서 **온유**가 거듭 강조되고 있다. **온유란 하나님의 뜻을 진심으로 선호하는 마음이다.** 이 거룩한 마음의 습관이 존재할 때 우리는 **외적인** 표징이나 증거가 전혀 없어도 **내적으로** 하나님의 뜻을 알고 그것을 택한다는 생각에 전 존재가 활짝 열리게 된다. 하나님은 가시적 표징이 아니라 우리의 **판단력을 움직임으로써** 우리를 인도하신다. 당면 사항에 대한 모든 고려를 허심탄회하게 저울에 달아 보되 무게가 어느 쪽으로 기울든 받아들일 자세로 하나님을 기다리는 것, 그것이 인도받기에 적합한 마음가짐이며 자세다. 하나님은 저울을 건드려 그분의 뜻 쪽으로 기울도록 균형을 깨뜨리실 것이다. 그러나 **우리는 저울에서 손을 떼야 한다.** 그렇지 않다면 우리의 유익을 위한 그분의 간섭을 기대하지 말아야 한다.⁴

하나님이 행동하시리라 믿고 기다리며 다음 세 가지 잘못을 삼간다면 그분은 기꺼이 우리에게 겸손을 주실 것이다. 첫째, 우리는 실제 있지도 않은 모습을 있는 척 **꾸며서는** 안 된다. 둘째, 자기에게 유리한 입장을 **추정해서는** 안 된다. 셋째, 타인의 의지를 꺾으려 **밀어붙여서는** 안 된다. (이것은 절대 실패할 수 없는 겸손의 비법이다. 한 달만 시도해 보라. 효과가 없을 시에는 환불을 보장한다!)

지침3: 하나님의 음성을 듣는다고 우리가 의로워지는 것은 아니다

이 겸손이라는 주제는 우리가 하나님의 음성을 구할 때 늘 마음에 새겨야 할 세 **번째** 예비적 진리로 우리를 이끈다. **하나님이 우리에게 말씀하신다고 해서 그것이 우리가 의롭다거나 옳다는 증거는 아니라는 것이다.** 그것은 또한 그분이 하신 말씀을 정확히 이해했다는 증거도 될 수 없다. 메시지와 그것을 전하는 자의 무오성이 그것을 받아들이는 우리의 무오성까지 보장하는 것은 아니다. 겸손은 언제든 필요한 법이다.

이것은 특히 중요한 지침이다. 사람들은 흔히 "내 말이 옳다", "당신도 내 말에 따라야 한다" 심지어 "내 맘대로 해야 된다"고 말하면서 그 논거로 "하나님이 내게 말씀하셨다"든지 "주님이 나를 인도하셨다"고 주장하기 때문이다. 단적으로 말하지만 그렇게 주장한다고 해서 그 내용이 저절로 정당화되는 것은 아니다.

하나님의 뜻을 구하는 부분에서 이런 오해가 만연하다 보니 이런 말까지 나올 수 있다. "그렇다면 무슨 소용이 있단 말인가? 나한테 의심할 여지가 없는 권위를 주지도 못하고 내가 올바른 방향으로 가고 있다는 사실도 절대적으로 보장해 주지 못한다면 굳이 하나님이 내게 말씀하시거나 내가 들어야 할 이유가 무엇이란 말인가?"

앞으로 이 책에서는 이런 질문에 충분히 만족스런 답을 제시하고자 한다. 하나님의 음성을 듣는 것과 관련하여 '옳다'는 것과 권위의 문제 전체를 차차 검토해야 할 것이다. 그러나 각 개인을 향해 하나님이 말씀하시는 것이 무엇이며 그것이 들려오는 방식이 어떠한가를 이해하려 할 때 우리가 절대 잊어서는 안 될 사실이 있다. 하나님의 목적은 단순히 다양한 역할을 맡은 우리를 지키시고 도우시며 우리가 옳다는 것을 확인시켜 주시는 것이 **아니라**는 사실이다.

사실 올바른 판단을 내리는 것이야말로 인간이 짊어져야 하는 가장 버거운 짐 중 하나며 그 짐을 멋있게 지는 사람은 많지 않다. 조그만 플래카드에 이런 말이 쓰여 있는 것을 본 적이 있다. "주님, 틀렸을 때는 기꺼이 바꿀 수 있게 해주시고 옳을 때는 더불어 살기에 쉬운 사람이 되게 해주소서!" 아주 지혜로운 기도다.

사도 바울은 지식은 교만하게 하고, 사랑은 덕을 세우며, 마땅히 알아야 할 만큼 아는 사람은 아무도 없다고 경고했다(고전 8:1-2). 하나님의 음성을 듣고 있을지라도 마찬가지 아니겠는가? 그리스도의 도를 따르는 우리가 듣기 원하는 하나님의 음성은 겸손과 능력과 믿음과 소망과 사랑을 실천하는 삶의 한 부분일 뿐이다. 그것의 전체적이고 최종적인 특성은 하나님의 "영원하신 팔"(신 33:27)에 안겨 그분과 함께 사는 삶이다.

다음 장에서는 그러한 삶의 경험이 어떤 것인지, 즉 어떻게 그 삶이 우리가 하나님과 함께하고 하나님이 우리와 함께하시는 삶이 되는지를 좀더 자세히 살펴보고자 한다.

묵상을 위한 질문

1. <스텝포드 와이프>에 나오는 인간관계 모델이 일부 사람들에게 매력적으로 느껴지는 이유는 무엇인가? 그것의 장단점은 무엇인가?
2. '함께 거하는' 양식으로서의 사랑의 개념은 당신의 경험에 부합하는가? 사랑의 역할이 내포되는 관계 유형을 모두 떠올려 보라.
3. 잘못한 사람을 상전처럼 일일이 찾아내 벌주는 것이 하나님의 주된 일이라는 개념에 대해 토의해 보거나 혼자 묵상해 보라.
4. 모녀간이나 친구 사이의 인간관계에서 교제와 대화와 인도는 서로 어떤 관계가 있는가? 그것은 하나님과 그분의 자녀의 관계에 어느 정도까지 적용될 수 있는가? 혹은 적용될 수 없는가?
5. 하나님의 음성을 듣는 것과 온유나 겸손 사이에 상충하는 부분이 있다고 보는가? 그것을 해결하기 위해 알아야 할 것은 무엇인가?
6. 이 장에서는 하나님의 음성을 듣기 위한 세 가지 일반 지침을 소개했는데, 그중 당신의 의문이나 회의 또는 오해를 해결하는 데 도움이 된 것은 무엇인가?

3

결코 혼자가 아니다

여호와 하나님이 이르시되
사람이 혼자 사는 것이 좋지 아니하니.
창세기 2:18

보라, 처녀가 잉태하여 아들을 낳을 것이요
그의 이름을 임마누엘이라 하리라.
이사야 7:14

내가 세상 끝 날까지 너희와 항상 함께 있으리라.
마태복음 28:20

대학 시절 내가 속한 소그룹은 목요일 저녁마다 테네시 주 채터누가에서 동쪽으로 50킬로미터쯤 떨어진 카운티 교도소의 재소자들을 찾아가 예배를 인도하곤 했다. 그곳에 수감된 사람들은 경범죄로 수개월에서부터 1년까지 단기형을 선고받아 복역하는 실은 꽤나 평범한 사람들이었다. 친구와 가족들로부터 격리되어 있다는 사실이 그들에게 극심한 고통을 주었다.

그들은 우리의 방문을 간절히 기다리는 것 같았다. 무엇보다도 노래 부르는 시간을 더 기다리지 않았나 생각된다. 우리 그룹에는 음악적 재능이 뛰어난 멋진 그리스도인 자매 한 명이 있었다. 그녀가 아코디언을 연주하면 남자들은 노래와 찬송가를 열심히 따라 불렀다. 특히 그들이 매번 거의 빼놓지 않고 신청하는 노래가 있었다.

난 번쩍이는 번개를 보았네.
요란한 천둥소리도 들었네.
내 영혼을 삼켜 버릴 듯
몰아치는 죄악의 물결을 느꼈네.

그때 예수님의 음성이 들려왔네.
끝까지 싸우라고 말씀하셨네.
날 떠나지 않는다 약속하셨네.
영영 날 혼자 두지 않겠다고.

이어 노래가 후렴으로 넘어가면 이 땅에서의 마지막 소망을 생각하는 절박한 남자들의 노래는 그렇게 애절할 수 없었다.

난 혼자가 아니네. 영영 아니네!
날 떠나지 않는다 약속하셨네.
영영 날 혼자 두지 않겠다고.[1]

우리 주변에는 고독이 넘쳐난다. 언젠가 나는 미국으로 돌아갈 비행기를 기다리며 런던에서 며칠을 보낸 적이 있다. 그때 웨스트민스터 성당(웨스트민스터 사원이 아님)에서 묵상하고 기도하며 많은 시간을 보냈다. 사원에 가면 위대한 과거, 즉 영국인들과 그들을 다루신 하나님의 장엄한 역사가 느껴진다. 그와는 대조적으로, 사원에서 빅토리아 역 쪽으로 꽤 떨어져 있는 성당에 가면 국가의 모든 역사를 초월하는 하나님의 임재가 느껴진다. 나는 거대하고 침침한 건물 내부에서 하나님이 가까이 계심을 강하게 느꼈다.

성당 앞 광장에는 벤치와 식탁들이 있었고 저만치 한쪽에 종교 서점과 커다란 노란색 M자가 붙은 맥도날드 햄버거 가게가 보였다. 런던의 노숙자들은 화창한 날 아침이면 햇빛 아래서 마음 놓고 잠도 자고, 맥도날드 가게 손님들이 남기고 간 음식을 얻기도 했다.

그런데 거기서 한 여자가 잠자는 모습을 여러 차례 보았다. 여자 주변으로 아이들과 비둘기 떼가 몰려들었다. 그녀는 금발머리에 약간 몸집이 있는 중년 여성이었다. 노숙자라는 걸 금세 알아차릴 수 있었지만 단란한 가정을 꾸리는 여느 여성들과 별다를 바 없어 보였다. 갑자기 이런 생각이 들었다. '저 여자는 누구의 딸일까? 누구의 자매이며 누구의 어머니

이며 누구의 이웃이며 누구의 반 친구일까? 그런데 여기 이렇게 혼자 있구나. 홀로 외로이!'

나는 첫아이가 태어났을 때 이와 비슷한 감정을 훨씬 더 강하게 느낀 적이 있다. 우리 부부를 통해 세상에 나온 신기하고 예쁜 이 작은 생명체가 나와는 철저히 분리된 존재라는 사실 그리고 세월이 흐르는 동안 불의의 사건과 타인의 홀대와 그릇된 선택과 몸의 노쇠를 거쳐 결국 죽음을 대면할 때까지 이 아이의 외로움을 막아 주기 위해 내가 할 수 있는 일이 아무것도 없다는 사실을 뼈저리게 깨달았다.

상대를 아무리 사랑한다 해도 그의 존재와 삶의 심연까지 온전히 채워 주거나 궁극적 최후의 순간까지 **함께한다**는 것은 인간으로서는 할 수 없는 일이다. 우리는 정말 **함께할** 수만 있다면 더 바랄 것이 없다고 생각한다. 그러나 그럴 수 없다. 적어도 우리 마음에 흡족할 정도로 그렇게 할 수 없다. 옛 노래의 가사는 모든 사람이 수긍할 수밖에 없는 진실을 내포한다. "나 혼자서 내 길을 가네. 나 혼자서 가야 하네."

하나님이 아니라면 이 주제에 대한 우리의 이야기는 여기서 끝나고 말 것이다. 그러나 하나님은 인간 자아의 조직 속으로 뚫고 들어가 친히 하나로 엮이실 수 있다. 따라서 그분과의 친밀한 교제를 보호막으로 두르고 있는 자들은 영영 혼자가 아니다. 로마서 8장 끝부분의 위대한 선언은 바로 그런 의미다.

누가 우리를 그리스도의 사랑에서 끊으리요? 환난이나 곤고나 박해나 기근이나 적신이나 위험이나 칼이랴?…그러나 이 모든 일에 우리를 사랑하시는 이로 말미암아 우리가 넉넉히 이기느니라. 내가 확신하노니 사망이나 생명이나 천사들이나 권세자들이나 현재 일이나 장래 일이나 능력이나 높음이나 깊음이나 다른 어떤 피조물이라도 우리를 우리 주 그리스도 예수 안에 있는 하나님의 사랑에서 끊을 수 없으리라. (롬 8:35, 37-39)

아무것도 끊을 수 없는 그분의 임재 안에서 우리의 소중한 이들이 살아가는 것을 볼 때, 우리는 그들을 향한 염려에서 깨끗이 벗어날 수 있다. 완전한 궁극의 복이자 최고선, 즉 인류의 **최고선**은 그리스도의 도를 따라 하나님의 임재 안에서 살아가는 이들에게 찾아온다. 모든 희로애락 중에 우리의 믿음의 고백은 이 한마디면 충분하다. "임마누엘, 하나님이 우리와 함께하신다!" 그래서 우리는 이렇게 노래한다.

어디든 주님 계신 곳에 우리가 있고
주님 가시는 곳에 우리도 가렵니다.
주님과 함께라면 슬픔도 힘들지 않고
주님이 없다면 기쁨마저 화가 됩니다.

오, 매순간마다 철마다 거룩하고 진실하게
주님과 함께 거하기 원합니다!
살든지 죽든지 주님 곁에만 있으면
영원한 만족이 있습니다.[2]

시편 기자는 말한다. "주의 앞에는 충만한 기쁨이 있고 주의 오른쪽에는 영원한 즐거움이 있나이다"(시 16:11). 사망의 음침한 골짜기를 지날지라도 두려울 것이 없다. 왜냐하면? "주께서 나와 함께하시기" 때문이다 (시 23:4).

다른 한편으로 오직 하나님만이 그분의 임재로써 우리의 외로움을 없애 주실 수 있다는 사실은, 하나님의 임재로부터 분리되는 것이 왜 궁극적 고통과 형벌인지를 잘 보여 준다. 시편 기자는 두려움에 빠져 부르짖는다. "나를 주 앞에서 쫓아내지 마시며 주의 성령을 내게서 거두지 마소서"(시 51:11).

선물과 선물 주시는 분

물론 하나님의 인격과 임재를 구하는 이유로 외적인 유익도 빼놓을 수 없다. 세상의 많은 종교에서 신의 은총을 구하는 주된 혹은 모든 이유가 바로 그런 유익 때문일 수도 있다. 시편 기자는 다시 한 번 하나님의 임재를 사람의 꾀에서 숨는 장소로 묘사하고 있다(시 31:20; 또한 27:5; 32:7을 보라). 연합군 왕들과 싸워 이긴 믿음의 조상 아브라함이 전리품을 받아서 부자와 강자가 되기를 거부하자(창 14:22-24) 하나님은 그에게 환상을 통해 말씀하신다. "두려워하지 말라. 나는 네 방패요 너의 지극히 큰 상급이니라"(15:1).

가나안을 향해 가는 여정 가운데 여호와께서 이스라엘 백성의 죄에 진노하여 그들을 멸하려 하시자 모세는 이렇게 만류한다. "나와 주의 백성이 주의 목전에 은총 입은 줄을 무엇으로 알리이까? 주께서 우리와 함께 행하심으로 나와 주의 백성을 천하 만민 중에 구별하심이 아니니이까?" (출 33:16).

그럼에도 자신의 상황을 바꾸려는 수단으로 하나님의 임재를 이용하는 것은 예수님의 제자로서 할 바가 아니다. 성경은 이렇게 말한다. "있는 바를 족한 줄로 알라. 그가 친히 말씀하시기를 내가 결코 너희를 버리지 아니하고 너희를 떠나지 아니하리라 하셨느니라. 그러므로 우리가 담대히 말하되 주는 나를 돕는 이시니 내가 무서워하지 아니하겠노라. 사람이 내게 어찌하리요 하노라"(히 13:5-6). 이 약속은 하나님이 우리의 삶에 나쁜 일이 전혀 일어나지 않도록 하시겠다는 것이 아니다. 그분이 우리와 늘 함께하시며 그분의 임재 자체로 충분하기 때문에 무슨 일이 닥치든 우리는 **언제나** 진정한 해악 너머에 있다는 것이다.

우리의 만족은 그분의 **선물**로 인한 것이 아니라 선물의 공급원이신 그분의 **임재**로 인한 것이다. 우리가 어떤 시련을 당해도 넉넉히 이기는 것은 앞에서 말한 것처럼 아무것도 "우리를 우리 주 그리스도 예수 안에 있는 하나님의 사랑에서 끊을 수 없기" 때문이다(롬 8:39).

토마스 아 켐피스(Thomas à Kempis)가 예수님께 들었다고 고백한 이 말씀은 모든 세대에 동일하게 적용되는 것이다. "나를 사랑하되 지혜로운 자는 그를 사랑하는 나의 선물보다는 그 선물을 주는 나의 사랑을 더 귀하게 여긴다. 그는 귀중품보다는 애정을 소중히 여기며, 모든 선물을 자기가 사랑하는 대상인 나보다 중요하게 여기지 않는다. 나를 사랑하되 마음이 고결한 자는 마음을 선물에 두지 않고 모든 선물보다 나를 중요하게 여긴다."[3] 우리가 사랑하는 그분의 임재는 붙드시는 능력을 통해 대대로 병든 자에게는 기쁨을, 죽은 자에게는 승리를 주었다. 상한 마음과 깨어진 관계를 고쳐 주었고, 노역과 가난과 노년에 영광을 더해 주었으며, 순교자의 화형대와 교수형 밧줄을 대관식 장소로 바꿔 놓았다.

아우구스티누스의 말처럼 우리는 본향에 들어설 때 "안식하며 볼 것이요, 보며 사랑할 것이요, 사랑하며 찬양할 것이다. 이것이 끝없이 이루어질 일이다."[4] 인간의 영혼은 바로 그것을 위해 지음받았다. 우리의 현세의 소명이자 영원한 소명은 이것이다. "인간이 이룰 가장 중요한 목적은 하나님을 영화롭게 하고 영원히 그분을 즐거워하는 것이다."[5]

하지만 현실은 어디를 둘러봐도 외로움이 넘쳐난다. 외로움은 고층 건물과 목사 사택, 고위 간부 사무실과 백만장자의 고급 주택, 허름한 아파트와 공장의 생산 라인, 술집과 도시의 거리를 가리지 않고 넘본다. 언젠가 콜카타의 테레사 수녀가 말한 것처럼 외로움은 현대 세계의 나병이다. 수년 전 엘리노어 릭비(Eleanor Rigby)의 운명을 슬퍼하며 이렇게 외친 유행가가 있었다. "모든 외로운 이들이여! 그들은 다 어디서 온 것일까?"[6]

이 질문의 답은 간단하다. 외로운 자들은 하나님을 떠나 사는 자들이다. 그들은 "세상에서 소망이 없고 하나님도 없이"(엡 2:12) 살아간다. 그들이 경험한 숱한 고립감은 하나님과 분리된 데 근본 원인이 있다.

하나님과 **함께하는** 삶, 결코 혼자가 아닌 그 삶의 실체를 정말 밝힐 수 있을까? 정직하고 마음이 열린 자라면 누구나 하나님과 함께하는 삶을 경험할 수 있도록 최소한 설명이라도 할 수 있을까? 지금부터 우리와 함께하시는 하나님의 임재가 나타나는 몇 가지 형태를 살펴보기로 하자.

우리는 하나님과 우리가 '함께하는' 관계, 즉 고립감과 외로움이 영원히 해결된 관계를 이해하는 몇 가지 구체적인 방식을 살펴볼 것이다. 다음 성경 말씀에 흥미로운 단서가 들어 있다.

너희가 내게 대하여 제사장 나라가 되며 거룩한 백성이 되리라. (출 19:6)

우리를 사랑하사 그의 피로 우리 죄에서 우리를 해방하시고 그의 아버지 하나님을 위하여 우리를 나라와 제사장으로 삼으신 그에게 영광과 능력이 세세토록 있기를 원하노라. (계 1:5-6)

여기서 기본 개념은, 우리가 온전히 스스로 깨달을 수 있으며 직접 하나님과 인격적인 관계를 맺도록 (제사장으로서) 하나님이 우리를 부르셨다는 것이다. 그리고 그 안에서 우리는 그분의 권위를 행사하며 (왕으로서) 그 일에 그분과 책임을 공유한다는 것이다. 여기에 포함되는 것은 정확히 무엇이며 우리는 그것을 어떻게 경험하게 될까? 지금부터 이 개념에 내포된 몇 가지 국면을 살펴보려 한다.

하나님과의 관계로 부르심

맹목적 믿음

'맹목적' 믿음도 최소 수준이기는 하지만 하나님이 우리와 함께하시는 유효한 방법 중 하나다. 맹목적 믿음을 가진 우리는 하나님을 믿으며 그분이 우리와 함께하심을 진정으로 믿는다. 믿는 이유는 과거의 경험 때문일 수도 있고, 다른 사람들의 믿음을 신뢰하기 때문일 수도 있고, 단순히 신이 **반드시** 존재해야 한다는 추상적 논리 때문일 수도 있다. 그러나 단순한 의지에 가까운 이런 확신이야말로 하나님이 우리 삶에 임재하시는 유일한 방식이다. 아직은 그분이 여기에 우리와 함께하신다는 **인식**도 없고, 우리 안팎에서 그분이 역사하신다는 **증거**도 없다. 그래도 우리는 믿는다. 여전히 우리는 신실하게 믿는다.

이런 믿음을 무시해서는 절대 안 되겠지만 인간의 마음은 우리와 함께하시는 하나님의 임재를 지속적이지 않은 맹목적 믿음으로만 다루는 것에 결코 만족할 수 없다. 하나님의 편재성 교리를 바탕으로 한 추상적 논리, 하나님이 신자와 함께하신다는 교리에 대한 정신적 동의, 다른 사람들의 믿음에 대한 신뢰, 심지어 하나님을 경험한 과거의 기억, 이런 것들은 지속적인 영적 성장의 충분한 기초가 될 수 없다.

하나님의 임재를 이런 식으로만 이해하는 이들에게 권해 줄 것이 있다. 이해하고 받아야 할 것이 훨씬 더 많다는 사실이다. 그러지 않는 한 그들은 결코 왕과 제사장으로서 자신의 능력을 발휘할 수 없으며 "한 분 예수 그리스도를 통하여 생명 안에서 왕 노릇" 할 수 없다(롬 5:17).

하나님의 임재를 의식함

다음 단계는 하나님이 당연히 여기 계신다는 식의 단순한 믿음을 넘어서는 것이다. 그것은 하나님의 임재에 대한 모호하지만 종종 아주 강력하게 전해지는 의식이나 느낌 또는 인상이다. 하나님의 **음성**을 분별하는 경우와 마찬가지로(나중에 다룰 내용이다), 이런 의식의 의미를 정확히 인식하고 평가하는 법을 배우려면 상당한 경험이 필요하다. 하나님의 임재에 대한 의식은 예배 공동체의 판단을 통해 검증받는 경우가 많다. 또한 단체에 속한 개인이 지적인 평가를 하고 서로 협력할 때 근거가 되기도 한다. 어떤 특정한 일을 해야 한다는 의식, 즉 하나님이 여기 계시며 그 방향으로 역사하고 계시다는 의식을 다른 사람들이 동시에 느끼는 것이다.

이런 **공동체적 임재 의식**은 잘 알려진 현상이다. 집회나 다른 형태의 예배에서 노련한 사역자들과 평신도들이 어떤 특별한 사건에 대한 하나님의 임재와 뜻을 의식함으로써 일사불란하게 움직이는 경우가 종종 있다. 그들은 당연히 그것을 기대하고 의지할 수 있다. 혼자서 기도, 봉사, 묵상, 연구를 하는 중에 하나님의 임재를 느끼는 사람들은 서로 비슷한 경험을 하거나 같은 경험을 한 다른 사람들과 쉽게 대화가 통한다. 그들은 개별적 경험에서 동일하게 느낀 경험을 공통 언어로 삼아 이야기하는 것이다.

타자의 임재에 대한 이런 강렬한 의식은 그 '타자'가 인간이라면 어디서든 얼마든지 일어난다. 완전히 세속적인 곳에서도 그런 의식을 느낄 수 있다는 말이다. 누군가 나를 보고 있거나 내 말을 듣고 있는 것 같은 분명한 느낌이 있었는데 나중에 알고 보니 **정말** 그 시간에 누군가가 골똘히 나를 보고 있거나 내 이야기를 듣고 있었던 경우가 있었을 것이다. 이것은 그리 보기 드문 현상이 아니다.

예컨대 넓은 강당 저편에 있는 상대의 뒤통수를 골똘히 바라보는 것만으로 그 사람의 주의를 끌 수 있는 사람들이 있다. 일부 '지능형' 군사 무기는 적의 레이더망에 잡힐 때 스스로 그것을 감지할 수 있다. 우리 인간도 그와 완전히 다르지는 않을 것이다. 남들보다 시력이나 청력이 더 좋은 사람들이 있는 것처럼 이런 일에 남들보다 더 민감해 보이는 사람들이 있다.

분명한 사실은, **누군가 다른 사람에게 의식적으로 관심을 집중하면 상대방도 그것을 느끼는 경우가 많다는 것이다.** 인간들 사이에서도 이런 일이 일어난다면, 우리를 향한 하나님의 관심이 우리 마음에 그분의 임재 의식을 불러일으키는 것은 당연하다.

물론 하나님이 우리와 함께하시는 것이 훨씬 더 분명하게 느껴질 때도 있다. 나의 큰형은 하나님의 축복 속에 30년 이상 목회를 해왔다. 그러나 사역의 첫걸음을 내딛었을 때는 개인적, 재정적 문제로 오랫동안 심각한 고민을 해야 했다.

어느 날 저녁, 형은 중대한 결정을 내려야 했다. 그것은 앞으로 몇 년간 자신의 미래를 좌우할 결정이었다. 형은 밤늦게까지 기도하다가 새벽 1시 반에 잠들었다. 그런데 형의 말에 따르면 새벽 2시에 "그 방이 하나님의 영광으로 밝게 빛났다. 누군가가 보였다. 얼굴은 보이지 않았지만 주님이신 것을 알 수 있었다. 어깨에 그분의 손길이 느껴지면서 이런 말이 들려왔다. '내 양을 먹이라.'"

비슷한 경험을 한 수많은 다른 이들과 마찬가지로, 하나님의 임재는 형을 강하게 사로잡았고 성품의 다양한 측면을 바꿔 놓았다. 형은 갑자기 성경 공부에 빠져들었고, 고된 육체노동으로 나날을 보내면서도 별 노력 없이 많은 말씀을 외웠다. 그리고 성인이 된 후 인이 박히다시피 한 담배를 부탁 하나 없이 끊었다. 흡연 욕구가 깨끗이 사라진 것이다. 형의 말에 따르면 하나님의 임재로 충만하던 그 방의 '향기'가 그후로도 계속 자신에게 남아 있었다고 한다. 이런 간증을 할 사람들이 많이 있을 것이다.

역사하시는 하나님

그리스도인은 자연적인 요인으로 쉽게 돌릴 수 없는 특별한 사건이나 강력한 효과를 경험할 때 하나님의 임재를 의식할 수 있다. 그것은 원인 규명이 가능하다 해도 마찬가지다. 이런 사건은 우리와 함께하시는 하나님의 임재의 세 번째 형태로, 이때 우리가 반드시 그분의 임재를 의식하게 되는 것은 아니다. 우리와 함께하시는 성령 하나님의 역사로 일어나는 결과는, 우리 인간의 능력만으로 행해지는 결과와 결코 **비교할 수 없다**. 성취된 결과는 자연적 능력을 벗어난다. 인간적으로 설명할 수 없는 이런 결과는 인류 역사를 향한 하나님의 통치 원리와 목적에 잘 부합하며 그것을 더욱 확증해 준다. 그리스도의 사역과 성경 전반에 걸쳐 이 점이 잘 나타나 있다.

수년간 꽤 성공적인 목회를 한 무디는 자신의 경험에 대해 다음과 같이 말했다.

말로 표현할 수 없어 여간해서는 이 일을 이야기하지 않는다. 뭐라고 꼬집어 말하기에는 너무 거룩한 경험이다.…하나님이 내게 자신을 보여 주셨다는 말밖에 달리 표현할 길이 없다. 그 손을 거두시지 말아 달라고 간청해야 할 정도로 그분의 사랑을 깊이 경험했다. 다시 설교하러 갔다. 설교는 이전과 다를 바 없었다. 새로운 진리를 제시한 것도 아니다. 그런데도 수백 명이 회심했다. 이제 나는 세상을 전부 준다 해도 이 복된 경험 이전의 삶으로는 절대 돌아가지 않을 것이다. 온 세상도 저울 위의 경미한 먼지에 지나지 않을 것이다.[7]

살아생전 무디는 끊임없이 놀래키는 사람이었다. 사역의 결과가 그의 뚜렷한 개인적 자질과는 전혀 어울리지 않고 오히려 모순되었기 때문이다. 그의 외모는 지극히 평범했고, 어느 교단에서도 안수를 받은 일이 없으며, 별로 교양도 없고 교육도 제대로 받지 못한 부류였다. 심지어 많은 사람에게 무뚝뚝하고 무례하기까지 했다.

무디의 사역이 절정에 달하던 1874년과 1875년 사이, 영국의 주도적인 비국교도 성직자 군에 속했던 데일(R. W. Dale) 박사는 사나흘간 버밍엄에서 그의 사역을 지켜보았다. 그는 무디의 위력의 비결을 찾아내고 싶었다. 관찰을 마친 그는 무디에게 당신의 사역이야말로 하나님의 역사임이 틀림없다고 말했다. 무디의 성품과 그를 통해 이루어지는 일 사이의 상관관계를 전혀 찾아볼 수 없었기 때문이다. 그릇이 작은 사람이라면 이런 말에 심기가 불편해졌겠지만 무디는 그저 웃으며, 오히려 그렇지 않다면 매우 유감이었을 것이라고 대답했다.[8]

성경에서 아브라함은 자연법칙을 **거슬러** 사라의 몸을 통해 약속과 영의 아들인 이삭을 낳았다. 이는 아브라함과 사라의 능력을 완전히 초월하여 성령의 능력으로 이루어진 일이다. 그러나 그전에 아브라함과 하갈은 단순히 육체를 따라 이스마엘을 낳았다(갈 4:22-28). 자연을 초월하는 결과를 누리는 삶은 **언제나** 우리와 하나님 사이의 친밀한 상호작용에 달려 있다. 그분의 임재는 분명한 사실이다. 당신 혼자서는 결코 이런 결과를 볼 수 없다.

첫 번째 선교 여행에 오른 바울과 바나바는(행 13-14장) 전환기마다 자신들의 능력을 훨씬 더 뛰어넘는 능력을 행사했다. 결과는 놀라운 사건의 연속이었다. 소아시아 중부 도처에 그리스도를 믿는 신자들의 공동체가 생겨났다. 수리아 안디옥의 본 교회로 돌아온 그들은 신자들의 공동체를 한데 모은 뒤 사실 그대로 "하나님이 **그들과 함께** 행하신 모든 일과 **그분이** 이방인들에게 믿음의 문을 여신 것을 보고했다"(행 14:27, 저자 강조). 인간을 초월하는 힘으로 그들의 선교 활동에 능력을 주신 분은 하나님이셨기 때문이다. 그래서 그분이 그들 곁에 임재하셨다는 것은 의심할 여지가 없었다. "그는 너희와 함께 거하심이요 또 너희 속에 계시겠음이라"(요 14:17). 도우시는 성령에 관한 예수님의 말씀이 그들에게서 성취되었고, 그들 삶의 가장 분명한 사실이 되었다. "예수를 죽은 자 가운데서 살리신 이의 영이 너희 안에 거하시면 그리스도 예수를 죽은 자 가운데서 살리신 이가 너희 안에 거하시는 그의 영으로 말미암아 너희 죽을 몸도 살리시리라"(롬 8:11; 엡 1:19-20).

대화의 관계

로렌스 수사는 우리에게 이렇게 말한다.

> 나는 늘 그분의 거룩하신 임재 안에 계속 머물기 위해 노력한다. 그저 단순히 하나님을 바라보고 늘 그분을 사랑하는 마음을 품으며 거기 계속 머무른다. 나는 이것을 하나님의 **실체적 임재**라 부른다. 영혼과 하나님 사이에 일어나는 일상적이고 말없이 이어지며 은밀한 대화라는 것이 더 적합한 표현일지 모른다. 그 대화는 종종 내 안에 기쁨과 환희를 불러일으키고 때로는 밖으로 표출되기도 한다. 그 감정이 얼마나 벅찬지 애써 자제하거나 표현을 억제해야 할 정도다.⁹

지금까지 우리와 함께하시는 하나님의 임재의 세 가지 형태 혹은 양상을 살펴보았다. (1) 그분이 실제로 우리 곁에 계시지만 우리가 그분의 존재나 영향을 의식하지 못한 채 맹목적 믿음이나 추상적 논리로만 그분께로 향하는 경우. (2) 그분이 감지되고 그분의 임재가 강하게 느껴지는 경우. (3) 그분이 우리의 행동과 연합하여 인간의 능력을 초월하는 방식으로 역사하셔서 우리의 환경을 바꾸시는 경우.

이 세 가지에 동의하는 많은 사람은 지금까지 말한 내용을 우리와 함께하시는 하나님의 임재 형태의 전부로 생각할지 모른다. 그러나 로렌스 수사의 마음속에는 그보다 더한 것이 있다. 나는 그의 말이 옳다고 믿는다. 여기서 멈춘다면 인간과 하나님 사이의 지속적 관계에서 가장 중요한 것을 빠뜨리는 것이요, 신자들이 **제사장**이며 **왕**이라는 성경적 개념의 본질을 저버리는 것이다. 그것은 우리와 하나님 간의 상호작용을 모호한 감정, 점괘 판, 심지어 미신적 추측과 비슷한 수준으로 전락시키는 것이다.

이것이 전부라면 우리가 어떻게 하나님의 친구일 수 있을까? 지금까지 말한 세 가지 형태의 임재가 인간과 하나님 간의 상호작용의 전부라면, 성경에 나타난 풍부한 개념적 내용과 지식이 우리에게 계시로 전해진 것임을 어떻게 이해할 수 있겠는가? 하나님이 인격체시라면 우리와 **말씀**하시지 않을 이유가 무엇이란 말인가?

그러므로 우리는 앞의 내용에 하나님이 대화의 관계를 통해서도 우리와 함께하신다는 사실을 더해야 한다. 그분은 적절하게 개별적으로 우리와 이야기를 나누신다. 이것은 서로를 알고 사랑하며 공통된 관심사를 지닌 인격체 사이에서 당연히 예상되는 모습일 뿐이다.

기독교 공동체 안에서 그토록 자주 언급되는 것, 즉 하나님과의 인격적 관계에 들어맞는 것이 바로 이런 대화적 임재 방식이다. "하나님의 영으로 인도함을 받는 사람은 곧 하나님의 아들이라"(롬 8:14). 바울의 이 말이 **성품 계발의 틀**이 되는 것도 바로 대화가 있기 때문이다. "하나님의 성령으로 인도함을 받는" 것은 로봇처럼 맹목적으로 순종하는 것도 아니고, 모호한 인상과 신호를 해석하는 데 매달리는 것도 아니다.

인도의 두 가지 유형

더 깊이 들어가기 전에 짚고 넘어갈 점이 있다. 삶에서 흔히 접하는 하나님의 인도에는 일반적으로 알려진 바와 같이 두 가지 유형이 있다는 것이다. 하나는 **기계적** 유형으로 자동차 운전, 모형 비행기나 우주 탐사용 모형 로켓의 원격 조종 같은 것이다. 의식적으로 자신이 좋아하는 특정 방식으로 뭔가가 일어나게 할 때마다 우리는 이런 의미에서 그 대상을 인도하는 셈이다. 가장 단순하고 분명한 이 사례들은 바로 기계적 인도의 영역에 해당된다.

그러나 **인격적** 인도도 있다. 여기서도 우리는 사건을 특정 방식으로 움직이고 싶지만 우리가 다루는 것은 사람이다. 사람에게는 문제를 독자적으로 생각할 수 있는 지성과 어떤 행동을 결정하게 하는 의지가 있다. 그렇다면 사람을 인도하는 이상적인 방법은 사태를 바람직한 결과로 이끌되, 상대의 의지를 강요하지 않으면서 상대의 지성이 최대한 발휘되게 하는 것이다. 따라서 결과는 인도하는 개인과 인도받는 개인 둘 다의 작품이다.

각 개인의 독특한 개성은 하나님 앞에서 중요하며 절대 무시되어서는 안 된다. 인도란 인도받는 자의 이해와 사고와 결정을 통해서만 이루어지기 때문에 개인 고유의 삶은 계속 남아 있다.

이런 이유로 하나님은 인도받는 우리와 반드시 **의사소통**을 하셔야 한다. 그것이 하나님이 우리에게 영향을 미치면서도 정신적, 영적으로 우리가 관여할 공간을 남겨 주실 수 있는 유일한 방법이다. 그럴 때 우리는 자유인으로서 자신을 지킬 수 있다. 하나님의 친구로 살면서도 자신의 삶을 독자적으로 다스릴 수 있는 것이다.

하나님이 비인간 혹은 비인격적 피조물을 대하실 때는 대체로 우리가 자동차를 운전하는 것처럼 다루신다. 이는 그분이 피조 세계에 정해 놓으신 물리적 실재를 통한 인과 작용의 방식이다. 그러나 천사나 인간과 같은 **인격적 피조물**을 대하실 때는 대화를 통한 인도가 더해진다. 하나님은 자신의 뜻과 생각을 가지고 우리와 소통하신다. 우리에게 **말씀하시는** 것이다. 시편 32:9은 우리에게 이렇게 경고한다. "너희는 무지한 말이나 노새같이 되지 말지어다. 그것들은 재갈과 굴레로 단속하지 아니하면 너희에게 가까이 가지 아니하리로다." 우리는 맹목적 충동이나 강압이나 감각이 아니라 합리적이고 이성적인 의사소통을 통해 인도받도록 지어진 존재다.

말씀을 통한 소통

이런 합리적이고 이성적이고 인격적인 의사소통은 두 가지 방식으로 이루어진다. 첫째, 하나님은 우리에게 들려주시는 음성이나 말씀을 통해 소통하신다. 또한 우리를 통해 말씀하시기도 한다. 하나님이 인간과 소통하시는 주된 방식은 하나님의 말씀, 즉 성경을 통하거나 직접 말씀하시는 것이다. 성경은 기록된 형태로 보존된 하나님의 말씀이다. 하나님은 모세와 에스겔과 바울과 다른 많은 사람에게 직접 말씀하셨다. 그들을 통해 그분은 이스라엘 백성과 교회에 간접적으로 말씀하셨으며, 지금은 성경을 통해 세계 역사를 향해 말씀하신다.

예컨대 사도행전 9:10-16에는 아나니아라는 사람의 이야기가 나온다.

이 사건은 바울이 다메섹 도상에서 부활하신 그리스도의 말씀을 듣고 쓰러진 직후에 일어났다. 바울은 다메섹에 틀어박혀 사흘 동안 금식하며 기도했다. 사흘이 끝나 갈 무렵 주님은 같은 도시의 아나니아에게 나타나셔서 바울(당시에는 사울)을 찾아가 말하라고 명하신다. 그리하여 바울은 다메섹의 신자들과 연결되어 그들의 도움을 받게 된다.

여기서 하나님의 의사소통은 추상적 논증이나 강력한 인상이나 난해한 사건의 문제가 아니다. 로마인인 고넬료의 집에 복음을 전하도록 부름받기에 앞서 욥바의 한 지붕에서 베드로가 겪었던 경험도 마찬가지다(행 10장).

우리에게 주어진 기록에 따르면 바울은 이런 일을 몇 번이고 겪었다. 2차 선교 여행 때 그는 비두니아로 가려 했다. 그러나 사도행전 16:6-9에 나온 것처럼 성령은 그것을 허락하시지 않았다. 그렇게 드로아에서 기다리던 중에 바울은 본거지인 소아시아에 남아 있지 말고 전격적으로 방향을 바꾸어 유럽으로 들어가야 한다는 내용의 꿈을 꾸었다. 꿈속에서 마게도냐 사람 하나가 그를 부르며 말했다. "건너와서 우리를 도우라."

이렇듯 말을 통한 의도적이고 의식적인 의사소통은 초대교회 그리스도인들에게 다분히 정상적인 경험이었던 것 같다. 고린도전서 14장에 나타난 교회 집회의 진행 방식에 대한 권고를 보면, 회중 가운데 많은 사람이 하나님과 일종의 의사소통을 한다는 것이 전제되어 있다. 그들은 그것을 모인 다른 사람들과 함께 나누었다. "너희가 모일 때에 각각 찬송시도 있으며 가르치는 말씀도 있으며 계시도 있으며 방언도 있으며 통역함도 있나니 모든 것을 덕을 세우기 위하여 하라"(고전 14:26).

요엘의 옛 예언이 초대교회에서 성취되었다. "너희의 자녀들은 예언할 것이요 너희의 젊은이들은 환상을 보고 너희의 늙은이들은 꿈을 꾸리라" (행 2:17; 욜 2:28-32). "여호와께서 그의 영을 그의 모든 백성에게 주사 다 선지자가 되게 하시기를 원하노라"(민 11:29) 했던 모세의 소원은 예수 그리스도의 교회가 주님의 뜻대로 움직일 때 그대로 이루어진다.

공동 사역을 통한 소통

하나님의 뜻과 생각이 그분과 함께하는 이들에게 전달되는 두 번째 방식이 있다. 이는 받는 자가 훨씬 더 적극적인 역할을 감당해야 하는 방식으로, 하나님께 속한 가정이나 그분의 나라에서 매우 성숙한 사람들 사이에 아주 흔히 일어난다. 우리는 **그분의 사역에 그분과 함께 온전히 몰입함으로써** 하나님이 우리에게 깨달음을 주기 원하시는 것을 깨닫게 된다. 우리는 그분이 무엇을 하시는지 아주 잘 알기 때문에 그분이 무엇을 생각하며 무슨 일을 뜻하고 계신지 정확히 알 때가 많다.

나는 이것이 사도 바울이 말한 **그리스도의 마음을 가진** 상태라고 믿는다. "신령한 자는 모든 것을 판단하나 자기는 아무에게도 판단을 받지 아니하느니라. 누가 주의 마음을 알아서 주를 가르치겠느냐? 그러나 우리가 그리스도의 마음을 가졌느니라"(고전 2:15-16).

시편 32편에는 하나님과 함께하는 이런 방식과 관련된 흥미 있는 표현이 나온다. 시편 기자는 이렇게 말한다. "내가 네 갈 길을 가르쳐 보이고 너를 주목하여 훈계하리로다"(8절). 새로운 번역들을 보면 대체로 이렇게 되어 있다. "내 눈으로 너를 지켜보며 인도할 것이다."

한 사람이 다른 사람의 눈을 통해 인도받는 경험에는 두 가지 다른 유형이 있다. 첫째, 남편이나 아내나 자녀들 중 배우자나 부모의 시선을 통해 강력한 뜻을 전달받은 경험이 없는 사람은 별로 없을 것이다. 아이를 보는 아버지나 어머니의 눈에는 현재 상황에 대한 무언의 메시지가 깊이 담겨 있다.

타인의 눈을 통해 인도받는 두 번째 방식이 있는데 이것이 훨씬 더 중요하다. 두 사람이 옆에서 함께 일하거나 놀 때 **상대가 무엇에 관심을 집중하는지를 알고 있으면** 그 마음의 의도와 생각을 읽을 수 있다. 어떤 사람이 나와 효과적으로 일하려면, 굳이 내가 무엇을 생각하고 무엇이 필요한지 말하지 않아도 내가 무슨 일을 하고 있는지 파악할 수 있어야 한다. 예컨대 모범적인 직원들은 누군가의 지시를 결코 기다리고만 있지 않는다. 신입 사원에게 각 업무 단계에 대해 상사가 더 이상 지시할 필요가 없어질 때에야 비로소 모든 사원의 숨통이 트인다.

앞서 살펴본 비유 속의 종은 사랑으로 순종했다. 예수님의 말씀처럼, 주인인 당신이 종에게 식사 준비를 지시했을 때, 종이 당신의 지시대로 수행한다고 해서 당신은 종에게 감사하지 않는다. 오히려 시킨 **것만** 하는 종은 무익한 종이다(눅 17:7-10). 합당하고 유익한 종은 동역자처럼 스스로 알아서 필요한 일을 한다. 우리는 하나님과 매우 친밀해서 굳이 하나님의 지시를 들을 때까지 기다릴 필요가 없다. 시키지 않아도 자발적으로 예수님과 그분 나라의 친구들과 협력한다.

우정의 차원에도 비슷한 구분이 가능하다. 레슬리 웨더헤드(Leslie Weatherhead)는 『변화하는 우정』(*The Transforming Friendship*)에서 우정을 인지적이지만 언어를 초월하는 상호작용으로 묘사한다.

먼 곳에 사는 친구의 어머니가 병환을 얻어 친구가 급히 어머니를 찾아 뵙고 싶어 한다면, 나는 무엇을 해야 더 깊은 우정을 보여 줄 수 있을까? 친구가 오토바이를 빌려 달라고 부탁할 때까지 기다려야 할까? 아니면 굳이 부탁을 기다리지 않고 그 소식을 듣자마자 친구의 문 앞에 오토바이를 갖다 놓아야 할까? 전자의 경우에는 반드시 분명한 요청이 있어야 한다. 그러나 후자의 경우에는 우정이 내 안에 친구를 돕고 싶은 갈망을 불러일으킨다. 전자는 소위 가시적 차원에서 일어나는 두 인간 사이의 교감을 보여 주지만, 후자는 그보다 깊은 차원, 즉 우리가 비가시적 차원이라 부르는 것에서 일어나는 교감을 보여 준다.[10]

많은 경우에 우리는 특정한 상황에 대해 궁금해하거나 하나님이 원하시는 바를 말씀해 주시기를 바란다. 이는 우리가 그분의 일에 얼마나 미약하게 동참하고 있는지를 보여 주는 단적인 증거다.

안식일에 예수님은 회당에서 손 마른 사람을 보셨다(막 3:1-5). 예수님은 그를 부르신 뒤 거기 모인 무리에게, 안식일에 선을 행하는 것(병자를 고치는 것)과 악을 행하는 것(병자를 곤경 중에 그냥 두는 것) 중 어느 것이 옳으냐고 물으셨다. 그들의 침묵은 그들의 상태를 여실히 드러냈다. 그들은 어찌해야 할지 몰랐다! "그들이 잠잠하거늘"(4절).

그러나 막상 예수님이 병자를 고치시자 그들은 그분을 죽일 방책을 찾는 것이 옳다고 생각했다. 이것은 병자를 고쳐야 할지 말아야 할지조차 가리지 **못하는** 마음이 낳은 또 다른 파괴적인 열매였다. 하지만 예수님은 이 경우 하나님이 원하시는 일이 무엇인지 아셨다. **하나님의 마음을 전반적으로 아셨기** 때문이다. 또 다른 날, 안식일에 사람을 고친다고 비난을 받을 때에도 그분은 담담히 말씀하셨다. "내 아버지께서 이제까지 일하시니 나도 일한다"(요 5:17).

친구는 서로를 이해한다

우리가 예수님이 명하시는 대로 행하면 그분은 우리를 친구라 부르신다 (요 15:14). 하나님의 친구로서 우리는 그분이 무슨 일을 하고 계시며 우리가 어떻게 협력하기를 원하시는지 늘 그분께 여쭙고 싶어 한다. 하나님이 바라시는 것은 우리에게도 중요하다. 친구는 서로를 이해하는 사이이며, 따라서 예수님의 친구인 우리도 친밀한 친구께서 하시는 일을 이해하기에 그분께 순종한다. 하나님과의 친밀한 관계는 서로를 이해하는 데서 비롯되고 그 이해를 더욱 깊어지게 한다.

많은 사람들이 하나님과의 관계에 진전이 없는 이유는 하나님이 시키신다고 생각하는 일에만 집중하기 때문이다. 그렇게 되면 관계에서 우정의 측면이 없어진다. 제대로 된 친구 사이라면 일부러 시킬 필요가 없어야 한다.

우리는 하나님의 동역자이므로 우리가 원하고 바라는 내용도 하나님께 중요하다. 또한 그것은 우리를 향한 그분의 계획에도 중요하다(고전 3:9). 우리를 향한 하나님의 뜻은 우리가 원하는 대로 행하는 지점까지 충분히 성숙해지는 것이다. 그것이 곧 친구이신 하나님을 이해하는 마음의 산물이기 때문이다.

하나님은 분명 때로 우리에게 뭔가를 지시하신다. 하지만 그분과 우리는 단순히 주인과 종의 관계가 아니다. 바울은 자칭 하나님의 종이었으나 처음부터 그분의 종으로 시작한 것은 아니다. 우리는 억지로 떠밀려 섬기는 게 아니라 마음이 이끌려 섬긴다. 바울처럼 우리도 자유의지로 온전하게 하나님을 섬긴다. 하나님은 우리가 원하는 것과 우리의 뜻을 존중하시며, 우리 자신이 원하는 사람이 되도록 우리를 도우신다.

마음이 끌려서 우정과 일편단심의 섬김(종)에 들어선 성도들은 완전히 새로운 존재가 된다. 진정한 자신이 되어 독특한 개성을 풍긴다. 하나님이 그들의 마음과 뜻을 빚으시기 때문이다(잠 3:5-6). 그들이 원하는 것은 하나님이 원하시는 것과 일치한다. 또한 그들은 능력을 받아 자신과 하나님이 모두 원하는 그 일을 행한다. 반면에 죄인들의 삶은 따분할 정도로 뻔하다. 삶의 목적에 독특한 게 전혀 없기 때문이다. 자기 욕심의 노예가 된 사람들은 다 비슷하다.

선을 위한 공동 사역

하나님은 동역자인 우리에게 창조력을 주시고 우리는 우리의 창조성을 즐거워한다. 이러한 상호간의 이해와 창조 활동이 창세기 1:26에 상술되어 있다. 하나님은 우리에게 그분과 함께 창조 사역을 수행할 책임을 맡기신다. "우리의 형상을 따라 우리의 모양대로 우리가 사람을 만들고." 이 말은 무슨 뜻인가? 그다음을 보라. "그들로 바다의 물고기와 하늘의 새와 가축과 온 땅과 땅에 기는 모든 것을 **다스리게 하자.**" 하나님은 최고선을 창조하려 하시고, 우리에게 다스리며 선을 행할 책임을 맡기신다. 우리는 받은 능력으로 선을 행해야 한다.

나는 이따금씩 육체노동을 하려고 노력한다. 벽돌과 모르타르로 작업하고 콘크리트 붓는 일을 좋아한다. 대단한 솜씨는 아니지만 몇 시간 후에 다시 가서 작업한 것을 지켜보며 즐거워한다. 바로 이런 식으로 창세기 1:26에 나오는 다스린다는 개념이 우리 안에 내재되어 있다.

하지만 그렇게 다스리며 우리 마음에 원하는 바를 행할 때에도 우리는 하나님과의 대화라는 테두리 안에서 한다. 하나님과 함께하는 대화의 관계가 우리의 독특한 삶을 창출한다. 그것이야말로 하나님이 원하시는 것이다.

하나님이 허락하신 일을 할 때 우리는 늘 공동체라는 더 큰 틀 안에서 교제하는 일원으로서 일한다. 혼자 구석에서 무엇인가를 창조하는 게 아니다. 창세기 1:26에 언급된 다스림은 본래 개인적 통치가 아니라 사랑의 공동체 안에서 구현되어야 한다. 우리는 다른 사람들과 나누는 우정에서 기쁨을 얻으며, 그 우정은 인간 공동체에 속한 우리를 삼위일체적 특성으로 이끌어 간다. 삼위일체 하나님은 원래 인간이라는 존재가 누려야 할 삶의 모델이자 기독교 공동체의 기초다. 우리는 깨어진 관계들을 치유하여 하나님의 통치 아래에 두도록 부름받았다. 비록 세상의 문제들을 이 땅에서 다 해결할 수는 없지만 지금부터라도 해결하도록 노력해야 한다(골 1:19-20).

하나님과 함께하는 이 삶에서 그분의 임재는 우리의 외로움을 몰아내고 인간 존재의 의미와 온전한 목적을 실현시킨다. 하나님과의 연합은 **주로 그분과의 대화의 관계로 이루어지며, 우리 각자는 하나님의 친구요 동역자로 하나님 나라의 일에 꾸준하고도 깊이 있게 동참한다.**

하나님의 성전 되기

앞서 말한 것처럼 나는 하나님의 임재에 대한 맹목적 믿음, 그분이 가까이 계시다는 느낌이나 의식, 그분의 임재로 인한 초자연적 결과의 표출 등에도 저마다 중요한 역할이 있음을 강조하고 싶다. 그러나 이 세 가지가 아무리 많아도 언어와 공동 사역을 통한 이성적 의사소통의 자리를 대신할 수는 없다.

이 모든 유형의 임재가 일어날 때 비로소 신자들의 왕 같은 제사장직(출 19:6)은 본연의 모습대로 실현된다. 바로 그럴 때 하나님과의 인격적 관계는 영적 어둠 가운데 안달복달하는 행위가 아니라 구체적이고 상식적인 현실이 된다.

하나님은 우리를 다양한 방식으로 인도하신다. 세상의 일반적 섭리 질서를 통해 인도하실 뿐 아니라 각자의 삶에 특별히 개입하심으로써도 인도하신다. 그러나 언어와 공동 사역을 통한 직접적 소통이야말로 하나님의 인도에서 가장 중요한 부분이다. 우리는 하나님의 성전이 되어야 할 존재이기 때문이다. 우리는 하나님의 뜻을 능동적으로 이해하고 거기에 협력하는 자다. 우리는 자발적으로 확실하게 예수 그리스도께 동참한 자이며 그것을 통해 그분은 우리 안에 내주하신다.

이는 우리의 영광의 소망이 곧 **우리 안에** 계신 그리스도인 까닭이다(골 1:27). 바울은 이 역설적 실체를 유명한 다음 말씀으로 표현하려 했다. "내가 그리스도와 함께 십자가에 못 박혔나니 그런즉 이제는 내가 사는 것이 아니요 오직 내 안에 그리스도께서 사시는 것이라. 이제 내가 육체 가운데 사는 것은 나를 사랑하사 나를 위하여 자기 몸을 버리신 하나님의 아들을 믿는 믿음 안에서 사는 것이라"(갈 2:20).

　이와 같은 성경 구절의 해석은 최근에 나온 것이 아니다. 결코 나 혼자만의 생각이 아니란 말이다. 사실 이런 해석은 끊임없이 새로워져야 하겠지만, 고금을 통해 기독교의 주류를 이루어 왔다. 지금 우리가 한 이야기를 제레미 테일러(Jeremy Taylor)의 『거룩한 삶의 원리와 실천』(The Rule and Exercise of Holy Living)에 나오는 "하나님의 임재의 몇 가지 방식" 부분과 비교해 보아도 좋다.[10] 내가 여기서 말한 내용과 과거에 가르쳐진 내용 사이의 연대감을 발견하게 될 것이다.[11]

하나님이 말씀하시는 방식에 대한 잘못된 관점들

이번 장의 결론으로 하나님의 인도를 포함해 그분이 우리에게 말씀하시는 방식에 대한 세 가지 잘못된 해석을 살펴보자. 그것들은 일반적인 해석이지만 명백한 오류이며, 하나님의 음성을 듣고 그분의 인도를 받아 살려는 우리의 노력에 분명 큰 해를 끼치는 것들이다.

매순간 메시지를 주신다는 관점
이 첫 번째 관점에 따르면 하나님은 인생 여정의 매순간 우리에게 할 일을 일러 주신다. 적어도 우리가 묻기만 하면 언제든 일러 주실 의향이 있으시며 준비를 갖추고 계신다.

　나는 이런 생각은 성경으로도, 그리스도의 도를 따르는 교회의 공동 경험으로도 입증되지 않는다고 믿는다. 예컨대 베드로나 바울의 삶을 볼 때 그들이 **한순간도 쉬지 않고** 하나님의 메시지를 받았다는 증거는 전혀 없다.

그리스도와 아버지의 연합은 우리가 이 땅에서 상상할 수 있는 가장 위대한 것이다. 그러나 그런 예수님조차도 매순간 무엇을 어떻게 해야 할지 끊임없이 계시를 받으셨다는 징후는 어디에도 없다. 그분은 늘 순종하실 만큼 아버지와의 연합이 매우 친밀했다. 그런데 이 연합은 삶이나 사역의 모든 세부 사항에 대해 "지금은 이것을 하고, 지금은 저것을 하라"는 식의 지시에 기초한 것이 아니었다. 그것은 예수님의 성숙한 뜻과 하나님 앞에서 자신의 삶에 대한 이해에 기초한 것이었다.

여기서 우리는 **하나님은 결국 성숙한 그리스도인에게 말씀하신다**는 개념으로 다시 돌아오게 된다. 그렇다고 사람들이 회심할 때나 처음 교회에 나올 때나 하나님을 경험하기 시작할 때, 그분의 말씀을 받을 수 없다는 말은 아니다. 하나님은 우리가 현재 처한 위치에서 우리를 만나 주신다. 그럼에도 성령과 내주하시는 그리스도를 통해 우리에게 말씀하시는 하나님의 사역은 우리를 매순간 그분의 명령 아래 두지 않는다. 씨앗을 심고서 너무 자주 간섭하면 정상적인 성장을 방해하게 된다. 식물의 생명도 그렇고 어린아이의 삶도 그렇다.

그래서 스탠리 존스는 이렇게 요긴한 말을 했다.

나는 기적을 믿지만 너무 많은 기적은 좋지 않다고 생각한다. 기적이 너무 많으면 우리는 연약해지며, 자연법칙에 순응하기보다 기적을 의지하게 되기 때문이다. 기적은 그분이 계시다는 것을 알게 해줄 정도면 충분하며 너무 많을 필요가 없다. 우리의 성장을 위해 하나님이 정해 두신 질서와 자신의 주도권을 의지해야 할 때라야 기적에 의존하지 않을 수 있다.[12]

구원의 공동체는 로봇들이 아니라 서로 함께 사는 법과 하나님과 함께 사는 법을 아는 성숙한 사람들로 이루어진다. 그래서 나는 매순간 메시지를 주신다는 이 관점이 잘못된 것이며, 하나님의 음성을 들으려는 노력에 큰 해를 끼친다고 생각한다. 이 모델대로 살려고 **발버둥치거나** 적어도 그런 삶을 산다고 고백하는 사람들을 잘 관찰해 보면, 그것은 불가능한 일이며 아무리 노력해도 결국은 낭패하고 만다는 것을 쉽게 알 수 있다.

물론 하나님이 매순간 메시지를 주실 **능력**이 있는지 여부는 문제가 되지 않는다. 당연히 그분은 그런 능력이 있다. 그분은 10억 분의 1초에 10개나 1,000개의 메시지도 주실 수 있다. 우주적 가정을 이루시려는 그분의 뜻에 부합하기만 한다면 얼마든지 그 이상도 하실 수 있다. 하지만 그분은 그렇게 하시지 않는다. 때로 우리는 하나님이 하실 수 있는 일을 찬양함으로써 그분께 영광을 돌리는 데 사로잡힌 나머지 그분이 실제로 하시는 일의 실제적 요점을 놓치고 만다.

우리는 교육 프로그램 개발이나 전도 집회 혹은 기타 교회 활동을 수행할 때 이 점을 반드시 염두에 두어야 한다. 지금 우리는 정해진 시간에 집회에 나와 노래하고 손뼉 치고 기도하고 헌금 드리는 로봇들을 만들려는 것이 아님을 잊지 말아야 한다. 예배드릴 때도 그렇고 특정 사역이나 사역자를 모범으로 제시할 때도 마찬가지다. 우리는 이 세상에서 각자 독특한 삶을 통해 하나님께 영광 돌릴 그분의 아들딸을 키우고 있다. 우리가 사용하는 수단이 이 목적에 부합하도록 최선을 다해야 한다.

성경에 다 있다는 관점

성경에 다 있다는 두 번째 관점 역시 심각한 오류요 매우 해로운 것이라 생각한다. 성경을 귀하게 여기는 의도는 좋지만 이런 관점은 지식에 근거하지 않은 열정에서 나온 것이다(롬 10:2).

성경은 우리 인생의 많은 상황에 관해 직접적 지침을 제공한다. 우상을 숭배하고 남의 것을 취하고 부정한 성관계를 맺고 부모를 박대할 것인지 등의 여부에 관해서는 하나님의 뜻을 알고자 장시간 고민할 필요가 없다. 하지만 인생의 다른 의문들을 접할 때마다 우리 삶의 수많은 구체적 상황이 성경에 나와 있지 않다는 사실을 부득불 깨닫게 된다.

성경은 다음 주일에 어떤 찬송을 불러야 하고 다음 강연이나 설교 때 어떤 말씀을 본문으로 택해야 할지에 대해서는 말하지 않는다. 그런데도 설교 본문과 주제 선정만큼 하나님의 특별한 인도를 받았다는 주장이 자주 등장하는 경우도 없지 않다.

성경은 우리 인생의 세부 사항에 대해서도 대개 이렇다 저렇다 말하지 않는다. 아이들을 키우는 법을 알고 싶다고 가정해 보자. 성경에 몇 가지 중요한 내용은 나와 있지만 이 주제에 대해 우리가 알고 싶어 하고 알아야 할 모든 것이 나오지는 않는다. 가정과 직장과 사회는 성경이 말하지 않는 수많은 선택과 문제를 우리에게 떠안길 것이다.

물론 **원리**는 모두 성경에 들어 있다. 다행히도 원리에 관해서는 마땅히 해야 할 말과 할 수 있는 말이 성경에 다 들어 있다고 생각한다. 그러나 원리대로 살려면 먼저 적용이 필요하다. 그런데 대체로 이 적용 단계에서 인간이 상상할 수 있는 거의 모든 일에 대해 성경이 '입증' 근거로 사용되고 있다. 이런 경우에 사람들은 자신의 절박한 소원에 뜻어 맞춰 적용하려고 입증 원리를 제멋대로 사용하곤 한다.

성경을 믿고 존중한다고 해서 하나님이 개인에게 주시는 가르침의 필요성에 대해 맹목적인 태도를 보여서는 안 된다. 성경의 원리 가운데 있지만 분명하게 말하는 그 원리의 세부적인 내용에 대해서는 **알 수 없는** 것들이 있기 때문이다. 어느 유명한 목사가 텔레비전에서 우리가 성경을 하나님의 말씀으로 받아들일 수만 있다면 그리스도인들 간의 모든 의견 차이가 해결될 것이라고 말한 적이 있다. 하지만 가장 자주, 가장 치열하게 의견 차이를 보이는 사람들은 바로 성경을 믿는 그리스도인들이다.

기독교계의 거의 모든 분파가 성경을 그 근거로 내세우지만 성경이 무엇을 말하는지에 대해서는 저마다 의견이 다르다. 성경을 높이고 존중한다고 해서 하나님이 인류에게 말씀하시는 다양한 방법으로 그분의 음성을 들으며 그분과 대화하는 법을 배워야 할 책임에서 벗어나는 것은 아니다.

각 개인이나 상황에 대해 성경이 구체적으로 말씀한다는 잘못된 기대 때문에 일부 사람들은 앞에서 말한 '성경 룰렛'을 일삼는다. 그들은 성경을 아무 쪽이나 편 다음 어느 구절이 걸리는지 보려고 마음대로 손가락을 갖다 댄다. 그렇게 무작위로 뽑힌 구절을 읽고 나선 그 말씀을 문제에 대입시킨다. 이는 메시지를 내놓으라고 하나님께 억지를 부리는 행위다.

일부 위대한 그리스도인들이 이런 방법을 사용한 적이 있기는 하지만 그럼에도 불구하고 그것은 분명 **성경**이 권하는 절차가 아니다. 그렇게 하자면 성경 대신 사전이나 백과사전 또는 신문을 사용하지 말라는 법도 없고, 또한 성경을 펴 놓고 파리가 어느 구절에 앉기를 기다리지 말라는 법도 없다.

최근에 어떤 목사가 새로운 방식을 내놓았다. 각자 자신의 출생 연도를 기준으로 무엇을 해야 할지 실마리를 풀어야 한다고 매우 진지하게 제안했다. 이 방법은 20세기 상반기 중에(이를수록 좋다) 태어나지 않은 이들에게는 별 도움이 못 된다. 20절이나 30절을 넘어서는 장이 많지 않기 때문이다. 나는 1935년생이므로 내가 가야 할 방향이 창세기 19:35에 나와 있다는 식이다. 그 구절의 내용이 무엇인지는 독자들의 호기심에 맡기겠지만 이런 방법으로 어떤 가르침이 도출될 수 있는지 생각할수록 소름이 끼친다.

물론 하나님은 한없이 크신 분이므로 그분을 진지하게 찾는 사람의 삶에서 자신의 뜻을 이루기 위해 상상 가능한 모든 방법을 사용하신다. 심지어 미신적인 방법도 참고 사용하실 수 있다. 그렇다고 그것이 영적인 삶을 위해 하나님이 택하신 방법이라는 증거는 아니다.

다락방에서는 유다의 자리를 대신할 사람을 정하기 위해 제비를 뽑았다(행 1:26). 동전 던지기나 주사위 굴리기와 비슷한 이 방법은 성경 시대에 자주 사용되었다. 잠언 16:33은 비록 인간이 제비를 뽑아도 "일을 작정하기는 여호와께 있다"고 확인해 준다. 오늘날 성경을 가장 잘 신봉한다고 자처하는 교회들도 교회 정책을 정하거나 성도 개인의 삶의 문제를 해결하기 위해 주사위를 굴리거나 동전을 던질 생각은 하지 않을 것이다. 하나님이 동전이나 주사위를 움직여 자신의 뜻을 **이루실 수 있다**는 데 전 교인이 동의한다 할지라도 마찬가지다.

그런 면에서 우리는 꽤 큰 진전을 보았다. 그럼에도 불구하고 사업을 시작할 때나 이사 또는 특정한 사람과의 결혼 여부를 결정하기 위해 성경을 아무 데나 펴서 한 구절을 읽었다는 사람들의 이야기를 심심찮게

든게 된다. 수많은 독실한 사람들이 불안과 절박한 필요 때문에 그런 방법을 통해 하나님의 음성을 들으려 한다. 나중에 감추려 하거나 정작 밝혀지면 웃어넘길지라도 말이다. 뿐만 아니라 그 '인도' 내용대로 행하다가 자신과 주변 사람들에게 큰 해를 입히는 경우도 많이 있다. 그들은 '성경 룰렛'의 패자다. 이런 불행한 사태는 예수님의 단순한 말씀과 얼마나 날카로운 대조를 이루는가! "내 양은 내 음성을 들으며 나는 그들을 알며 그들은 나를 따르느니라"(요 10:27). 뭐라고 말씀 좀 해보시라고 하나님께 억지를 부린다면 우리에게 문제가 있는 것이다. 대화란 강요하는 게 아니다. 존중하고 기다리고 경청하는 것이다.

무엇이든 다 하나님의 뜻이라는 관점

하나님이 말씀하시는 방식에 대한 잘못된 이 세 번째 관점은 널리 퍼져 있다. 고민에서 벗어나 마음에 평안을 누린다는 면에서 이 관점은 큰 설득력을 얻고 있다. 그러나 사실 이것은 하나님과 그분의 자녀 간의 **의식적 교류**의 가능성을 완전히 포기하는 것에 지나지 않는다.

이 관점은 널리 애창되는 일부 찬송가에도 등장한다. "너 하나님께 이끌리어"(312장)라는 유명한 찬송이 있다. 이 소절만 보면 하나님이 우리를 인도하신다는 지금의 주제와 정확히 일치하는 듯 보인다. 그러나 전체 가사를 자세히 들여다보면 **어떤 일이 벌어져도** 하나님의 인도로 받아들여야 한다는 내용임을 알 수 있다.

하나님이 원하시는 일을 알고 싶어 하는 사람에게 일이 어떻게 되든 그분의 뜻이라고 말해 주는 것은 전혀 도움이 안 된다. 정확히 말해 일이 **어떻게 될지**를 어느 정도 결정해야 할 위치에 있는 사람이 바로 우리 자신이기 때문이다. 그렇다면 내 쪽에서 어떻게 하든 다 하나님의 뜻이라는 말인가? 나는 절대 그렇지 않기를 바란다.

모세가 이 입장을 받아들였다면 지금 이스라엘 나라가 존재하지 않으리라는 것만은 분명히 말할 수 있다. 대신 '모세족'의 나라가 존재했을 것이다. 모세가 시내 산에서 하나님의 계명을 받는 동안 백성들이 금송아지를 만들어 숭배하자 하나님은 모세에게 이렇게 말씀하셨다. "그런즉 내가 하는 대로 두라. 내가 그들에게 진노하여 그들을 진멸하고 너를 큰 나라가 되게 하리라"(출 32:10). 모세는 일이 어떻게 되든 그대로 받아들이지 않았을 뿐 아니라, 주변국에 퍼져 나간 하나님의 명성과 그분과 아브라함의 우정에 근거해 호소함으로써 이 문제에 대해 하나님이 친히 선포하신 뜻을 꺾고 말았다. "여호와께서 뜻을 돌이키사 말씀하신 화를 그 백성에게 내리지 아니하시니라"(출 32:14).

이 세상에 벌어지는 많은 일은 하나님의 뜻이 아니다. 그분이 분명 손을 들어 그것을 중단시키지 않는다 할지라도 말이다. 한 예로 그분은 "아무도 멸망하지 아니하고 다 회개하기에 이르기를 원하신다"(벧후 3:9). 그러나 무수히 많은 사람이 회개에 이르지 않아 멸망하고 있다.

하나님의 세상은 우리의 역할이 필수불가결한 곳이다. 하나님이 원하시는 바가 무엇인가뿐 아니라 우리가 원하고 뜻하는 바가 무엇인가도 중요하다. 일이 어떻게 진행되든 무조건 받아들인다면 우리는 인도를 받고 있는 것이 아니다. 어떤 일이 발생한다고 해서 반드시 하나님의 뜻인 것은 아니다.

앞으로 우리에게 일어날 많은 사건에 관한 하나님의 뜻은, 바로 **우리가** 어떤 일이 벌어질지를 결정하는 것이다. 자녀가 부모의 분명한 지시

없이 자발적으로 행하는 일이 그 자녀의 상태와 수준의 최종 지표다. 우리와 하늘 아버지의 관계에서도 마찬가지다(이 점에 대해서는 마지막 장에서 다시 이야기할 것이다).

하나님의 음성을 분별하는 일에 관한 이 세 가지 잘못된 관점과는 반대로 우리에게는 **대화**의 관점이 있다. 하나님 나라에 깊이 관여하며 살아가는 가운데 적절하고 명확하고 구체적인 말씀이 의식적 경험을 통해 하나님께로부터 어떻게 우리에게 전해지는지 앞으로 살펴볼 것이다.

> 네가 부를 때에는 나 여호와가 응답하겠고
>   네가 부르짖을 때에는 내가 여기 있다 하리라…
> 여호와가 너를 항상 인도하며
>   메마른 곳에서도 네 영혼을 만족하게 하며
>   네 뼈를 견고하게 하리니
> 너는 물 댄 동산 같겠고
>   물이 끊어지지 아니하는 샘 같을 것이라. (사 58:9, 11)

우리가 살고 있는 우주가 정말 이런 일이 일어날 수 있는 곳인가 하는 의구심을 가진 이들이 여전히 많을 것이다. 이 우주의 인간적, 물리적 실재는 과연 그런 일을 요구하고 있는가? 적어도 그런 일을 허용하고는 있는가? 이것이 지금부터 우리가 살펴보아야 할 주제다.

묵상을 위한 질문

1. 하나님과의 관계가 아주 가까워 외로움을 모르고 살아가는 사람을 본 일이 있는가? 당신 자신은 그러한 관계에 대해 어떻게 생각하는가? 동시대를 살아가는 다른 사람들도 하나님과 그런 관계를 가질 수 있다고 생각하는가?

2. 우리가 하나님과 함께하고 하나님이 우리와 함께하시는 네 가지 기본 유형은 그분과 우리의 관계를 충분히 포괄하고 있는가?

   - 특이한 느낌이 없어도 하나님이 임재하신다는 단순한 신뢰
   - 하나님이 임재하신다는 강렬한 인상
   - 우리의 능력을 초월한 비범한 사건이나 강력한 결과
   - 하나님이 우리와 개별적으로 말씀하시는 대화의 관계

   여기에 당신이 더하거나 빼고 싶은 것이 있다면 무엇인가?

3. 그리스도인의 견고한 행보에 증거 없는 믿음, 심지어 하나님에 대한 의식도 없는 맹목적 믿음은 얼마나 중요하다고 생각하는가?

4. 하나님이 당신과 함께 **행하셨다**는 확신이 드는 몇 가지 사건을 이야기하거나 묵상해 보라. 이 경험을 통해 그분의 역사하심에 대해 더 배울 수 있는 것은 무엇인가?

5. 인도의 두 가지 주요 유형인 기계적 인도와 인격적 인도를 설명해 보라. 인격적 인도의 두 가지 측면, 즉 구두로 하는 말과 서로 간의 이해 또는 사고의 연합으로 이루어지는 인도에 대해서도 설명해 보라.

6. 하나님의 음성을 듣는 것에 관한 세 가지 관점이 잘못된 것이라는 비판이 타당하다고 생각하는가? 이 비판에 동의하지 않는 부분이 있다면 무엇인가?

4

대화하는 우주

이 땅은 천국으로 충만하며
모든 평범한 떨기나무는 하나님으로 인해 불타 오른다.
그러나 그것을 보는 자만이 자신의 신을 벗는다.
엘리자베스 배럿 브라우닝(Elizabeth Barrett Browning)

우리가 그를 힘입어 살며 기동하며 존재하느니라.
사도행전 17:28

하나님의 음성을 들은 사람들의 이야기는 무궁무진하며 각 이야기는 그 자체로 상당히 중요하다. 나 자신도 그런 이야기를 자주 들려주는데, 그 내용을 전적으로 믿지 않는 사람들도 듣는 일에는 별로 싫증을 내지 않는다. 이런 이야기 중 어떤 것도 '규범'으로 취급되어서는 안 되지만, 그것들을 하나로 모으면 하나님의 인도와 그분의 음성을 듣는 것에 관한 연구의 본질적인 평가 기준이 마련된다.

눈에 띄는 사례로 20세기 중반 미국에서 가장 널리 인정받는 사역자 중 하나였던 피터 마샬(Peter Marshall)을 들 수 있다. 그는 탁월한 인간적 면모와 지도자의 자질을 인정받아 미 상원의 원목이라는 직책을 새로운 차원의 요직으로 격상시킨 인물이다.

그가 영국에 있을 때의 일이다. 노섬벌랜드에서 칠흑같이 어둡고 안개 낀 밤에 그는 지름길인 황무지를 가로지르고 있었다. 그 지역에는 깊이 파인 채 버려진 석회암 채석장이 있었다. 무턱대고 터벅터벅 걷는데 "피터!" 하는 급박한 음성이 들려왔다. 그는 걸음을 멈추고 대답했다. "네, 누구십니까? 왜 그러십니까?" 그러나 반응이 없었다.

그는 잘못 들은 줄 알고 다시 몇 발자국을 더 걸었다. 이번에는 더 다급한 목소리가 들려왔다. "피터!" 그 말에 그는 다시 걸음을 멈추고 어둠 속을 자세히 보려다가 그만 앞으로 넘어져 무릎이 땅에 닿고 말았다. 손을 짚은 지점에는 아무것도 없었다. 그러나 주변을 더듬어 보니 그곳은 바로 버려진 채석장의 벼랑 끝이었다. 한 발자국만 더 갔다면 그대로 목숨을 잃었을 것이다.[1]

교단과 신학 노선을 막론하고, 널리 읽히는 기독교 신문이나 잡지에는 이런 사연들이 끊임없이 실리고 있다. 데이비드 피치스(David Pytches)가

쓴 『하나님은 오늘도 말씀하시는가?』(*Does God Speak Today?*)[2]라는 책은 현대를 살아가는 예수님의 제자들에게 들려온 '말씀'의 '현장 실화'를 모은 것이다. 이 책에는 하나님의 음성이 아닌데도 그분의 음성이라고 **잘못** 주장한 14가지 사례가 나와 있다. 하나님이 말씀하시는 방식을 이해하려 할 때 이런 잘못된 사례를 살펴보는 것도 도움이 된다. 우리는 무엇이 하나님의 말씀인가도 알아야 하지만 무엇이 하나님의 말씀이 아닌가도 함께 알아야 한다.

표적의 한계

그러나 꼭 알아야 할 중요한 사실이 있다. 아무리 신빙성이 높고 관련된 사람의 지성과 성품이 뛰어나다 할지라도 이런 이야기를 묵상하는 것으로는 우리의 믿음이 성장하는 데 한계가 있다는 것이다. 성경 자체의 가르침도 이런 한계를 간과하지 않는다.

예수님은 아브라함이 지옥에 간 부자에게 한 말을 들려주셨다. 부자의 형제들이 이 땅에서 "모세와 선지자들에게 듣지 아니하면 비록 죽은 자 가운데서 살아나는 자가 있을지라도 권함을 받지 아니하리라"(눅 16:31)는 말씀이었다. 이것은 예수님이 종교적 묘기나 표적을 보여 달라는 사람들의 요구를 거절하신 것과 일맥상통한다(마 12:39-40; 막 8:11-12; 눅 23:8-9; 요 2:18; 6:30). 예수님이 그들의 요청을 거절하신 이유는 아무리 놀라운 기적을 행해도 보는 이들의 개념과 사고방식이 잘못되어 있어 결국 부질없으리라는 것을 아셨기 때문이다. 기적으로 사람들이 예수님에 대한 참된 믿음을 가질 수 있는데도 그분이 기적을 거두시는 것은 상상할 수 없는 일이다.

기적은 그런 믿음을 줄 수 없었다. 인간이 보고 듣고 어떤 식으로든 접하는 내용은 정확히 기존의 고정관념과 가정에 의해 결정된다. 많은 경우 우리가 고정관념을 붙드는 이유는 내가 원하는 바가 바로 그 속에 담겨 있기 때문이다. 어떤 경험에 대한 이야기가 우리에게 줄 수 있는 의미도 바로 고정관념에 의해 결정된다. 따라서 고정관념은 기적적 사건과 이야기만으로 바뀔 수 없다. 고정관념 자체가 바로 그 사건과 이야기에 대한 올바른 깨달음을 방해하기 때문이다.

성공회 목회자의 아내였던 아그네스 샌포드(Agnes Sanford)가 젊었을 때, 아들이 심한 귓병에 걸린 적이 있었다. 병은 6주나 계속되었고 그녀는 매우 열심히 기도했으나 별다른 차도가 없었다. 그때 인근의 다른 목사가 그녀의 남편에게 전화를 걸었다가 아이가 아프다는 이야기를 들었다. 그 목사는 아이를 위해 기도해 주었다. 진실했지만 평범하고 일상적인 기도였다. 그런데 즉시 열이 내리면서 아이가 잠들었다. 잠에서 깼을 때는 열이 완전히 내리고 귀도 정상으로 돌아와 있었다. 샌포드는 이렇게 썼다.

이상한 것은 이 사건을 통해 내가 당장 새로운 세계에 눈뜬 것이 아니라는 점이다. 오히려 나는 깊은 혼란에 빠졌다. 하나님은 왜 내 기도에는 응답해 주지 않으시면서 그 목사님의 기도에는 응답하셨을까? 내가 믿음이 없어 스스로 기도를 막았다는 사실을 몰랐다. 분노와 어둠과 불행 가운데서는 그런 [응답받는] 기도가 나올 수 없다는 사실도 몰랐다. 파이프가 풀뿌리와 흙먼지로 막힐 수 있듯이 말이다. 아들은 그 후로도 귀가 조금

이라도 아플 때마다 내게 기도를 청했지만 그런 회의와 혼란은 내 마음을 떠나지 않았다.³

하나님에 대한 전반적 이해의 필요성

이렇듯 새로운 세계를 보지 못하는 것은 이상한 일이 아니다. 이것은 우리 마음이 작동하는 방식을 드러낸다. 하나님이 우리를 인도하시고 우리에게 말씀하시든 우리를 위해 구원을 행하시든, 하나님이 우리 삶에 구체적으로 개입하시는 것을 보거나 듣는 것이 자동적으로 우리의 혼란을 없애거나 혼미하게 얽힌 마음을 풀어 주지는 않는다. 그런 일들은 우리를 놀라게 하거나 혼란스럽게 할 뿐이다. 더 깊은 이해를 추구하게 자극할 수 있지만 그 자체로 우리에게 믿음과 이해를 **주는** 것은 아니다.

하나님이 우리의 삶에 개입하실 때 그 경험의 의미를 충분히 깨달을 수 있으려면 **먼저** 우리의 이해력이 자라야 한다. 하나님과 그분의 방식에 대한 올바르고 전반적인 이해가 있어야 한다. 예수님이 부자에게 "모세와 선지자들에게 듣게 하라"고 말씀하신 것도 바로 그 때문이다.

성경과 성경 해석의 역할은 하나님에 대한 전반적인 이해를 제공한다. 그럼으로써 그에 상응하는 믿음을 불러일으키고 성장하게 하는 것이다. 그러나 요즘은 경험의 힘이 과대평가되고 있다. 경험에 관한 이야기가 가진 힘만으로도 삶을 뒤바꿔 놓는 믿음을 불러일으킬 수 있다고 간주된다. 그러나 하나님에 대해 전반적으로 이해하지 못하면 하나님이 진정 개인에게 주신 말씀의 효력마저 제한할 수 있다. 내 경험으로 보면 하나님이 **내게** 주신 말씀은 사실상 **내** 입을 통해 나오는 경우가 아주 많다. 특별한 준비 없이 그냥 그런 말이 나온다는 것을 반복되는 사건을 통해 깨달았다. 그러나 반드시 그 시점에서 그 말의 진정한 의미를 이해하는 것은 아니다. 다른 사람들도 이런 경험을 많이 했을 것이다.

베드로가 "주는 그리스도시요 살아 계신 하나님의 아들이시니이다"(마 16:16-17)라는 위대한 고백을 할 때에도 이런 일이 일어났다. 베드로의 사건 다음에 무슨 일이 이어졌는지 주의해 보라. 우선 예수님은 베드로가 한 이 말이 하늘 아버지께로부터 온 것임을 확증해 주신다. 이어 그분은 머잖아 자신이 당하실 일, 즉 고난과 죽음과 부활을 좀더 자세히 말씀하신다. 그 즉시 베드로는 방금 자신이 한 말이 무슨 뜻인지 모르고 있었음을 드러낸다. 하나님은 베드로에게 예수님이 그리스도임을 알아보게 하셨지만 베드로는 아직도 그리스도가 어떤 존재인지 모르고 있다. 자연히 그는 그리스도의 역할을 지극히 인간적인 것으로 국한시키려 한다. 예수님은 베드로에게 물러가라고 말씀하실 수밖에 없었다. 생각이 엉뚱한 데 가 있어 사실상 적(사탄)의 역할을 하고 있었기 때문이다.

하나님은 언제나 수많은 방식으로 자신에 대해 가르치려 하신다. 우리가 이해하려 애쓰고 연구한다면 그분은 내적 조명을 통해 반드시 우리를 만나 주실 것이다.

지식을 불러 구하며

명철을 얻으려고 소리를 높이며

은을 구하는 것같이 그것을 구하며

감추어진 보배를 찾는 것같이 그것을 찾으면

여호와 경외하기를 깨달으며

하나님을 알게 되리니. (잠 2:3-5)

이것을 늘 염두에 두면서 이제 다음 두 가지 기본 질문을 살펴보기로 하자. "우리가 살고 있는 세상은 어떤 곳인가?" "하나님은 그 안에 갇혀 있는 우리와 어떻게 관계를 맺으시는가?" 지금부터 우리는 지적, 영적 안전모를 써야 하는 지역에 들어서는 셈이다. 많은 사람이 이 부분에서 하나님에 대한 실천적 신앙에 타격을 입었다. 다수의 신중한 그리스도인과 비그리스도인을 곤란하게 만드는 난제가 많이 있다. 하나님과 대화의 관계를 맺는 우리 존재의 **개념 자체**에 관한 문제들이 바로 그 예다. 성경이 이런 문제를 해결하는 데 우리를 돕도록 주어졌지만, 우리는 여전히 문제를 해결하기 위한 수고를 아끼지 말아야 한다.

이 부분에 아무런 어려움을 느끼지 않는다면 큰 복이다. 그런 사람은 하나님과 우리 사이에 인격적 대화가 이루어지는 다양한 방식을 다루는 5장으로 바로 넘어가도 좋다. 그러나 하나님이 내게 말씀하시며 나를 인도하실 **뜻**과 **능력**이 있다는 확신이 없는 사람이라면 이번 장이 도움이 될 것이다. 마음을 굳게 먹고 정신을 바짝 차려 만반의 준비를 갖추고 기도하는 심정으로 파고들라.

지금까지 이 책에서 말한 내용에 대한 사람들이 보이는 정직한 반응은 대개 다음 중 하나가 될 것이다.

1. 하나님은 평범한 인간들을 자신의 임재로 둘러싸고 그들에게 말씀하심으로써 그들과 대화하실 **마음이 없다**.

2. 하나님은 실제로 그들과 그런 식으로 대화하시지 **않는다**.
3. 하나님은 그렇게 대화하실 수 **없다**.
4. 하나님은 개인과 대화하셔서는 **안 된다**. 이런 반응은 자신이 확신하는 정당한 목적에 하나님의 임재와 말씀을 통제해야 할 필요성을 느끼는 데서 비롯된다.

지금부터 이 네 가지 부정적 반응에 하나씩 답해 보려 한다.

진리 1 : 하나님은 대화하실 마음이 있다

하나님이 평범한 인간과 대화의 관계를 맺으실 의향이 있는지를 생각할 때 우리가 잊지 말아야 할 것이 있다. 그분을 우리가 알고 있는 고위 인사들과 같은 존재로 생각해서는 안 된다는 것이다. 아무리 부유하고 유명하고 위대하다 해도 인간이라는 사실로 인해 인간의 소통 능력에는 심각한 제약이 따른다. 인간이 다른 사람들과 인격적으로 상호작용하는 능력은 극히 제한되어 있다. 따라서 현대의 통신 기술이 아무리 발달했다 해도 지속적으로 친밀하게 접촉하는 타인은 소수에 지나지 않을 것이다. 의식의 범위와 집중력과 의지력의 한계가 그 이상은 허락하지 않는 것이다.

 사실에 근거한 이런 한계 외에도 인간의 위대함은 평범한 사람들과는 전혀 상관없는 것을 의미하며 본질상 관계가 있어서는 안 되는 것으로 취급된다. 위대함에는 다분히 배타성과 거리감과 오만함이 개입된다고 여겨지는 것이다. 위대함에 대한 이런 인상을 떨쳐 버릴 수 없다면, 위대하신 하나님이 **우리에게** 말씀하실 의향이 있다는 사실을 상상조차 할 수 없을 것이다. 우리는 그분을 몹시 바쁘고 자신의 지위를 지나치게 의식하며 너무 지체가 높아 우리와는 대화하실 수 없는 고위 인사쯤으로 생각하게 될 것이다.

하나님의 **낮아지심**을 충분히 이해한다는 것이 우리로서는 얼마나 어려운 일인가! 그분의 피조물과 인격적으로 말하고 들을 수 있는 자세와 능력을 갖추고 늘 그들 가까이 계신 것, 그것이 바로 그분의 위대함이니 말이다.

말할 것도 없이 하나님에 대해 예수님이 가르치신 핵심 내용도 바로 이 낮아지심에 있었다. 그분은 행동과 말씀을 통해 하나님이 연약한 자와 짓밟히고 버림받은 자와 어린아이들 곁에 얼마나 가까이 계신 분인지를 분명히 보여 주셨다. "어린아이들을 용납하고 내게 오는 것을 금하지 말라. 천국이 이런 사람의 것이니라"(마 19:14). '이런 사람'이라는 우리 주님의 표현에는 어린아이의 특성이 많이 포함되어 있다. 그러나 나는 여기서 하찮음의 요소를 강조하고 싶다. 인간의 눈으로 보기에 하찮은 자들이 하나님께는 중요하다. 하나님의 본성과 그분이 예수 그리스도의 인격을 통해 계시된 모습을 생각할 때 **오히려 그분이 우리에게 말씀하시지 않는 것이 놀랍고 이상한** 일이다.

스탠리 존스는 이렇게 묻는다.

하나님은 인도하실까? 인도하시지 않는다면 이상한 일이다. 시편 기자는 묻는다. "귀를 지으신 자가 듣지 아니하시랴? 눈을 만드신 자가 보지 아니하시랴?"(시 94:9) 나는 덧붙여 이렇게 묻고 싶다. "혀를 만드시고 우리에게 서로 대화할 수 있는 능력을 주신 분이 우리와 말씀하며 대화하지 아니하시랴?" 나는 하나님 아버지가 말도 없고 대화도 하지 않으시는 비인격적 실체라고는 믿지 않는다.[4]

진리 2 : 그분은 실제로 대화하신다

하나님이 단순히 자신에게 말씀하시지 않는다고 믿는 경우는 어떤가? 여기서 우리는 그들에게 그런 어려움을 가져다줄 수 있는 요소를 둘로 나누어 생각할 필요가 있다.

'주파수'를 맞추었는가?

첫째, 우리가 듣지 못한다고 해서 하나님이 우리에게 말씀하시지 않고 있다는 뜻은 아니다. 인간끼리도 상대가 하는 말을 듣지 못하는 경우가 얼마든지 있다. 오늘 하루만 해도 대부분의 사람에게 그런 일이 있었을 것이다. 누군가 우리에게 말했지만 우리는 그것을 모르고 듣지 못했을 수 있다. 뿐만 아니라 라디오와 텔레비전 프로그램의 메시지가 하루 종일 우리의 몸과 머리를 스쳐 지나가고 있다는 것도 우리는 안다. 주파수를 제대로 맞춘 수신 장치가 우리가 호흡하는 공기로부터 이 메시지를 취한 것이다.

이는 인간과 하나님의 관계를 보여 주는 예로 적절하다. 하나님의 수많은 메시지가 우리에게 쏟아져 우리를 통과하거나 우리 곁을 지나고 있다. 그러나 우리의 **주파수**는 그분의 음성에 맞춰져 있지 않다. "하늘이 하나님의 영광을 선포한다"는 시편 19편의 말씀처럼 자연에서 들려오는 음성이든 각 개인을 향한 하나님의 특별한 의사소통을 통해 들려오는 음성이든, 우리는 하나님의 음성을 듣는 법을 배우지 못했다.

예수님의 깊은 가르침 중에는 듣는 것에 관한 것이 빠지지 않고 나온다. 그분이 비유로 가르치셨기 때문에 진정 들을 마음이 없는 사람들은 그 진리에 직면하는 것을 피할 수 있었다. 그분은 모든 사람이 정직하게 듣는 귀를 가진 것은 아니며, 어떤 이들의 귀는 자기가 듣고 싶은 것만 골라 듣고 나머지는 다 버린다는 것을 아셨다. 그분이 가장 많이 되풀이하신 말씀 중 하나는 이것이다. "들을 귀 있는 자는 들으라." 그러면서도 그분은 청중에게 사람은 자신의 갈망과 노력에 비례하여 받는다고 말씀하시며 잘 듣기 위해 최선을 다해야 한다고 역설하셨다(막 4:23-24).

준비된 그릇인가?

이것은 "하나님이 나에게 말씀하시지 않는다"고 말하는 두 번째 원인으로 자연스럽게 연결된다. 여기서 정직하게 영혼을 탐색하는 작업이 다소 필요하다. 십중팔구 하나님은 그들에게 말씀하고 계시지만 그들은 듣지 못하고 있을 것이다. 그런가 하면 **삶의 방식 때문에 하나님의 말씀에서 전혀 유익을 얻지 못할 수도 있다.**

그것이 하나님이 인도하시는 길이라면 그들은 과연 순종하며 변화될 준비가 되어 있는가? 자신이 잘못된 길을 가고 있다면 그것을 알고 **싶은** 마음이 있는가? 일반적으로 하나님이 우리에게 말씀하시는 것은 좋은 일이다. 그러나 개인의 상황에 따라 하나님이 거의 말씀하시지 않거나 전혀 말씀하시지 않는 편이 차라리 나을 수 있다. 하나님이 내게 말씀하시지 않는 것이 사실이라면 혹 내가 그런 경우에 해당하는 것은 아닌지 살펴봐야 한다.

우리는 이렇게 자문해야 한다. '나는 하나님의 말씀을 어떤 용도로 쓰려 하는가?' 하나님은 오만한 분이 아니며 멀리 계시지도 않다. "여호와의 손이 짧아 구원하지 못하심도 아니요 귀가 둔하여 듣지 못하심도 아니라"(사 59:1). 일단 하나님이 말씀하시면 그것은 우리의 삶과 그분의 피조 세계에 그분의 선하신 뜻을 이루기 위함이다.

하나님의 인도란 우리의 이익을 위해 언제든지 꺼내 쓸 수 있는 요술 방망이가 아니다. 경쟁 상대를 이기라고 주어진 것도 아니다. 운동 시합이나 경마의 내기에 이기거나 특정 입장이 신학적으로 옳다는 것을 입증하려는 의도로 그것을 구해서는 안 된다. 하나님의 인도는 그분과 동행하는 모든 사람에게 주어지지만, 그렇다고 하나님의 통치 목적과 무관하게 **우리 마음대로** 사용할 수 있는 것은 아니다. 그래서는 안 된다. 아주 위험한 일이기 때문이다.

우리는 "하늘에 계신 우리 아버지여, 이름이 거룩히 여김을 받으시오며 나라가 임하시오며 뜻이 하늘에서 이루어진 것같이 땅에서도 이루어지이다" 하고 기도한다. 하나님이 우리 안에서 행하시는 모든 활동의 목적이 주기도문의 서두에 아름답게 표현되어 있다. 곧 아버지 이름이 거룩히 여김을 받으시고 **아버지** 나라가 임하시며 아버지 뜻이 이루어지기 위함이다. 하나님의 음성을 듣는 것은 분별 있는 사람들이 갖는 **신뢰할 만한 일상적 실재다.** 또한 하나님의 영광과 그 나라의 진보에 헌신된 자들의 몫이다. 즉 그분을 닮는 것보다 더 귀한 것이 없다고 생각하는 예수 그리스도의 제자들에게 주어지는 것이다.

하나님과 함께 일할 준비가 되어 있는가?

"하나님은 내게 한 번도 말씀하신 적이 없다"고 솔직히 말할 수 있는 사람이라면 이렇게 자문해 보아야 한다. "하나님이 왜 내게 **말씀하셔야 하는가**? 내가 살아가는 방식이 그분이 나에게 말씀하셔야 하는 합당한 이유가 되는가? 그분과 나는 삶 가운데 함께 일하고 있는가? 혹 나 자신의 일에 힘쓰면서 내 사업이 잘되게 하려고 '하나님을 약간 이용하려 드는' 것은 아닌가?"

우리의 삶이 하나님의 뜻에 헌신되어 있을 때 그분은 우리에게 말씀하실 이유를 가진다. 우리의 삶이 그분의 뜻에 헌신되어 있지 않다 해도 그분은 우리에게 말씀하실 수 있고, 혹 우리가 전략적 위치에 있다면 그분의 목적을 위해 우리를 사용하실 수도 있다. 아무리 잘못된 길로 가고 반항한다 할지라도 어디까지나 우리는 그분의 피조물이다. 하지만 사랑의 마음으로 분명한 의식을 갖고 하나님과 기꺼이 협력하려 한다면 반드시 '**나는 무엇을 위해 살고 있는가?**'라는 문제를 먼저 해결해야 한다. 그 문제를 분명히 직시해야 한다.

우리는 진심으로 이렇게 고백할 수 있는 지점에 아직 이르지 못했을 수 있다. "내 삶의 목표는 한 가지, 오직 한 가지니 곧 그리스도를 닮는 것이요. 그분의 백성들 속에 살면서 그분과 그들을 섬기며 그분의 일을 하는 것이다. 내 삶은 하나님의 이름으로 다른 사람들을 축복하기 위해 존재한다." 아직 이 경지에 이르지 못했다면 흔히 우리 속에 생기는 '하나님의 말씀을 어떻게 듣는가?'라는 질문은 마땅히 다음의 선결 질문으로 바뀌어야 한다. '하나님의 말씀을 듣는다면 나는 어떻게 할 것인가?'

캠벨 모건(G. Campbell Morgan)은 이 점에 대해 몇 마디 날카로운 말을 던진다. 그는 하나님이 우리에게 말씀하실 때 그분의 말씀은 우리 삶을 교란시키는 요소가 된다고 한 뒤 이렇게 말을 잇는다.

당신은 하나님의 음성을 한 번도 들어보지 못했다. 그리고 이렇게 말한다. "기적의 시대는 지나갔다. 나는 결코 흔들리지 않는다. 내 계획을 내가 세워 내 취향대로 살며 내 좋은 대로 한다. 방해하는 요소라니 무슨 말인가?"…친구여, 당신은 아직도 애굽의 호사스런 생활 속에서 살아가고 있다. 아직도 노예로 살아가고 있다.…방해하는 목소리를 모른다? 하나님이 당신의 계획과 전혀 다른 길을 가리켜 보이신 일이 없다? 그렇다면 형제여, 당신은 아직도 노예의 나라, 흑암의 땅에 살고 있는 것이다.[5]

우리가 하나님의 음성을 듣지 못하는 것은 애당초 들으려는 기대가 없기 때문인지도 모른다. 거듭 말하지만 그런 기대가 없는 까닭은 내 생각대로 삶을 운영하려는 계획으로 가득 찬 결과, 그밖의 길은 한 번도 심각하게 생각해 본 적이 없기 때문인지도 모른다. 그러니 하나님의 음성은 우리의 계획을 귀찮게 간섭하는 것이 되고 만다. 그와 대조적으로, 우리는 위대한 영적 지도자들이 하나님의 음성을 들을 것이라고 기대한다. 그들의 삶이 하나님의 뜻을 행하기 위해 온전히 드려진 것을 보기 때문이다.

프랭크 루박은 하나님의 뜻대로 살기로 결단하던 순간 자신의 삶에 찾아온 커다란 변화를 이렇게 이야기한다.

나는 그동안 온전히 살았던 적이 한 번도 없었다. 반쯤 죽어 있었다. 나는 썩어 들어가는 나무였다. 하나님의 뜻을 **찾겠노라고**, 내 안의 모든 세

포가 거부할지라도 그 뜻을 **행하겠노라고**, 내 생각의 싸움에서 **이기겠노라고** 솔직한 마음으로 결단하고 또 결단하는 자리에 이를 때까지는 그랬다. 꼭 내 영혼에서 깊은 샘물이 터져 나온 것 같았다.…우리는 머잖아 이 육신의 몸을 벗을 것이다. 돈도 명예도 가난도 압박도 모두 무용지물이 될 것이다. 그것들은 하나같이 영원 가운데에서 잊히는 것들이기 때문이다. 그러나 끊임없이 복종을 다짐하는 마음에 찾아오는 이 영혼만은 영원할 것이다.[6]

진리 3 : 하나님은 충분히 대화하실 수 있다

물리적 우주 자체가 하나님과의 대화를 불가능하게 만든다고 근심하는 이들이 많이 있다. 물리적 우주는 하나님을 너무 멀리 몰아낸다. 하나님이 자신의 위대함을 얼마나 낮추셨으며 하나님이 낮아지신 것이 얼마나 위대한지에 대해 모두 이해하고 실제 하나님의 뜻을 행하며 사는 사람들 중에도, 냉혹한 자연이 우리와 하나님 사이를 장벽처럼 가로막는다는 생각에 고민하는 이들이 있다.

시인 알프레드 테니슨(Alfred Tennyson)은 절친한 친구 핼럼(A. H. Hallam)과 사별한 후 마치 슬픔의 사자후라도 듣는 듯 이렇게 썼다.

> 별들도 갈 길 몰라 헤맨다는 사자의 속삭임
> 하늘은 온통 거미줄로 얽혀 있네.
> 죽어 가는 태양의 중얼거림
> 저 너머 황량한 세상에서 외침 소리 들리네.[7]

자연의 얼굴은 차갑고 냉혹하고 무섭다. 특히 하나님의 음성이 들려오지 않고 우리가 하나님과 화목하게 지내지 못할 때 더 그렇다. "내가 너희의 세력으로 말미암은 교만을 꺾고 너희의 하늘을 철과 같게 하며 너희 땅을 놋과 같게 하리니 너희의 수고가 헛될지라. 땅은 그 산물을 내지 아니하고 땅의 나무는 그 열매를 맺지 아니하리라"(레 26:19-20). "네 머리 위의 하늘은 놋이 되고 네 아래의 땅은 철이 될 것이며 여호와께서 비 대신에 티끌과 모래를 네 땅에 내리시리니 그것들이 하늘에서 네 위에 내려 마침내 너를 멸하리라"(신 28:23-24).

과학과 신학의 '전쟁'

자연의 불경한 듯한 태도에 대한 이런 경험은 인류의 모든 세대에 공통적으로 나타나는 현상이다. 이것 외에도 지난 수백 년 동안 서구 문명에 의해 태동된 특별한 불신앙의 짐이 있다. 바로 하나님이 우리에게 말씀하시거나 우리를 인도하실 수 있다고 믿는 것이 **비과학적**이라는 개념이다. 오늘날 물리적 우주에서 하나님의 임재를 배제하는 것은 과학적 지식의 당연한 전제다. 우리 인간은 그 우주의 형편없이 작고 하찮은 일부에 지나지 않는다. 이것을 소위 '자연주의'라 한다.

우주의 광활함과 자연의 위력에 대한 발견은 제법 굉장해 보일 수 있다. 모든 현상이 이 둘에 의해 결정되는 것 같고 그것들은 인격적인 하나님의 도움 없이도 혼자서 잘 굴러가는 것 **같다**. 프랑스의 위대한 수학자이자 천문학자인 피에르 시몽 라플라스(Pierre Simon Laplace)가 나폴레옹 황제에게 천체 역학에 대한 자신의 책을 한 권 증정하자 황제는 그의 이론에서 하나님의 자리는 어디냐고 물었다. 라플라스는 분개하여 꼿꼿

이 서서 이렇게 대답했다. "폐하, 저는 그런 가설이 전혀 필요 없습니다!"

요즘 유행하는 자연과학 이론에 따르면 자연은 하나님 없이도 잘 운행된다. 하나님을 계산의 **한 요인으로** 도입하는 실험 지침서나 사회 과정의 통계 분석은 눈을 씻고 봐도 찾을 수 없을 것이다. 기독교 학교나 기독교 대학도 다를 바 없다!

사회의 고등교육 제도인 대학 체제는 지식에 관한 한 의심의 여지없는 권위의 원천으로 세상 문화 한가운데 우뚝 서 있다. 굳이 자세히 파고들지 않아도 인정할 수밖에 없는 사실이지만 이 시대의 대학은 하나님 없는 실체관, 전적으로 인간은 스스로 존재한다는 관점을 보란 듯이 내세우고 있다. 인증된 교육 제도가 대외 홍보 목적으로는 뭐라고 말할지 몰라도 실제 과정에 깔린 전제는 분명하다. **하나님을 몰라도 세상 최고의 교육을 받을 수 있다는** 것이다.

이렇듯 우리에게 강요되는 듯한 실재관은 인류가 물리적 세계에 완전히 갇혀 있다는 것이다. 하나님은 설사 존재한다 해도 완전히 물리적 세계 **바깥에 있는** 존재로 그려지며, 물리적 세계는 하나님 없이도 얼마든지 자체적으로 돌아간다는 식이다. 이런 세계관 속에서 하나님의 음성을 듣는 것에 대해 생각할 때 우리가 부딪히는 가장 어려운 문제 중 하나는 그 모든 일이 '어떻게' 일어나는가에 관한 것이다.

예컨대 다른 나라에 있는 사람과 대화하고 싶을 경우, 우리는 이곳과 그곳 사이의 물리적 실체, 즉 무기 물질 안에서 일련의 사건을 일으켜야만 한다. 우선 전화번호를 누르는 것으로 시작할 것이다. 그러면 전기 파동이 다양한 통로를 통해 그 사이에 끼어 있는 공간으로 퍼져 나갈 것이다. 그러면 상대편의 물리적 장치는 그 전기 파동을 감지하여 그곳의 친구가 듣거나 보거나 이해할 수 있는 형태로 전환해 줄 것이다.

요지는 그런 거리를 가로질러 대화하려면 **반드시 중간의 물리적 실체를 통과해야 한다**는 것이다. 심지어 내 옆에 서 있는 사람에게 말할 때도 같은 과정이 필요하다. 나는 성대를 움직여 소리를 내어 상대방의 고막을 울려야 한다. 그러면 어떻게 그런 일이 일어나는지 완전히 이해할 수는 없지만, 상대방은 구체적인 사물이나 사건을 떠올리게 된다. 내가 상대의 생각을 불러일으키는 것이다. 나와 그 사람의 대화는 바로 이렇게 이루어진다.

의사소통의 개념이 그런 것이라면 이제 우리가 부딪히게 될 질문들은 분명하면서도 강력하다. 이것이 하나님이 우리와 의사소통하실 수 있는 **유일한 방식인가**? 하나님은 언제나 물리적 실체를 **통과해야만** 하는가? 유기물과 무기물의 전 영역이 우리와 하나님 **사이**를 가로막고 있는가? 그 영역과 관련하여 하나님이 계신 곳은 **어디인가**? 우리에게서 그토록 멀리 계시다면 하나님은 어떻게 우리와 관계를 맺으시는가?

모든 실재에 공간이 개입되는 것은 아니다. 많은 사람에게 그런 질문은 이 장에서, 어쩌면 이 책 전체에서 가장 어려운 질문일 것이다. 그래서 서둘러 지적하고 싶다. 하나님은 우리에게 다가오시기 위해 어떤 종류의 물리적 매개체도 통과하실 **필요가 없다**. 경우에 따라 그런 방법을 택하실 때도 있지만 말이다. 하나님은 우리 자신의 눈과 귀와 머리보다도 우리와 더 가까이 계신다. 하나님이 우리를 두신 이 물질세계가 그것을 허용한다. 우리는 바로 '그분 안에서' "살며 기동하며 존재한다"(행 17:28).

하나님과 대화하는 삶 혹은 기도는 공간과 거리의 방해를 받지 않는다. 하나님께 말씀드리는 일은 마치 바로 옆 사람에게 말하는 것과 같다.

영은 육체가 아닌 인격적 능력이다. 공간이나 시간이나 물질은 우리의 대화를 제한할 수 없다. 하나님은 영과 진리로 그분을 예배할 사람들을 찾으신다. 거룩한 장소가 필요 없다. 우물가의 여인도 "거룩한 장소가 어디입니까? 이 산에 있습니까 아니면 예루살렘에 있습니까?"(요 4:20, 저자 사역)라고 물었다가 그 사실을 배웠다. 하나님은 거룩한 장소를 찾지 않으신다. 하나님이 계시는 곳이면 어디나 거룩하기 때문이다.

모든 것을 **공간화하려는** 우리의 사고 성향은 우리 믿음에 쉽게 피해를 입힐 수 있다. 하나님을 문자적으로 물리적 영역 밖에 계신 분으로 생각한다면 우리는 그분께 전혀 다가갈 수 없고 그분은 우리에게 전혀 다가오실 수 없는 것처럼 보인다. 현재 우주의 가장자리는 1,300만 내지 1,400만 광년의 거리로 알려진다. 그 반경을 벗어나면, 초당 약 30만 킬로미터의 속도로 움직이는 광파도 영영 우리에게 다가올 수 없다! 하나님이 그 바깥에 계신다면 우리가 어떻게 그분께 다가갈 수 있으며 그분은 어떻게 우리에게 다가오실 수 있겠는가?

위대한 과학자이자 그리스도인인 블레이즈 파스칼(Blaise Pascal)은 이렇게 말했다.

나는 인간의 눈멀고 비참한 상태를 본다. 침묵 속에 갇힌 온 우주를 둘러본다. 인간은 우주의 한 모퉁이에서 길을 잃은 듯 불빛 없이 혼자 버티고 있다. 누가 자기를 그곳에 두었고, 무슨 일을 하러 세상에 왔으며, 죽은 후에 어떻게 될지도 전혀 모른다. 아무것도 알 수 없다. 이런 모습을 볼 때마다 나는 소스라치게 놀란다. 마치 자다가 깨어 보니 빠져나갈 길도 없는 무인도에서 깨어나 막막함을 느끼는 사람처럼 말이다. 상태가 이렇게 비참한데도 사람들이 절망에 빠지지 않는 모습에 나는 또다시 놀란다.

나와 똑같이 지음받은 주변 사람들을 본다. 그들에게 나보다 학식이 뛰어나느냐고 물으면 다들 아니라고 말한다. 그런데도 길 잃은 이 비참한 피조물들은 주변을 둘러보며 뭔가 끌리는 대상을 찾고 거기에 중독되고 집착하는 모습을 보인다. 나는 한 번도 그런 집착을 가질 수 없었다. 눈에 보이는 것 외에 뭔가가 존재할 가능성이 매우 높다는 생각에 나는 하나님이 조금이라도 그분의 흔적을 남겨 두시지 않았는지 찾아보려 애썼다.[8]

하나님의 흔적은 그것을 간절히 찾으려는 이들에게 언제나 분명히 보인다(롬 1:19). 자연과 역사에 드러나는 목적 있는 질서 그리고 역사와 개인의 삶에 나타나는 것으로 보이는 목적 있는 개입에서 그분의 흔적을 찾을 수 있다. 여기서 이 내용을 깊이 파고들 수는 없지만, 편견 없는 관찰자라면 세상 전반의 크고 작은 사건들의 질서를 통해 이 세상과 우리의 삶을 주관하는 인격적 존재와 섭리가 있다는 인상을 강하게 받을 수 있을 것이다.

이것이 바로 사도 바울이 아덴의 아레오바고 광장에서 말씀을 전할 때 염두에 둔 것이었다. 하나님은 "사람으로 하나님을 혹 더듬어 찾아 발견하게 하려" 세상을 그렇게 꾸며 놓으셨다. "그는 각 사람에게서 멀리 계시지 아니하도다. 우리가 그를 힘입어 살며 기동하며 존재하느니라"(행 17:27-28)는 말씀이 이를 잘 보여 준다. 하나님은 멀리 떠나 계시지 않기에 우리가 말하면 들으신다. 우리도 그분이 말씀하실 때 들을 수 있다.

신약성경에는 성자 그리스도가 "그의 능력의 말씀으로 만물을 붙드시는" 분(히 1:3), 즉 우주를 유지하시는 분으로 그려져 있다. "만물이 그 안에 함께 섰느니라"(골 1:17). 스트롱(A. H. Strong)은 그것을 이렇게 설명한다.

> 그리스도는 우주의 설계자요 유지자시다.…하나님의 능력인 그분 안에서 우주는 다른 존재가 인식할 수 있는 현실적 실체가 되었다. 우주는 매순간 그분 안에서 유지되며 서로 손을 맞잡고 있다. 그리스도의 변함없는 의지는 우주의 법칙을 제정하며, 우주를 혼돈이 아닌 질서 있는 상태로 만들어 준다. 태초에 그 의지로 우주를 존재하게 하셨던 것처럼 말이다.[9]

현대 물리학의 힌트

이제 지금 진행중인 이야기의 가장 중요한 지점에 도달했다. 오늘날의 물리학은 이전 몇 세기 동안 군림했던 조악한 기계적 관점과는 반대로, 하나님이 세상에 임재하신다는 신약성경의 개념과 상당히 일맥상통한다. 제임스 진(James Jean) 경은 20세기 전반부에 물리학의 발전 결과를 다음과 같이 해석했다.

> 오늘날 폭넓은 합의에 이른 사항이 있다. 물리학 쪽에서는 거의 만장일치에 도달한 사항이다. 바로 지식의 흐름이 비기계적 실재를 향해 나아가고 있다는 것이다. 우주는 이제 위대한 기계보다는 위대한 지성으로 간주되기 시작했다. 지성은 더 이상 물질 영역에 대한 갑작스런 불청객이 아니다. 오히려 지성을 물질 영역의 창조자요 통치자로 인정해야 한다는 생각이 나타나고 있다.[10]

더 근래에 노벨상 수상자인 유진 위그너(Eugene Wigner)는 "지성-신체 문제에 관한 고찰"이라는 논문에서 사고 혹은 지성이 물리적 실재의 주요 요소임을 지적하여 물리학자들 사이에 폭넓은 인정을 받았다. 그는 "의식을 빼놓고는 양자역학 법칙을 온전히 일관성 있게 수립할 수 없다"고 말했다. 프린스턴 대학의 물리학자 존 휠러(John A. Wheeler)는 한 걸음 더 나아가 주관적 실재와 객관적 실재, 의식과 물질은 서로를 창조하는 관계라고 보았다. 또 다른 유명한 물리학자 잭 사파티(Jack Sarfatti)는 이렇게 말했다. "심리-에너지 체계의 전개에서 가장 중요한 개념은…물질의 구조가 의식과 분리되어 있지 않을 수도 있다는 것이다."[11]

물리학의 이런 최근 해석을 원래의 엄밀한 표현 이상으로 확대할 생각은 없다. 특히 어떤 신학적 입장이 물리학을 통해 입증되었다든지, 신약성경의 가르침처럼 지성에 대한 물질의 의존성이 입증되었다는 암시는 어디에도 없다. 다만 내가 말하고 싶은 것은, 물리적 실재에 대한 일부 영향력 있는 현대적 관점에 따르면 물질에는 소위 내면, 더 정확히 말하자면 **무면**(無面) 또는 비면(非面)이 있어 그 내면을 통해 비공간적인 인과의 차원이 물리적 세계에서 얼마든지 활동할 수 있다는 것이다. 이 차원은 창조와 지속적 섭리를 통해 자신의 세계와 편재적 관계를 맺으시는 하나님에 대한 성경적 관점과 아주 잘 부합한다. 실재의 정신적 측면이나 영적 측면은 공간을 통과하지 않고도 효력을 나타낼 수 있다. 그것은 우리의 생각이 공간을 거쳐야만 타인에게 영향을 미치거나 자신의 감정이나 행동에 영향을 미칠 수 있다는 것만큼이나 분명한 사실이다.

이 모든 이야기의 핵심은 과학의 확립된 진리 안에는 하나님이 우리에게 다가오시고 우리와 함께하시며 대화를 통해 우리를 인도하실 수 없다고 가정할 만한 이유가 전혀 없다는 것이다. 현대 과학이 제시하는 세계관에는 하나님이 들어설 여지가 얼마든지 있다. 그렇다면 우리가 살고 있는 이 물리적 세계에서 하나님의 음성을 직접 들을 수 있다는 관점이 편하게 받아들여질 수 있다. 요한복음 1장, 히브리서 1장 등 성경 곳곳에 이런 관점이 표현되어 있다. 언제 어디서나 인도하는 것이 지성의 본질이라면 하나님의 인도와 소통을 **기대하는** 것은 당연한 일 아닌가?

단순히 인간의 능력으로 물질 자체나 물리적 우주를 연구해서는 절대로 이것을 깨달을 수 없다. 물리적 세계가 지닌 가능성은 오직 창조주의 마음을 통해서만 온전히 계시될 수 있다. 윌리엄 템플(William Temple) 대주교는 이에 대해 다음과 같은 통찰력 있는 글을 남겼다.

> 물질만 봐서는 물질이 무엇인지 알 수 없다. 영혼이 물질 안에 거하여 그것을 도구로 사용할 때에만 우리는 물질의 역량을 알 수 있다. 시각과 청각의 민감성과 예술가의 정교한 손길은 생명 없는 물질만을 연구해서는 결코 성취할 수 없는 것들이다. 마찬가지로 인성 안에 신성이 거하실 때까지는 인간이 과연 무엇이며 어떤 성취를 이룰 수 있는 존재인지 결코 알 수 없다.…우리는 스스로 인성의 개념을 정립해서는 안 되며, 그리스도가 인간인지 묻거나 그분을 우리 개념의 한계로 국한시켜서도 안 된다. 우리는 "인간이란 무엇인가?" 하고 물어야 하며, 그리스도를 보고 그 답을 찾아야 한다. 영혼이 물질 안에 거할 때에만 우리는 물질이 무엇인지 알 수 있다. 하나님이 인간 안에 거하실 때에만 우리는 인간이 무엇인지 알 수 있다.[12]

지금까지 인류 역사에 나타난 물질계의 본질에 대한 가장 심오한 계시는 예수 그리스도가 변화하셨을 때의 몸과 부활하셨을 때의 몸일 것이다.

이런 탐구는 믿음을 더 확실하게 해준다

지금까지 한 이야기가 하나님의 음성을 듣는 것을 확신하는 문제와 관계가 없다고 생각한다면 커다란 잘못이다. "알지도 못하는 것을 믿으면 고생만 한다!"는 노래 가사가 있다.[13] 인류는 이것이 진리임을 수없이 입증해 왔다. 지나치게 단순하게 표현한 노랫말일지 모르지만 인간의 마음이란 머리에 크게 **의존한다**. 이해가 부족하면 정말 믿음이 약해지고 삶의 방향이 어긋나게 된다. 비극을 불러올 때도 있다.

물론 모든 것을 이해한다는 것은 불가능하지만 그래도 우리의 믿음은 우리가 얻을 수 있는 그런 이해를 통해 굳건해진다. 대략적으로 과학은 싫든 좋든 우리 시대의 힘이요 막강한 권위다. 하나님의 음성을 듣는 것이 우리가 살고 있는 세상에서 **비과학적인** 일이라고 믿는다면, 그것을 충분히 이해하며 실제적으로 다루기 어려울 것이다. 그런 일에 마음을 열고 이성적으로 사고하기도 어려울 것이다. 자신이 교육받은 내용과 신앙 사이에 끼어 못내 곤혹스런 상태가 될 것이다. 현재 많은 사람이 그런 처지에 있다. 하나님이 모든 실재를 뚫고 들어가신다는 사실을 이해하는 만큼만 우리는 그분과의 직접적 의사소통이 가능하다는 것을 받아들일 수 있다.[14]

도움이 될 만한 비유가 있다. 하나님과 세상의 관계는 나와 내 몸의 관계와 동일하지는 않지만 비슷하다. 나는 내 몸 안에 거하지만 나를, 혹은 내 의식의 어떤 작용이나 내 성품을 이루는 어떤 요소를 내 몸의 어느 한 부위에서 파악하거나 물리적으로 찾아낸다는 것은 불가능한 일이다. 하나님은 공간을 무한히 초월하시지만(왕상 8:27) 동시에 공간 안에 거하신다. "그의 영광이 온 땅에 충만하도다"(사 6:3). 하늘은 하나님의 보좌요 땅은 그분의 발등상이다(사 66:1; 마 5:34; 23:22). 나의 온몸은 나에게 접근할 수 있고 나는 온몸 구석구석에서 접근될 수 있다. 내 의식이 동일하지는 않지만 온몸 구석구석에서 활동하는 것처럼 "여호와의 눈은 온 땅을 두루 감찰하사 전심으로 자기에게 향하는 자를 위하여 능력을 베푸신다"(대하 16:9).

우리가 살고 있는 세상은 지나치게 실리에 집착하며 타락한 이데올로기에 지배당하고 있다. 과학 이데올로기도 그중 일부다. 그로 인해 우리의 마음은 하나님과 멀어진 채 굳어진다. '보통의 우리 존재'는 광야의 골짜기에서 돌베개를 베고 불안하게 잠들었던 야곱과 같다. 그는 물리적 광경밖에 보지 못한 채 슬픔과 소외와 고독 속에 잠들었다. 꿈속에서 그는 자기가 있는 곳과 하나님 사이에 일어난 상호작용을 보았다. 혹 그때에만 진정 깨어 있었던 것은 아닐까? 잠에서 깬 그는 이렇게 소리쳤다. "여호와께서 과연 여기 계시거늘 내가 알지 못하였도다.…두렵도다, 이곳이여. 이것은 다름 아닌 하나님의 집이요 이는 하늘의 문이로다"(창 28:16-17).

> 천사들이 태고의 제자리를 지키며
> 하나의 돌로 변해 날갯짓을 시작한다!
> 그렇다, 이것이 우리의 소외된 얼굴이다.
> 눈부신 그 세상을 놓치며 살아가는.[15]

이런 일들은 성경에 나타난 삶의 일부다. 앞에서 말한 주제를 다시금 강조하지만, 이런 경험이 나에게 의미 있는 일로 다가오지 못한다면 우리는 그것을 믿을 수 없다. **정말** 믿을 수 없다. 오히려 성경을 읽을수록 그 안의 가장 중요한 내용, 즉 하나님과의 진실하고 살아 있는 관계에 대해 더욱 회의에 빠질 수 있다.

엘리사가 큰 위험에 처했을 때 젊은 사환에게 했던 일이 우리의 이해를 돕기 위해 절실히 필요하다.

불병거

아람 왕은 이스라엘과의 전쟁을 시도했으나 전투 계획을 세울 때마다 엘리사가 이스라엘 왕에게 그것을 고했다. 아람 왕은 당연히 자기 측근 중에 이스라엘 첩자가 있는 줄로 알았다. 그러나 그의 신복들은 모두 아니라며 이렇게 말한다.

> 이러므로 아람 왕의 마음이 불안하여 그 신복들을 불러 이르되 "우리 중에 누가 이스라엘 왕과 내통하는 것을 내게 말하지 아니하느냐" 하니 그 신복 중의 한 사람이 이르되 "우리 주 왕이여, 아니로소이다. 오직 이스라엘 선지자 엘리사가 왕이 침실에서 하신 말씀을 이스라엘의 왕에게 고하나이다" 하는지라. (왕하 6:11-12)

아람 왕은 그 말을 믿고 문제의 핵심을 바로 파악했다. "엘리사를 잡으라!"

왕이 이르되 "너희는 가서 엘리사가 어디 있나 보라. 내가 사람을 보내어 그를 잡으리라." 왕에게 아뢰어 이르되 "보라, 그가 도단에 있도다 하나이다." 왕이 이에 말과 병거와 많은 군사를 보내매 그들이 밤에 가서 그 성읍을 에워쌌더라.

하나님의 사람의 사환이 일찍이 일어나서 나가보니 군사와 말과 병거가 성읍을 에워쌌는지라. 그의 사환이 엘리사에게 말하되 "아아, 내 주여, 우리가 어찌하리이까" 하니 대답하되 "두려워하지 말라. 우리와 함께한 자가 그들과 함께한 자보다 많으니라" 하고 기도하여 이르되 "여호와여, 원하건대 그의 눈을 열어서 보게 하옵소서" 하니 여호와께서 그 청년의 눈을 여시매 그가 보니 불말과 불병거가 산에 가득하여 엘리사를 둘렀더라. (왕하 6:13-17)

하나님의 음성 듣기 연습

열왕기하 6:11-17

하나님의 말씀을 받기 위해 준비하라. 눈을 감고 천천히 숨을 내쉬라. 오늘 성령께서 무엇을 주시든 마음을 열고 들을 수 있게 해달라고 하나님께 기도하라.

읽기(lectio)

엘리사에 대한 성경 본문을 읽기 전에 엘리사의 사환에게 벌어진 일에 대한 달라스 윌라드의 묵상을 생각해 보라.

젊은 사환이 본 것은 **무엇인가**? 영적이거나 인격적인 실재는 반드시 시력이 좋다고 보이는 것이 아니다. 여러분과 나의 영적인 측면도 어느 정도 마찬가지다. 하나님은 그 사환으로 하여금 주변의 모든 일반적, 가시적 실재(아람 군대까지) 속에 완전히 침투해 있으며 그것들을 떠받치고 있는 그분의 영역의 능력을 보게 해주셨다. 가시적 실재의 모든 작용은 만물을 포괄하는 로고스, 즉 세상을 붙드시는 하나님의 말씀 안에서 일어나는 움직임이다. 그 움직임은 오직 아들을 통해 하나님께만 의존하고 있다(히 1:1-3).

모든 작은 물질과 그 너머까지 우리 주변에 온통 하나님이 임재하심을 볼 수 있도록 삶과 가르침과 기도를 통해 우리 눈을 뜨게 해줄 엘리사 같은 사람들이 오늘날 얼마나 절실히 필요한가!

이제 열왕기하 6:11-17을 읽으면서 그 상황 속에 푹 젖어들라. 우리도 그들의 입장에 있었다면 그들의 심정과 아주 비슷했으리라는 점을 기억하라.

아울러 마음의 귀로 다음을 경청하라.

- 이 이야기에서 당신에게 아른거리거나 눈에 띄는 단어나 문구나 세부 사항.
- 본문에서 당신이 동화되는 대상: 엘리사를 잡으러 온 아람 군사 중 하나(겁에 질린 사환을 바라보고 있는), 사환, 엘리사, 불말이나 불병거 중 하나, 벽에 앉아 이 전체를 구경하는 한 마리의 파리 등일 수 있다.

어느 경우든 그것을 당신이 고르지 말고 성령께서 주시는 대로 받으라.

묵상(meditatio)

본문을 묵상하면서 다음 중 하나를 생각해 보라.

- 본문에서 눈에 띄었던 단어나 문구가 있는가? 왜 그 단어가 당신의 공감을 불러일으킨다고 생각하는가?
- 본문에서 당신이 동화되었던 대상이 있는가? 그 사람이나 물체가 되는 기분이 어떤가? 무엇이 당신의 마음을 끌어들이는가? 하나님에 대해 생각하거나 느끼는 것은 무엇인가?

몇 분 동안 이것들에 대해 깊이 생각하라.

그다음에 하나님께 이렇게 여쭈라. "이것이 오늘 저의 삶과 어떻게 연결됩니까? 제가 알아야 하거나 되어야 하거나 해야 할 것은 무엇입니까?"

반응(기도, oratio)

15-17절 말씀을 마지막으로 한 번 더 읽으면서 기도를 준비하라. 성령께서 말씀하셨다고 생각되는 내용이나 당신에게 와닿았던 내용을 하나님께 말씀드리면 된다.

필요에 따라 무엇이든 기도하라. 하나님께 뭔가로 인해 감사드릴 수도 있고 뭔가를 구할 수도 있다.

안식(관상, contemplatio)

이끄시는 대로 하라. 하나님을 앙망하며 그냥 그분과 **함께 있을** 수도 있다. 하나님께 주목하며 특히 본문에 나타난 그분의 **모습이** 엘리사와 사환과 당신에게 각각 어떻게 비치는지 생각해 볼 수도 있다. 하나님이 당신에게 그분을 예배하거나 적어도 그분과 **함께 있고** 싶은 마음을 주실 수 있다. 앉아서 하나님과 교제를 나누라. 그분은 당신이 볼 수 있게 나타나시는 분이다.

진리 4 : 하나님은 대화하셔야만 한다

모세는 겸손과 관용이 넘치는 마음으로 이렇게 말했다. "여호와께서 그의 영을 그의 모든 백성에게 주사 다 선지자가 되게 하시기를 원하노라"(민 11:29). 그러나 신자 개인이 하나님과 대화의 관계를 맺으며 살아가는 것에 한 가지 심각한 반론이 제기되기 때문에 그것은 꼭 좋은 일만이 아닐 수도 있다. 그 반론은 각 개인과 하나님의 대화의 관계가 신자들의 공동체인 교회에 오히려 혼돈을 불러올 것이며 따라서 그런 일은 일어나서는 안 된다는 생각에서 비롯된다.

교인들의 갖가지 의견에 둘러싸인 목사들은 이 말의 의미를 잘 알 것이다. 교인들이 하나님과의 개인적 '대화'를 근거로 그들의 지도자나 서로를 반박하고 비판하는 것은 목사들이 교인들에게 가장 바라지 않는 일일 것이다.

이런 생각을 갖고 있는 지도자들은 개신교[Protestant: 이 말은 '저항'(protest)에서 나왔다] 운동의 본질 자체에 역행하는 논리에 짓눌림을 느낄 것이다. 그 운동은 기독교 세계의 반경 안팎에서 갈수록 증가하는 수많은 분파를 통해 지금도 계속되고 있다. 권위와 복종의 위계질서로 몰아가는 그런 논리는 자연히 **하나님을 대변하는 한 사람이 등장하고 획일성을 강요하는** 결과를 낳게 된다.

여기서 문제가 되는 것은 바로 구속받은 공동체에 적합한 리더십과 권위에 대한 모범이다. 인간이 살아가는 가운데 하나님의 통치라는 기쁜 소식을 삶으로 구현하는 것이 구속받은 공동체다. 따라서 아무리 문제가 많아도 하나님과 대화를 나누는 '산 돌'(벧전 2:5)이 그 반대인 죽은 돌에 비하면 훨씬 좋아 보이기 시작한다.

양 지키는 개인가 목자인가?

기독교 리더십의 모본과 훈련에서 우리는 다른 사람들을 단순히 지시대로 행하게 만드는 것을 지나치게 강조한다. 이런 점에서 교회는 세상의 리더십 구조를 다분히 그대로 따른다. 사실 교회 안에서든 밖에서든 **리더십**이라는 말이 표준적인 공통적 노력에 적용되는 경우 그것은 대체로 공허한 완곡어법에 지나지 않는다.

사람들을 조종하거나 몰아가거나 부리는 것은 사람들을 **인도하는** 것과는 전혀 다르다. 양 지키는 개는 양을 강제로 몰아가지만, 성경이 말하는 목자는 양들을 부르며 침착하게 앞서 행한다. 양 지키는 개와 목자에 대한 구분은 그리스도인 지도자의 역할을 생각할 때 굉장히 중요하다. 지금 자신이 어느 쪽 역할을 수행하고 있는지 자주 자문해야 하며, 필요하다면 몇 번이고 목자의 자리로 다시 돌아와야 한다.

목자로서 인도할 때 우리가 믿을 수 있는 것은 한 가지뿐이다. 바로 위대한 목자가 우리를 통해서나 다른 방식으로 양들에게 들려주시는 말씀이다. 우리는 그들이 그분의 음성을 알며 타인을 따르지 않으리라는 것을 안다(요 10:1-16). 설사 우리 자신이 그 '타인'이라 할지라도 우리는 양들이 타인을 따르는 것을 **원하지** 않는다. 이러한 확신이 있을 때에만 우리는 자유롭게 그리스도의 참된 일꾼이 될 수 있다. 그럴 때 우리는 "심은 것마다 내 하늘 아버지께서 심으시지 않은 것은 뽑힐 것"(마 15:13)이라는 확신을 갖게 된다. 우리는 주님의 이런 말씀도 들었다. "아버지께서 내게 주시는 자는 다 내게로 올 것이요 내게 오는 자는 내가 결코 내

쫓지 아니하리라"(요 6:37).

　목자의 방식을 따른다면, 하나님의 도움 없이 인간 본성에 내재된 능력만을 의지한 채 결코 비열하게 사람들을 몰아가거나 조종하거나 마음대로 부리려 하지 않을 것이다(참고. 벧전 4:11). 그뿐 아니라 하나님 아래서 섬기는 작은 목자들은 자신의 양들도 "모든 좋은 것"(갈 6:6)과 하나님의 말씀으로 그들을 섬길 수 있다는 것을 믿는다. 어떤 단체에서든 말씀 사역이 제 기능을 다한다면 절대 일방통행이 있을 수 없다. 헨리 나우웬은 이렇게 말했다. "**구속(救贖)적인 훈육은** 쌍방향으로 일어난다.…교사는 학생에게서 배워야 한다.…교사와 학생은 진리와 의미와 가치를 함께 찾아가며 서로에게 각자의 역할을 담당할 기회를 부여하는 동료다."[16]

　그러나 이쯤 되면 양의 비유마저도 과감히 버려야 한다. 자칫 도살당할 양이 되지 않도록 말이다. 우리는 인도할 때 "자원함으로 하며 더러운 이득을 위하여 하지 말고…맡은 자들에게 주장하는 자세를 하지 말고 오직 양 무리의 본이 되어야"(벧전 5:2-3) 한다. 우리는 과연 "뭇 사람을 섬기는 자"(막 9:35)다. 구속적인 상호 복종(엡 5:21)은 이런 식으로 이루어진다.

　요즘의 종교 사역을 보면 성경의 이런 명령에서 턱없이 벗어난 경우가 너무 많다! 인도하는 자들이 그분의 백성을 효과적으로 통치하고 인도하는 그리스도의 능력과 의향을 바로 이해하고 의존하지 못하는 한, 그것은 당연한 결과다. 외관상 영적으로 전문적인 용어들과 방식으로 그럴듯한 옷만 입었을 뿐 그들은 언제나 자기 능력으로 양들을 조직하고 몰아가면서 통제할 수밖에 없다. 결국 그들의 믿음대로 될 것이다. 명시적으로 자주 쓰이는 표현처럼, 나는 '내 교회'에서 '내 사역'을 할 뿐이다.

양들은 **하나님이** 얼마나 철저히 그리고 어떻게 **그분의** 교회의 주인 되시는지를 절대 경험하지 못할 것이다.

리더십 : 사이비 종교와 그리스도, 어느 쪽을 닮을 것인가?

사이비 종교가 추종자들을 생각 없는 로봇으로 우민화하는 모습을 보며 기독교 공동체는 물론 일반 여론의 대변인들이 탄식하는 소리가 종종 들린다. 사회가 고도로 분화되고 기계와 기술에 지배되다 보니, 아무나 나서서 삶과 죽음에 대해 확신 있게 말만 하면 외롭고 소외된 사람들이 기다렸다는 듯이 끌려든다. 그 사람이 어느 정도 매력적이고 하나님의 대변자로 자처하는 경우는 특히 더 그렇다.

현재 활동 중인 사이비 종교는 미국에만도 2,500개가 넘는다. 그들은 대부분 하나님이 일반 구성원들에게는 말씀하시지 않고 그룹 내의 한 사람이나 소수의 핵심 인물들에게만 말씀하신다는 전제를 바탕으로 한다. 사이비 종교의 구성원들은 자신의 마음도 믿어서는 안 되고 소속 단체의 환경을 벗어나서는 자신과 하나님의 의사소통으로 생각되는 것도 믿어서는 안 된다고 배운다. 물론 상부에서 내려온 말씀에 동조해야 한다는 압력이 상존한다. 종종 추종자들은 모순된 선언을 수용해야 하며 지도자의 명령이라면 상식조차 깨끗이 저버려야 한다고 배운다.

이것이 많은 사이비 종교의 공통된 현상이다. 짐 존스(Jim Jones)나 찰스 맨슨(Charles Manson) 등 개인을 중심으로 형성된 훨씬 더 극단적인 단체들도 마찬가지다. 그러나 이들보다 더 '주류'에 속하는 종교 단체들도 정직하게 자신을 돌아보면 **자신의** 리더십 모델이 사실상 사이비 종교의 길을 가고 있음을 알게 될 것이다. 그들도 적잖이 그런 방법들을 사용하고 있기 때문이다. 한 사람의 그리스도인 사역자로서 나는 **나 자신**에게 물어야 한다. 충분한 동조와 지원을 확보하여 **내** 계획을 유지하고 확장할 목적을 위해 사람들 개인의 생각과, 주님의 인도와 의사소통에 대한 그들의 개인적 경험을 저버리게 만들려는 동기가 **내게는** 얼마나 많은가?

위대한 사역자의 말

이러한 사이비 종교의 사고방식과 정반대로 영적으로 한없이 건강했던 선한 사람 스펄전을 생각해 보라.

> 목사는 최고 권력자이고, 교인들은 그저 평신도에 별 볼일 없는 존재로 아무 할 말도 없고 설사 할 말이 있어도 조용히 있는 편이 나은 상황에서 내가 목사가 된다면 정말 싫을 것입니다. 나는 노예만 사는 수십 개 나라의 수반이 되느니 차라리 상대의 뜨거운 사랑에만 내 지도력을 호소할 수 있는 자유인 여섯 명의 지도자가 되고 싶습니다.
>
> 권위를 내세우지 않는데도 누구에게나 존경받고, 부드러운 충고로만 말하는데도 법처럼 힘 있게 받아들여져 시행되는 영적 아버지의 위치보다 더 숭고한 자리가 있을까요? 그는 다른 사람들의 의견을 물어보아도 모두가 자기에게 기꺼이 양보할 마음이 있음을 알게 됩니다. 엄하면서도 사랑과 은혜와 자비가 넘치는 그는 모두의 종이기에 곧 모두의 머리입니다. 여기에는 마땅히 위로부터 오는 지혜가 필요하지 않겠습니까? 이보다 지혜가 더 필요한 일이 무엇이겠습니까? 왕위에 오른 다윗은 "주께서 내 백성을 내 아래 두셨다"고 고백했습니다. 저마다 기질이 다른 수많

은 형제들이 주님의 사역에 대한 목사의 리더십을 하나같이 기쁨으로 받아들이며 그에게서 훈련받기를 원하는 모습을 목도하는 모든 행복한 목사들이 그와 똑같이 고백할 수 있게 되기를 바랍니다.…형제 여러분, 교회는 하나님의 성령 없이는 움직일 수 없습니다. 나는 오히려 그것이 기쁩니다. 막힘과 균열이 있을 때 우리가 그분의 부재를 알아차릴 수 있기 때문입니다. 교회는 신부들과 목사들의 영광을 내세우기 위한 곳이 절대 아닙니다. 교회는 담대한 그리스도인들을 가르치기 위한 곳입니다. 그들은 자신의 믿음을 결코 중재자를 통해서 얻어지는 간접적인 것으로 보지 않을 것입니다.[17]

그렇다면 우리는 어떻게 말할 것인가? 모두가 개인적으로 하나님과 의논하도록 허용하면, 말할 것도 없이 의견 불일치와 비협조의 위험이 뒤따른다. 예언하는 자들의 영이 다른 예언하는 자들의 제재를 받을 수 있다면, 예언하는 자는 자기가 인도하는 사람들로부터 때로 진지한 이의 제기와 검토를 받을 수도 있다. 심하면 그의 말이 뒤집어질 수도 있다. 그러므로 이런 지도자들은 주님으로부터 오는 참된 권위뿐 아니라 다른 사람들 앞에 섰을 때 진정한 안전감이 필요하다. 그래야 성공적으로 인도할 수 있다. 이들에게는 "각각 자기보다 남을 낫게 여기는"(빌 2:3) 겸손도 필요하다. 그래야 사역을 수행할 수 있다.

예수님처럼 지도한다는 것

어떻게 하나님 나라의 사역자에게 예수님의 지도 정신과 방식 외에 다른 것이 필요하다고 생각할 수 있단 말인가? 나로서는 **그분이** 지도하실 때

간직했던 정신이야말로 우리가 그분 교회의 지도자들에게서 보기 원하는 것이라고 말할 수밖에 없다. 큰 목자 되신 예수님의 정신과 방식은 작은 목자들이 본받아야 할 바다. 우리는 그분의 가르침을 그분이 가르치신 방식대로 가르칠 때에만 그리스도를 섬길 수 있다.

지도자들에게 이런 그리스도의 정신이 있다면, 공동체에 속한 개인들이 하나님과의 의사소통을 수행하는 법과 유지하는 법에 대해 정확한 훈련 모델을 배우게 될 것이다. 물론 신자들의 공동체에는 복종도 **있지만** 그것은 교묘하고 조잡한 세력 다툼의 결과가 아니다. 오히려 그것은 그리스도의 도를 경험하고 하나님의 말씀을 진정으로 말하는 데서 나오는 권위에 전적으로 근거를 둔다. 교회의 주인이신 그리스도께서 교회에 **올바른** 복종을 가져다주실 것을 믿는다면, 우리는 하나님이 내주하시는 살아 있는 성전이요 그리스도의 영광스런 몸인 교회의 참된 연합과 능력을 보게 될 것이다. 온전히 실현되는 이 연합이야말로 세상의 빛이요 모든 인류 역사의 궁극적 목표다.

균형 유지

그러나 우리는 교회의 사회적, 외향적 차원이 구속의 전부가 아님을 기억해야 한다. 궁극적으로 말해 그것은 구원의 기본적 차원도 아니다. 아무리 영광스럽다 해도 사회적 차원은 어디까지나 **개인과 하나님의 교제**를 통해서만 이루어진다.

성 프란치스코 살레시오(St. Franciscus Salesius)는 제자인 필로테아에게 그리스도 안에서 삶의 개인적 차원과 사회적 차원이 적절하고 실제적으로 균형을 이루어야 한다고 말했다. '하나님이 우리 안에 일깨우시는 내면적 끌림과 동기와 책망과 가책과 조명과 사고'를 모두 '영감'으로 표현한 뒤 그는 이렇게 충고한다.

그러므로 필로테아, 하나님이 기쁨으로 그대에게 보내시는 모든 영감을 준비된 마음으로 받아들이기로 결심하시오. 그런 영감이 올 때 천국의 왕이 보낸 대사를 받아들이듯 받아들이시오. 그 왕은 그대와 혼인의 언약을 맺기를 원하신다오. 그분의 제의에 침착하게 귀기울이고, 그대에게 영감을 보내 주신 그 사랑을 묵상하며, 그 거룩한 영감을 소중히 여기시오. 온전한 사랑의 영원한 동의로 그 거룩한 영감에 동의하시오.[18]

이어 성 프란치스코는 지혜롭게도 그 자매에게 교회 공동체 속으로 돌아가라고 한다. "하지만 아주 중대한 문제나 평범한 방식이 아닌 문제로 영감에 동의할 때는 언제나 사전에 다른 성도들과 의논하시오."[19]

조이스 허기트(Joyce Huggett)도 친구 진 다날이 해준 비슷한 충고를 이렇게 전한다. "하나님이 네게 뭔가 하라고 말씀하셨다고 믿어지거든 그분께 세 번 확인해 달라고 기도해. 그분의 말씀을 통해, 환경을 통해 그리고 그 상황을 전혀 모르는 다른 사람들을 통해서 말이야."[20] 이 세 가지 증거는 법칙은 아니지만 최소한의 기준이 절실한 영역에 요긴한 분별 기준이 될 수 있다.

인간이란 타인과 맺은 관계의 총합을 넘어서는 존재이지만 어느 누구도 외딴 섬이 아니다. 기독교 공동체 안에서도 마찬가지다. 타인과의 관계는 필수적이고 유익한 것이지만 반드시 하나님과의 인격적 관계가 궁극적 기초가 되어야 한다. 두 관계가 **모두** 올바를 때 우리는 완전히 안전해질 수 있으며 이렇게 고백할 수 있다.

이 충만하고 온전한 평화여!
오, 한없이 거룩한 기쁨이여!
다함없는 사랑 안에서
나는 주의 것이며, 주는 나의 것입니다.[21]

묵상을 위한 질문

1. 인도하심에서든 다른 분야에서든, 이야기와 표적은 우리의 믿음을 자라게 하는 데 한계가 있다는 내용에 동의하는가?
2. 당신은 다음 말을 받아들이기 어려운가?

    "우리는 하나님의 위엄을, 인간 세상의 '높은 사람'에 대한 경험을 바탕으로 **잘못** 생각하는 성향이 있다. 하지만 하나님의 위엄과 위대하심은 정확히 그분의 낮아지심과 모든 사람에게 가까이 계심에서 찾을 수 있다."

    하나님이 낮아지신다는 이 개념에 당신은 어떻게 반응하는가?
3. 자신을 하나님께 맞추는 사람들 또는 준비된 그릇이 되어 하나님의 음성을 듣고 행하는 사람들은 어떤 점이 다른가?
4. 당신은 과학이 하나님의 음성을 듣는다는 개념을 의심스럽게 만든다고 생각하는가? 당신의 생각을 자세히 설명할 수 있는가? 혹은 이 문제에 관해 당신이 잘 아는 다른 사람의 생각을 상세히 말할 수 있는가?
5. 사이비 종교가 보이는 리더십 유형의 주요 특성은 무엇인가? 당신이 속해 있거나 전해 들은 종교 단체에서 이와 유사한 행동을 하나라도 본 적이 있는가? 그런 행동을 버리기

위해 기존의 조직화된 종교 단체가 어떤 대가를 치러야 한다고 생각하는가?

6. 당신은 말씀하시는 하나님에 대한 당신의 개인적 경험을 당신이 속한 신앙 전통과 어떻게 연결시켜야 한다고 생각하는가? 현재 당신이 속한 교회와 지도자들과는 어떻게 연결시켜야 한다고 생각하는가?

5

세미한 소리와 그 경쟁자들

엘리가 여호와께서 이 아이를 부르신 줄을 깨닫고 엘리가
사무엘에게 이르되 가서 누웠다가 그가 너를 부르시거든 네가 말하기를
여호와여, 말씀하옵소서. 주의 종이 듣겠나이다 하라.
사무엘상 3:8-9

여호와께서 지나가시는데 여호와 앞에 크고 강한 바람이
산을 가르고 바위를 부수나 바람 가운데에 여호와께서 계시지 아니하며
바람 후에 지진이 있으나 지진 가운데에도 여호와께서 계시지 아니하며
또 지진 후에 불이 있으나 불 가운데에도 여호와께서 계시지 아니하더니
불 후에 세미한 소리가 있는지라.
열왕기상 19:11-12

하나님의 음성을 듣는 것의 한 가지 측면은 그분의 인도를 받는 것이다. 앞에서 살펴본 것처럼 인도란 사람이나 물건이나 일련의 사건을 이끌어 정해진 경로를 따르도록 하는 과정이다.

가장 포괄적인 의미에서 기차는 선로가 인도하는 대로 달린다. 운전자는 차를 인도하고, 작가는 펜이나 자판을 인도하고, 레이더는 비행기를 인도하고, 별은 선박을 인도하고, 교사는 학급을 인도하고, 부모는 자녀를 인도한다. 하나님은 우리의 생각과 감정을 조종하시거나 외부 환경을 조정하심으로써 얼마든지 우리 삶의 경로를 **결정하실** 수 있다. 그것은 흔히 하나님의 '주권적 뜻' 가운데 문을 '열고 닫는' 것으로 표현된다. 그러나 그분은 우리에게 **말씀하심으로써** 우리를 인도하실 수 있으며 실제로 그렇게 하신다. 인류가 실제로 하나님을 경험한 것이 역사에 충분히 기록되어 있다는 사실이 그것을 입증한다.

하나님은 꿈, 환상, 음성, 성경 말씀, 특별한 사건 등 다양한 방법으로 우리에게 말씀하신다. 다시 말하지만 이것은 인류의 하나님 경험 전반에 걸쳐 분명히 나타나는 사실로서 성경 기사에도 명확히 기록되어 있다. 그러나 하나님의 뜻 가운데 살고자 하는 사람들은 하나님이 우리에게 말씀하시는 다양한 방법의 **의미**에 혼란을 느낄 수 있다.

하나님이 우리와 의사소통하시는 방법에는 저마다 특별한 용도가 있다. 그러나 그분과 함께 살아가는 우리의 삶에서 모든 방법이 똑같이 중요한 것은 아니다. 전체적 중요성으로 볼 때, 기록된 말씀인 성경과 살아 계신 말씀인 예수님은 하나님이 개인에게 말씀하실 때 사용하시는 음성이나 이상에 비교할 수 없다. 하나님의 음성을 들은 개인들의 경험 중에서 그 무엇보다 중요한 역할을 하는 것은 바로 '세미한 음성'이다.

이 세미한 음성이란 무엇인가? 이 말은 이 장 서두에 인용한 엘리야의 기사에서 나온 것으로 '부드럽게 속삭이는 목소리'나 '부드러운 속삭임'으로 풀어써도 무방하다(또한 2장 pp. 61-64에 나오는 '하나님의 음성 듣기 연습'을 보라). 각 표현은 메시지를 전하는 매체의 **겸손한 조심성**을 강조한다. 그것들은 모두 겉보기에는 특별할 것 없고 눈에 띄지 않으며 으스대지 않고 아마도 즉시 발견하기 힘든 것이다.

하나님의 세미한 음성을 통해 우리는 그분 성품의 특성이 우리가 알아볼 수 있을 만큼 확연히 드러나는 메시지를 받게 된다. 하지만 다른 경우들과는 대조적으로 메시지가 전해지는 **매체**는 소실점에 가까울 정도로 작아진다. 그 매체는 **우리에게서** 나온 생각이 아님에도 불구하고 우리의 생각의 형태를 띤다. 차차 살펴보겠지만 이런 식으로 사람의 심령은 "여호와의 등불"(잠 20:27)이 된다.

안타깝게도 이 부드러운 말씀은 쉽게 간과되거나 무시될 수 있다. 좀 더 거창한 대화만을 진실한 것이라 생각하는 사람들은 그것을 가볍게 외면하거나 멸시하기도 한다. 그들의 견해를 그대로 따른다면 하나님의 음성을 듣는 삶은 하늘의 불꽃놀이로 점철된 삶이어야 한다. 그러나 그것은 실제 일상생활과 맞지 않다. 그래서 그에 대한 반작용으로 극적인 환상을 환각이나 심지어 사탄의 역사로 보고 공격하는 경우가 많다. 하나님의 음성을 듣는다는 문제 전반에는 혼돈과 불신의 구름이 덮여 있다. 하나님이 말씀하시는 다양한 형태를 서로 관련지어 살펴보고 이해할 때 우리는 그런 구름을 몰아낼 수 있다.

예수님의 육체적 현현?

「가이드포스트」지 제작진이 보낸 편지를 보면 교외의 평범한 주부 이야기가 나온다. 이 여자는 자기도 알 수 없는 이유로 울기 시작해 나흘간 계속 울었다.

나흘째 되던 날 아침, 거실에 혼자 있는 그녀에게 갑자기 어디서 윙윙 하고 시끄러운 소리가 들려왔다. 창밖으로 하얀 불빛 무리가 보였다. 총천연색 빛이 궤도를 그리며 쏟아지면서 엄청난 속도로 그녀 옆으로 다가오고 있었다. 이내 빛은 그녀의 바로 옆에 와 있었다. 그 빛 속에 얼굴이 하나 보였다.

순간 '완벽한 얼굴이다'라는 생각이 들었다. 이마가 훤했고 눈도 큼직했다. 바다 색을 딱 꼬집어 말할 수 없는 것처럼 그의 눈동자 색도 뭐라 말할 수 없었다. 그의 형체는 능력과 자유가 넘쳐나는 생명의 강렬한 인상에 가려 흐릿해 보였다.

그녀는 즉시 그분이 예수님임을 알았다. 전혀 정죄하시지 않는 그분을 보면서, 그녀는 자기가 여태껏 저질렀거나 앞으로 저지를 어떤 일도 그분의 눈빛에 서린 절대적 애정과 무조건적 사랑을 바꿀 수 없으리라는 것을 알았다.[1]

그녀의 말에 따르면 예수님은 그렇게 세 달 동안 그녀와 함께 있었다. 그 후에야 그분의 임재는 서서히 사라졌다. 버지니아 리블리(Virginia Lively)라는 이 여자가 그분을 마지막 뵙던 날 그분은 "내가 언제나 너와 함께 있겠다"고 말씀하셨다. 다대오처럼(요 14:22) 그녀도 더 이상 볼 수 없는데 어떻게 그것을 알 수 있느냐고 예수님께 물었다. 그분은 "네가 나를 볼 것이다"라고 답하신 후 떠나셨다. 몇 년 후 그녀는 어느 교회에서 강연을 하다가 그분이 다시 자기를 쳐다보는 것을 느꼈다. 그런데 그것은 둘째 줄에 앉은 한 여자의 눈이었다. "불현듯 그녀는 실내에 있는 모든 사람의 눈에서 자기를 쳐다보시는 그분의 눈길을 보았다."[2]

이런 이야기에 사람들이 보이는 몇 가지 통상적인 반응이 있다. 모든 것이 사탄의 짓이라고 즉각 결론짓는 사람들이 있다. "사탄도 자기를 광명의 천사로 가장하기" 때문이다(고후 11:14). 이런 입장을 무조건 무시할 수는 없다. 사실 그런 경험은 다양한 이유로 인하여 언제나 위험하다. 그러나 우리가 간과해서는 안 될 사실이 또 있다. 사탄이 빛의 천사로 가장하는 이유는 오직 하나님이 참 빛이시기 때문이고(요일 1:5), 우리가 빛의 자녀요(엡 5:8) 성도들이 빛 가운데 있기 때문이며(골 1:12), 하나님이 "불꽃으로 자기 사역자를 삼으시기"(시 104:4) 때문이다. 유사품을 닮았다는 이유만으로 진품 자체를 멀리하는 것은 이상한 일이다.

리블리가 환상을 보았거나 감당하지 못할 스트레스로 신경쇠약에 걸렸다고 생각할 이들도 있을 것이다. 그런가 하면 사건의 진상을 설명할 수 없어 난감해하는 이들도 있을 것이다. 그들은 예수 그리스도가 직접 찾아왔다는 그녀의 주장을 확신하지 못한다.

정반대로 그녀를 하나님의 특별한 은총을 입은 자, 그런 경험을 하지 못한 이들보다 높이 여김 받을 자로 생각할 사람들도 있을 것이다. 심지어 메시지와 매체를 혼동해 경험 속에 임재하신 분보다 경험 자체를 숭배하게 될 수도 있다. 이런 사람들은 자신이 비슷한 경험을 할 때까지 영적인 열등감을 자주 느낀다.

이런 불안감이야말로 구성원들이 지도자의 경험을 그대로 답습해야 한다고 주장하는 종교 단체들이 안고 있는 위험 중 하나다. 이런 상황에서 구성원들은 소속 단체가 요구하는 형태대로 거창한 사건을 **꾸며 내고** 싶은 유혹을 느낄 것이다. 심지어 자신을 기만하거나 타인에게 압력을 가해 사건을 날조할 수도 있다. 단체가 요구하는 경험을 하지 못하는 이들은 하나님 앞에서 중요한 영적 사역이나 봉사에 무능한 자, 심지어 죽을 때 천국에 들어갈 수 없는 자로 여겨질 수도 있다.

리블리가 이야기한 것 같은 특이한 경험은 분명 하나님의 인도와 전반적인 신앙생활을 이해하는 것에 대한 문제점을 제기한다.

내면의 음성의 우월성

나는 이런 굉장한 경험이 실제로 일어난다는 사실이나 하나님이 그것을 가끔씩 주신다는 사실을 결코 부인하지 않는다. 다만 이 책에서 중요하게 다루는 점은, 흔히 내면의 음성이라고도 하는 세미한 음성이야말로 하나님의 뜻에 맞는 가장 가치 있으며 우선적이고 개별적인 의사소통 형태라는 것이다. 하나님은 성숙한 인격적 관계 속에서 자신과 동행하는 이들에게 대체로 이 내면의 음성을 사용하여 개별적으로 말씀하신다. 또한 그들이 걸어가는 과정에서 하나님 나라의 실재를 선포하시고 알려 주신다. 따라서 우리는 이 방법을 하나님이 인간을 만나시는 더 극적인 방법들과 비교해 볼 필요가 있다.

한 가지 염두에 두어야 할 중요한 사실은 하나님의 음성을 듣는 것 자체를 지나치게 의식할 필요가 없다는 것이다. 억지로 그 생각만 할 필요가 없다. 그분의 음성에 관한 이론이나 교리가 있어야만 들을 수 있는 것도 아니다. 어린 사무엘에게 하나님의 음성이 들려왔을 때(삼상 3장) 사무엘은 그것이 무엇인지도 몰랐고 심지어 그런 것이 있는 줄도 몰랐다. 당신도 하나님의 음성을 들을 때 그것이 그분의 음성임을 자동적으로 아는 건 아니다. 사실 하나님의 음성과 꾸준히 상호작용하면서도 그것을 특별한 사건으로 인식하지 않을 수 있다고 본다. 성경의 가르침에 따르면 **메시지가 덜 극적일수록 내용이 더 풍성하고 그 메시지를 받는 사람이 더 성숙하다.** 모세와 아브라함의 삶을 공부해 보면 그게 사실임을 알 수 있다.

하나님과의 대화에 숙련된 사람들은 좀더 거창한 경험을 한 사람들과는 대조적으로 내면의 음성에 대해 말을 아끼는 경우가 많다. 이는 지극히 당연한 태도다. 두 사람 사이의 친밀한 대화처럼 하나님과 각 개인의 대화는 결코 남에게 보이기 위한 것이 아니다.

그러나 하나님이 어떻게 말씀하시는가를 이해하려면 음성에 관해 이야기할 수밖에 없다. 우리는 하나님이 인간에게 말씀하시는 다양한 방식을 생각해 볼 필요가 있다. 그럴 때에만 하나님과 인간 사이의 가장 보편적이고 가장 적합한 대화 방법인 세미한 음성의 본질과 기능을 더 잘 이해할 수 있다. 우선 하나님과 인간이 대면한 사례를 주로 성경에서 훑어보고자 한다. 대부분 성경 외의 출전이나 심지어 비기독교 자료에 실려 있는 사연들과 비슷할지라도 성경의 기사는 표준으로 간주되어야 마땅하다.

성경의 경험이 곧 우리의 경험임을 재차 확인한다

그러나 이야기를 하기 전에 다시 확인할 것이 있다. 성경 기사를 읽을 때 마치 그 일이 **우리**에게 일어나고 있는 것처럼 읽어야 한다는 것이다. 그런 일들이 나에게도 **일어날 수 있다**고 생각하고 막상 일어난다면 어떤 모습일지 의식적으로 상상해 보아야 한다.

처음에는 어려울 것이다. 대부분의 사람이 하나님이 **다른** 사람들에게만 그런 놀라운 일을 행하신다는 생각에 익숙하기 때문이다. 그러나 앞서 2장에서도 말한 것처럼 엘리야와 모세와 바울도 우리와 같은 성정에 지배받는 우리와 같은 사람이었음을 잊지 말라. 오해받거나 억울한 일을 당했을 때 그들이 느낀 감정은 우리가 그 상황에서 느낄 수 있는 감정과 똑같았다. 그들도 우리처럼 굶주림과 피곤함과 불안과 혼란과 두려움을 맛보았다. 그들도 우리처럼 자신의 능력과 가치에 회의를 품었다. 그들도 우리처럼 "안 됩니다! 저는 안 됩니다. 저는 못합니다"라고 고백하곤 했다. 모세와 기드온을 보라.

일반적으로 말해 하나님은 우리의 주의를 끌겠다고 발버둥치시는 분이 아니다. 간혹 사울처럼 바닥에 나동그라지는 경우도 있긴 하지만 대부분의 경우 하나님은 우리를 억지로 몰아가시지 **않는다**. 하나님이 어떤 방법을 선택하시든, 그분은 그대로 우리에게 말씀하실 수 있다. 우리는 그 가능성에 마음을 열어야 한다. 그렇지 않으면 불붙은 떨기나무를 보고도 모세처럼 "내가 돌이켜 가서 이 큰 광경을 보리라. 떨기나무가 어찌하여 타지 아니하는고"(출 3:3)라고 말하지 않고 그냥 지나쳐 버릴 수 있다. 하나님이 들려주시는 음성을 누군가 시끄럽게 켜 놓은 라디오 소리나 우연한 소음으로 여기고 지나칠 수 있다. 또는 더 많은 경우에는 자신의 생각쯤으로 잘못 알 수 있다. 정말 심각한 이야기다.

하나님의 음성의 실체가 그렇다 해서 그 음성을 들려 달라는 간구가 불필요한 것은 아니다. 어떤 것을 구한다는 것은 어디서나 그것을 찾아 살핀다는 것이다. 성경 구절이나 우리 자신의 생각 같은 가장 분명한 것들을 포함해 우리를 향한 하나님의 음성의 첫마디일 수 있는 것을 최선을 다해 살펴보려는 각오로 그분을 간절히 **구할** 때, 바로 그때 그분은 우리를 만나 주신다고 약속하셨다(렘 29:13). 하지만 먼저 그분이 우리 삶 속에서 그분의 뜻에 적합한 방법들로 우리에게 분명하게 말씀하실 수 있다는 사실을 진심으로 믿어야만 그분께 구할 수 있을 것이다.

하나님의 음성을 들은 성경 인물

이 사실을 염두에 두고 앞으로 살펴보려는 경험들을 자신의 것으로 삼기 위해 상상력이 필요하다는 점을 기억하라. 지금부터 성경의 기록 안에서 하나님이 인간에게 말씀하신 여섯 가지 방식을 찾아보고자 한다.

- 기이한 현상과 음성
- 초자연적 사자 또는 천사
- 꿈과 환상
- 귀로 들리는 음성
- 인간의 음성
- 인간의 심령 또는 '세미한 음성'

기이한 현상과 음성

하나님과 인간의 만남 중 이 첫 번째 범주는 성경의 사건들 속에서 얼마든지 찾아볼 수 있다. 유대-기독교 전통의 주요 기초인 하나님과 아브라함의 언약이 바로 이런 사건을 통해 이루어졌다. 하나님의 횃불이 공중을 지나가며 아브라함이 준비해 둔 제물을 불사르는 중에 하나님은 아브라함과 그 자손에게 언약을 주셨다(창 15:17-18).

불이 붙었으나 타지 않는 떨기나무 앞에 서 있던 모세는 하나님의 능력으로 이스라엘 백성을 애굽에서 구하라는 소명을 받았으며, 하나님은 그 떨기나무 속에서 말씀하셨다(출 3:3-6). 이스라엘 백성은 하나님의 임재의 능력으로 불이 붙어 진동하는 산에서 그분의 음성을 통해 언약으로 부름받았다(신 5:23). 에스겔은 시적인 묘사 외에는 모든 표현이 불가한 기상 환경이 펼쳐지는 상황 가운데 하나님의 말씀을 들었다(겔 1-2장).

예수님이 세례를 받으시자 하늘이 열리면서 성령께서 가시적으로 그 위에 내려오시면서 동시에 하늘에서 이런 소리가 들려왔다. "이는 내 사랑하는 아들이요 내 기뻐하는 자라"(마 3:17). 사울이 다메섹 길 위에서 그리스도를 만날 때도, 하늘에서 시력을 빼앗아 갈 만한 빛이 비치면서 나는 소리를 사울뿐만 아니라 그의 동행자들도 들었다(행 9:3-8).

초자연적 사자 또는 천사

유명한 철학자이자 사상사가인 모티머 아들러(Mortimer J. Adler)는 위대한 서구 사상을 다루는 주요 간행물에 천사에 관한 내용을 실으려 했다가 동료 학자들의 반발을 샀다.[3] 종교는 물론 예술과 문학과 철학에서 천사들이 주목받은 정도를 보면, 아들러의 지적대로 서구 문명에서 천사가 마땅히 한자리를 차지한다는 데는 의심의 여지가 없다. 창세기 16:7 이후로 성경은 천사로 가득한 책이라 해도 과언이 아니다.

엄격히 말해 **천사**라는 말은 '사자'나 '특사'라는 뜻에 지나지 않지만 그들이 인격체이면서도 인간이 아니라는 것이 일반적인 관점이다. 그들은 하나님의 사명을 맡은 초자연적 존재다. 천사가 언제나 자신의 정체를 밝히는 것은 아니지만 하나님은 천사를 통해 인간에게 말씀하신다.

성경의 기록을 보면 등장인물이 천사인지 하나님 자신인지 구분하기 어려울 때가 있다. 예컨대 창세기 18장에는 아브라함의 장막 문 앞에 세 사람이 나타나는 기사가 나온다. 그런데 장 중반쯤에서 '그들', '그 사람들'이라는 말과 '여호와'라는 말이 아무렇지도 않은 듯 혼용되고 있다. 이어 이 사건은 소돔의 운명에 관한 아브라함과 하나님의 유명한 대화로 이어진다.

이야기가 마무리되는 창세기 19장에 들어서면, 이상하게도 소돔으로 롯을 찾아가는 천사가 둘뿐이다(창세기 18장의 세 사람은 두 천사와 그들과 동행하신 하나님이었을 것이다). 히브리서 13:2은 창세기의 이 기사를 가리키며 이렇게 권면한다. "손님 대접하기를 잊지 말라. 이로써 부지중에 천사들을 대접한 이들이 있었느니라."

여리고 성 앞에서 여호수아는 "칼을 빼어 손에 들고 마주 선" 한 사람을 만난다. 그는 "여호와의 군대장관으로" 여호수아를 도우러 온 사람이다. 그는 여호수아에게 그가 선 곳이 거룩하니 신을 벗으라고 명한다. '여호와의 군대'란 주로 천사들로 구성된 것으로 4장에서 살펴본 것처럼 열왕기하 6:17에서 모습을 드러낸 군대나 이후 성육신하신 우리 주님이 마음대로 부리실 수 있었던 무리(마 26:53)와 동일한 그룹이다('만군의 여호와'는 구약의 구속사 과정에서 하나님의 중요한 이름이다. 예를 들어 시 24:10; 46:7; 59:5을 보라). 몇 절 더 지나 여호수아 6:2에 가면 그 군대장관이 이번에는 하나님처럼 보인다. 그분은 여리고 성벽을 함락시킬 그 유명한 비정통적 군사 전략을 일러 주신다.

성경에는 천사의 음성을 들은 사람이 매우 자주 나온다. 대표적인 경우를 몇 가지만 소개하면, 발람(민 22:22-35), 기드온(삿 6:11-24), 삼손의 부모(삿 13장), 이사야(사 6:6-13), 다니엘(단 9:20-27), 요셉(마 1:20-25), 사가랴(눅 1:11-20), 마리아(눅 1:26-38), 빈 무덤 앞의 여인(마 28:2-7), 베드로(행 5:19-20), 바울(행 27:23-26) 등을 들 수 있다.

꿈과 환상을 통해 천사를 만난 경우와 달리, 이들은 정상적인 심리 상태에서 천사를 만났다는 점을 주목해야 한다. 물론 기록된 대화의 내용을 보면 기드온, 삼손의 부모, 사가랴의 경우처럼 그 현상을 매우 이상하게 느낀 사람들도 있었다.

꿈과 환상

우리의 목적이 학문적 깊이와 정확성을 파고드는 것이 아니기에 우리는 이 책에서 하나님의 의사소통의 두 범주인 꿈과 환상을 함께 다룰 수 있다. 때로는 꿈과 환상이 동시에 발생하는 것처럼 보인다. 대체로 둘 다 밤에 일어난다. 그것은 받은 사람이 자신이 깨어 있었는지 잠들어 있었는지 확실히 말할 수 없기 때문일 것이다. 바울의 경우도 그러했다. "밤에 환상이 바울에게 보이니 마게도냐 사람 하나가 서서 그에게 청하여 이르되 '마게도냐로 건너와서 우리를 도우라' 하거늘"(행 16:9; 참고. 행 18:9; 고후 12:1). 꿈과 환상은 둘 다 어느 정도 의식이 혼미한 상태, 즉 의식이 깨어 있는 평상시를 벗어나 현실 세계에서 어느 정도 유리된 상태를 수반한다.

반면 전혀 꿈이 아닌 환상도 있다. 환상 중에 주님의 말씀을 들은 아나니아(행 9:10-13)나 구체적으로 명시된 환상을 통해 지붕에서 비몽사몽 중에 음성을 들었던 베드로(행 10:9-19)의 경우가 거기에 해당된다. 환상이 아닌 꿈도 있다. 야곱(창 28:11-17), 요셉(창 37:5-9), 요셉과 함께 옥에 갇혔던 두 신하(창 40:5-19), 바로(창 41:1-7), 느부갓네살(단 4:4-18)이 좋은 예다.

구스타프 욀러(Gustave Oehler)는 성경에 꿈과 환상의 차이가 분명히 나와 있지 않다고 지적한다.[4] 그럼에도 그는 하나님과의 의사소통으로서 꿈이 환상보다 낮은 차원으로 간주되고 있음을 인정한다. 의식 상태가 평범하지 않다는 점은 둘 다 같지만, 꿈은 특성상 환상에서 사용되지 않는 방식의 해석을 더 많이 필요로 하며, 그렇게 해석하는 것이 상당히 어려울 때가 많다(요셉과 다니엘이 꿈을 해석할 때 보여 준 특별한 지혜를 생각해 보라).

예레미야 시대에는 꿈꾸는 선지자를 약간 낮추어 볼 정도로 하나님이 말씀하시는 방식에 대한 이해가 발전되어 있었다. 꿈은 하나님의 **말씀**이라는 밀에 비하면 지푸라기나 겨와 같았다(렘 23:25-32). 그분의 말씀은 불 같고 반석을 쳐서 부스러뜨리는 방망이 같다. 꿈은 그것과 견줄 만한 힘이 없다.

욀러는 여기서 "계시를 받을 때 분명한 의식 상태가 무아지경이거나 비정상적인 의식 상태보다 차원이 더 높다는 원리"를 도출해 낸다.[5] 이것은 하나님과의 의사소통에 대한 **우리 자신**의 경험과 그분이 오늘 우리를 만나 주시는 다양한 방식의 의미를 이해할 때 늘 염두에 두어야 할 점이다.

귀로 들리는 음성

한 가지 분명한 것은 경우에 따라 하나님이 들리는 음성으로만 경험되는 매체를 통해 인간에게 말씀해 오셨다는 사실이다.[6] 하늘의 천사가 개입되기는 했지만 아브라함이 모리아 산에서 아들 이삭을 제물로 바치려 했을 때 이와 비슷한 일이 일어났다(창 22:11-12, 15-18).

가장 감동적이고 교훈적이며 심오한 이야기는 어린아이였던 사무엘이 하나님의 음성을 알아듣는 법을 배우는 과정에 대한 것이다. 하나님의 음성은 그에게 분명히 들리는 음성으로 다가왔다(삼상 3장). 어느 날 밤 성전에서 자리에 누운 이 아이는 누군가 자기 이름을 부르는 소리를 들었다. 아이는 스승이 부르는 소리인 줄 알고 자리에서 일어나 고령의 스승 엘리에게 달려간다. 이스라엘 역사에서 하나님의 말씀이 희귀하고 환상도 없던 시절에 있었던 일이다. 음성이니 환상이니 하는 것들은 당시에 흔히 거론되는 주제가 아니었다. "사무엘이 아직 여호와를 알지 못하고 여호와의 말씀도 아직 그에게 나타나지 아니한 때라"(삼상 3:7).

사무엘이 엘리에게 세 번째 가서 "당신이 나를 부르셨기로 내가 여기 있나이다"라고 말하자 엘리는 드디어 사태를 알아차렸다. 그는 사무엘에게 다시 가서 누우라고 말하며 이렇게 일러 준다. "그가 너를 부르시거든 네가 말하기를 '여호와여, 말씀하옵소서. 주의 종이 듣겠나이다' 하라"(삼상 3:9-10). 과연 그의 말대로 되었다. 그 순간 주님 앞에서 살았던 지상의 모든 사람을 통틀어 가장 훌륭한 생애 중 하나가 시작된다. '대화의 관계'라는 표현을 사용하기에 가장 적합한 예였다.

이것은 하나님이 우리에게 말씀하시는 가장 중요한 두 가지 방식으로 연결된다. 하나는 인간의 언어와 결합하여 말씀하시는 것이고, 또 하나는 우리 자신의 생각이라는 내면의 음성을 통해 말씀하시는 것이다. 이 둘이야말로 하나님이 친밀한 친구로서 우리의 삶에 임재하시는 방식으로, 기독교 공동체 전체가 그 임재를 경험한다. 그리고 그것은 우리 각자가 그분을 닮아가는 성품을 계발하는 것에 가장 잘 어울리는 방법이다.

인간의 음성

앞서 살펴본 것처럼 어린 사무엘과 세례 받으시던 예수님과 다메섹 도상의 바울에게 들려왔던 음성에는 눈에 보이는 화자가 전혀 없었다. 그러나 성경에서나 교회사에서 하나님과 우리 사이의 의사소통 방편으로 가장 흔히 사용된 것은 바로 특정한 인간 개인의 음성이었다. 그 경우 하나님은 그분이 사용하시는 사람과 **연합하여** 말씀하신다. 그 사람을 **통해**서 그 사람 **자신에게** 말씀하실 수도 있다. 내 경우는 자주 그렇다. 그 경우 말씀은 하나님의 말씀, 즉 하나님의 메시지이자 발언하는 인간의 말이기도 하다.

   이 둘은 서로 배타적이지 않다. 이는 예수 그리스도의 인격 안에서 신성과 인격이 서로 배타적이지 않은 것과 마찬가지다. 우리는 하나님이 우리를 통해 말씀하신다고 말할 수 있다. 단 그것은 우리가 하나님과 **더불어** 말하고 심지어 중대한 의미에서 하나님을 **통해** 말한다는 사실을 자동적으로 배제한다는 의미가 아니다. 하나님과 우리의 관계를, 마치 우리가 전화기를 사용하듯 그분이 단순히 우리를 사용하시는 기계적인 관계로 이해해서는 **안 된다**. 물론 하나님이 택하신다면 얼마든지 그럴 수 있겠지만 대체로 그분은 그런 방법을 택하시지 않는다.

   새뮤얼 슈메이커(Samuel Shoemaker)는 이와 관련하여 하나님에 대한 우리의 경험을 다음과 같이 탁월하게 묘사했다.

> 뭔가가 우리의 에너지와 역량 속으로 들어와 그것을 확장시켜 준다. 우리는 우리보다 큰 존재에 붙들린다. 우리의 힘만으로는 이룰 수 없는 일들을 직면하여 창조하고 성취할 수 있게 된다.…성령은 자신의 능력과 우리의 능력을 배합하고 결합하는 것 같다. 그 결과, 우리는 강해진 능력이자 동시에 외부로부터 주어진 선물을 얻게 된다. 이것은 전자 제품을 전기 소켓에 꽂는 것만큼이나 분명한 현실이다. 물론 그런 기계적 비유가 전혀 흡족하지는 않지만 말이다.[7]

인간의 음성이나 인간의 언어와 연합하여 들려주시는 하나님의 말씀이야말로 하나님이 인간에게 말씀하시는 주된 **객관적** 방법이라고 확신 있게 말할 수 있다. 즉 사람의 의식이나 성품 **밖에서** 메시지가 전해질 수 있는 방법들 중 가장 흔히 사용되는 것은 인간을 통한 방법이다.

그것이 하나님의 목적에 가장 잘 부합하는 방식이다. **하나님의 동역자이자 친구로서 아가페 사랑으로 그분과 교제하며 그분의 일에 동참하는, 자유롭고 지적인 존재의 능력이 온전히 개입되기 때문이다.** 성경에도 그 점이 분명히 나타나 있다. 물론 성경 자체도 하나님이 인간과 더불어 말씀하신 한 가지 사례. 인류에게 전달된 과정에서 대체로 그렇고 오늘 우리에게 계속 말씀하신다는 점에서도 늘 그렇다.

하나님은 인간과 연합하여 말씀하실 때 의도적으로 좀더 연약한 그릇을 택하시는 것 같다. 모세가 불붙은 떨기나무를 통해 하나님을 만났을 때 그분이 맡기시려는 사명에 대해 마지막까지 고사한 이유는 자신이 말재주가 없다는 것이었다. "주여, 나는 본래 말을 잘하지 못하는 자니이다. 주께서 주의 종에게 명령하신 후에도 역시 그러하니 나는 입이 뻣뻣하고 혀가 둔한 자니이다"(출 4:10). 그러자 하나님은 애당초 인간의 입을 지으신 분이 자신이므로 마땅히 사명을 성취하도록 도우실 수 있다고 답하셨다. "이제 가라. 내가 네 입과 함께 있어서 할 말을 가르치리라"(4:12).

그래도 모세가 다른 사람을 보내 달라고 애원하자 하나님은 노하시며 대변인으로 아론을 주셨다.

"너는 그에게 말하고 그의 입에 할 말을 주라. 내가 네 입과 그의 입에 함께 있어서 너희들이 행할 일을 가르치리라. 그가 너를 대신하여 백성에게 말할 것이니 그는 네 입을 대신할 것이요 너는 그에게 하나님같이 되리라. 너는 이 지팡이를 손에 잡고 이것으로 이적을 행할지니라." (출 4:15-17)

신약의 몇몇 본문을 보면 사도 바울도 말재주가 좋은 사람이 아니었음이 암시되어 있다. 우리는 본인의 고백을 통해 그가 고린도 교인들에게 나아가 "전할 때에" 고의로든 부득이해서든 "말과 지혜의 아름다운 것으로" 하지 않았음을 알 수 있다. 오히려 그의 모습은 이러했다. "내가…약하고 두려워하고 심히 떨었노라. 내 말과 내 전도함이 설득력 있는 지혜의 말로 하지 아니하고 다만 성령의 나타나심과 능력으로 하여 너희 믿음이 사람의 지혜에 있지 아니하고 다만 하나님의 능력에 있게 하려 하였노라"(고전 2:1-5). 그가 유일하게 의지했던 것은 자기와 **함께** 말씀하시는 하나님이었다. 말하자면 자신이 말할 때 감동을 더해 주실 것을 믿었던 것이다.

주님이 그분의 메시지를 전하고 그분의 일을 감당할 자로 선택한 이들은 대체로 '학문 없는 범인'(행 4:13)이었다. 나는 이 점이 중요하다고 믿는다. 이런 방식은 하나님이 사람을 택하실 때 그분의 말씀과 권위의 출처에 추호의 오류도 없게 하신다는 충분한 증거다. 하나님은 평범한 인간들을 사용하시며 자신과의 연합으로 그들을 높여 주신다. 그러나 그것이 그분의 구속의 목적에 전적으로 부합되는 것처럼 모든 사람은 (그 목적과 관계가 있는 당사자는 특히 더) 발휘되는 능력의 원천을 분명히 알아야 한다. 그것은 전적으로 타당한 일이다.

엉뚱한 대상에게 영광을 돌려서는 절대 안 된다. 그것은 하나님이 이기주의자여서가 아니라 그렇게 하면 그리스도 안에 있는 복된 삶의 질서가 깨지기 때문이다. 그것은 우리로 하여금 하나님을 등지게 만들 것이다. 바울은 이렇게 말한다. "자랑하는 자는 주 안에서 자랑하라"(고전 1:31). 그러므로 구속의 계획이 성공하려면 마땅히 "육체를 따라 지혜로운 자가 많지 아니하며 능한 자가 많지 아니하며 문벌 좋은 자가 많지 아니해야"(고전 1:26) 한다. 성경을 기록한 자로 가장 큰 비중을 차지하는 두 사람인 모세와 바울은 그래서 말에 약한 자였다. 이는 자신들과 결합하여 말씀하시는 하나님의 도움에 끊임없이 매달리어 듣는 자들을 착오 없이 하나님과 연결시켜 주기 위함이었다.

그렇다면 하나님의 말씀은 정말 우리를 강압적으로 몰아가는가? 성경을 보면 하나님과 더불어 말하는 사람들이 불가항력적으로 떠밀리는 것처럼 보이는 부분이 있다. 발람의 경우가 좋은 예다. 모압 왕 발락은 발람에게 이스라엘을 저주하면 큰 부와 명예를 주겠다고 했다. 그는 발람이 하나님과 결합하여 말하는 자임을 알았다. "그대가 복을 비는 자는 복을 받고 저주하는 자는 저주를 받을 줄을 내가 앎이니라"(민 22:6). 발람은 분명 그의 제의에 큰 유혹을 느꼈다. 발락에게 가지도 말고 이스라엘은 복을 받은 자니 저주하지도 말라는(민 22:12) 하나님의 말씀을 들은 후에도 그는 계속 그 생각을 버리지 못했다. 결국 그는 최소한 발락한테 가는 것까지는 하나님의 허락을 받았다고 생각했다(민 22:20). 그러나 발락의 진영에 가 있으면서도 이스라엘을 저주하는 일을 **차마** 할 수 없었다. 그는 발락에게 자신한테는 임의로 말할 힘이 전혀 없다고 말한다. "하나님이 내 입에 주시는 말씀 그것을 말할 뿐이니이다"(민 22:38). 공들여 준비한 끝에 드디어 발람이 이스라엘을 저주할 순간이 다가왔으나 그의 입에서는 축복만 흘러나오고(민 23:7-10) 발락은 격노한다.

그러나 하나님과 연합하여 말하는 자, **하나님의** 말씀을 전하는 자는 불가항력적으로 그럴 수밖에 없다는 의미로 이 사건과 그와 비슷한 경우들을 받아들인다면 큰 잘못이다. 물론 그런 경우들도 있을 수 있다. 그러나 사람이 **하나님을** 강요해 억지로 **자신과** 더불어 말씀하시게 할 수 없다는 것은 분명한 사실이다. 그러나 말해야만 할 것 같은 개인의 강박적 충동은 비록 강할 때가 많을지라도 통상적으로 억제할 수 있는 것이다. 인간은 그저 수동적인 도구가 아니다.

그러나 하나님을 대신해 말하고 하나님과 연합하여 말하는 것이 어떤 것인지 아는 사람들은 다음과 같은 예레미야의 경험을 수없이 겪어야 했다. 예레미야는 하나님의 말씀을 전하다가 자기를 아는 사람들 사이에서 조롱거리가 되었다. 그래서 다시는 하나님을 대언하지 않기로 결심했으나 그 결심을 지킬 수 없었다.

내가 다시는 여호와를 선포하지 아니하며
　　그 이름으로 말하지 아니하리라 하면
나의 마음이 불붙는 것 같아서
　　골수에 사무치니
답답하여 견딜 수 없나이다. (렘 20:9)

선지자들은 종종 여호와의 말씀을 **부담**으로 느꼈다. 후에 예레미야는 거짓 선지자들을 반박하는 설교에서 이렇게 탄식한다.

내 마음이 상하며
　　내 모든 뼈가 떨리며
내가 취한 사람 같으며
　　포도주에 잡힌 사람 같으니
이는 여호와와
　　그 거룩한 말씀 때문이라. (렘 23:9)

선지자는 여호와께서 능력을 한없이 부어 주심을 느끼며 기뻐 외칠 수도 있다. 미가가 그랬다.

오직 나는 여호와의 영으로 말미암아
　　능력과 정의와 용기로 충만해져서
야곱의 허물과 이스라엘의 죄를
　　그들에게 보이리라. (미 3:8)

예레미야도 태우는 불 같고 반석을 부스러뜨리는 방망이 같은 무시무시한 권능으로 하나님의 말씀을 경험했다. 필립스(J. B. Phillips)는 유명한 필립스역 신약성경을 번역하는 도중 자신에게 전기가 통하며 자신이 옥내 배선 공사를 하는 전기 기사가 된 기분이 들 때가 많았다고 고백했다.

하나님의 말씀이 하나의 힘, 우주와 인간사를 움직이는 본질적 동력이라는 개념에 대해서는 나중에 가서 좀더 자세히 살펴볼 것이다. 그 힘은 "빈 들에서…요한에게" 임할 수 있고(눅 3:2), 더러운 귀신을 제어하며(눅 4:33-36), 하나님의 손가락과 같고(눅 11:20), 영이요 생명이며(요 6:63, 68), 점점 왕성해 가고(행 6:7), 흥왕하여 더하며(행 12:24), 옥에 매이지 아니하고(딤후 2:9), 인간의 어떤 양날 검보다 솜씨와 위력이 뛰어난 성령의 검이 된다(엡 6:17). 하나님의 말씀은 그 자체로 살아 있으며 지극히 예리하여 마음의 생각과 뜻을 해부할 수 있고 동시에 만물을 지탱하고 있다(골 1:17). 이 책을 마치기 전에 하나님의 말씀에 대한 이 복합적 개념을 자세히 살펴볼 필요가 있다. 그러나 우선 여기서는 다른 사람들이 하나님과 연합하여 우리에게 말한다는 사실, 즉 말씀이 그들의 살아 있는 성품과 마음과 몸을 통해 우리에게 전해질 수 있으며 실제로 그렇게 전해진다는 사실에 중점을 두고자 한다.

인간의 심령 또는 '세미한 음성'

하나님이 우리에게 말씀하시는 마지막 통로는 우리 자신의 심령, 즉 자신과 주변의 사건 그리고 사람들을 향한 우리 자신의 생각과 감정이다. 나는 이것이 하나님이 인간에게 말씀하시는 주된 **주관적** 방법이라 믿는다.

다시 말해서 메시지가 그것을 받는 당사자의 경험 **내에서** 주어지는 방법에는 꿈, 환상, 다양한 정신적 상태처럼 여러 가지가 있다. 하나님과 화목하게 살아가는 사람들의 경우에는 자신의 생각과 거기에 수반되는 감정의 형태로 찾아오는 것이 가장 흔한 경로다. 이 방법이야말로 가능한 주관적 통로 중에서 하나님의 구속 목적에 가장 잘 부합한다. 왜냐하면 이것은 **하나님의 동역자이자 친구로서 그분의 일에 동참하는 지성과 자유의지를 지닌 인간의 제반 기능**을 가장 많이 활용하는 방식이기 때문이다.

따라서 잠언 20:27은 이렇게 말한다. "사람의 영혼은 여호와의 등불이라. 사람의 깊은 속을 살피느니라." 예루살렘 역의 표현이 더 정확할 것이다. "인간의 영혼은 자신의 가장 깊은 내면을 살피는 여호와의 등불이다."

사도 바울이 자기에 대한 지식에 관해 하나님과 인간을 비교한 대목은 지금 우리가 이야기하는 내용에서 대단히 중요하다. "사람의 일을 사람의 속에 있는 영 외에 누가 알리요? 이와 같이 하나님의 일도 하나님의 영 외에는 아무도 알지 못하느니라"(고전 2:11). 바울은 이어 우리가 하나님의 영을 받았다고 지적한 뒤, 따라서 우리는 성령을 통해 하나님의 마음을 살펴 알 수 있다고 결론짓는다. 이는 **하나님** 쪽에서 **우리의** 영을 사용하신다는 것을 강조한 앞의 잠언 말씀과는 대조적이다. 사도 바울은 이사야 40:13을 인용하여 "누가 여호와의 영을 지도하였으며 그의 모사가 되어 그를 가르쳤으랴?"라는 질문을 던진 뒤 이렇게 답한다. "그러나 우리가 그리스도의 마음을 가졌느니라"(고전 2:16).

이렇듯 하나님은 그분의 임재와 지도를 통해 깊어지며 특별한 차원에 이르게 되는 우리의 자의식이나 자기 인식을 사용하신다. 이는 하나님이 우리를 찾아내시고 우리에게 우리 자신과 세상에 관한 진리를 밝히 드러내시기 위함이다.

반면 우리는 그리스도와 성경 안에서 우리에게 주어진, 하나님 자신에 대한 **그분의** 지식을 사용해 우리를 향한 그분의 생각과 뜻을 어느 정도 이해할 수 있다. 그리고 이 세상에서 그분이 사역하시는 모습을 볼 수 있다.

하나님의 음성 듣기 연습

잠언 20:27, 고린도전서 2:9-13, 15-16
이 '영적 독서'의 연습에 앞서 이 본문에 대해 앞의 세 단락에 제시된 내용을 잠시 복습하라.

아울러 3장에 나왔던 다음 내용을 떠올리는 것도 좋다. 즉 그리스도의 마음을 품는다는 것은 다분히 하나님과 협력하여 함께 일하는 것이다. 함께 일하는 사람들은 크게 힘들이지 않고도 쉽게 생각을 공유한다. 동일한 사람, 업무, 목표에 초점이 맞추어져 있기 때문이다. 세미한 음성에 대한 이런 원리에 대한 지식을 바탕으로 좀더 쉽게 성경 본문 속으로 들어갈 수 있다.

본문을 읽으며 하나님의 말씀을 받기 위한 준비 단계로 잠시 책을 내려놓기 바란다. 눈을 감고 천천히 숨을 내쉬라. 오늘 성령께서 무엇을 주시든 마음을 열고 들을 수 있게 해달라고 하나님께 기도하라.

읽기(lectio)

본문을 천천히 읽으라.

> 사람의 영혼은 여호와의 등불이라. 사람의 깊은 속을 살피느니라.
> (잠 20:27)

기록된 바 "하나님이 자기를 사랑하는 자들을 위하여 예비하신 모든 것은 눈으로 보지 못하고 귀로 듣지 못하고 사람의 마음으로 생각하지도 못하였다" 함과 같으니라. 오직 하나님이 성령으로 이것을 우리에게 보이셨으니 성령은 모든 것, 곧 하나님의 깊은 것까지도 통달하시느니라. 사람의 일을 사람의 속에 있는 영 외에 누가 알리요. 이와 같이 하나님의 일도 하나님의 영 외에는 아무도 알지 못하느니라. 우리가 세상의 영을 받지 아니하고 오직 하나님으로부터 온 영을 받았으니 이는 우리로 하여금 하나님께서 우리에게 은혜로 주신 것들을 알게 하려 하심이라. 우리가 이것을 말하거니와 사람의 지혜가 가르친 말로 아니하고 오직 성령께서 가르치신 것으로 하니 영적인 일은 영적인 것으로 분별하느니라.

　신령한 자는 모든 것을 판단하나 자기는 아무에게도 판단을 받지 아니하느니라. 누가 주의 마음을 알아서 주를 가르치겠느냐. 그러나 우리가 그리스도의 마음을 가졌느니라. (고전 2:9-13, 15-16)

이제 내용을 파악했으니 다시 한 번 읽으라. 아울러 이번에는 아른거리거나 눈에 띄는 단어나 문구를 마음의 귀로 경청하라. 그것을 당신 자신이 고르지 말고 성령께서 주시는 대로 받으라. 온유함으로 그대로 받아 어떻게 되는지 보라(약 1:21).

묵상(meditatio)

본문을 다시 천천히 읽으라. 읽는 동안과 읽고 나서 몇 분 동안 눈에 띄었던 단어나 문구를 묵상하라. 왜 그 단어가 당신의 공감을 불러일으킨다고 생각하는가? 몇 분 동안 그렇게 하라.

그다음에 하나님께 이렇게 여쭈라. "이것이 오늘 저의 삶과 어떻게 연결됩니까? 제가 알아야 하거나 되어야 하거나 해야 할 것은 무엇입니까?"

반응(기도, oratio)

본문을 마지막으로 한 번 더 읽으면서 기도를 준비하라. 성령께서 말씀하셨다고 생각되는 내용이나 당신에게 와닿았던 내용을 하나님께 말씀드리면 된다.

인도하시는 방식대로 기도하라. 하나님께 뭔가로 인해 감사드릴 수도 있고 뭔가를 구할 수도 있다.

안식(관상, contemplatio)

이끄시는 대로 하라. 하나님을 간절히 바라며 그냥 그분과 **함께 있을** 수도 있다. 본문에 나타난 그분의 **모습**을 생각해 볼 수도 있다. 그분은 멀리 계시는가 아니면 가까이 계시는가? 우리에게 마음을 쓰시는가 아니면 나 몰라라 하시는가? 하나님이 당신에게 감탄을 자아내시거나 적어도 그분과 **함께 있고** 싶은 마음을 주실 수 있다. 앉아서 하나님과 교제를 나누라. 그분은 당신을 찾으시되 즐거이 찾으시는 분이다.

사고의 연합에서 자라가기

하나님과 신자라는 두 존재는 연합과 교제를 통해 예수님의 기도처럼 하나가 되어 서로 안에 거하게 된다. "내가 비옵는 것은…아버지께서 내 안에, 내가 아버지 안에 있는 것같이 그들도 다 하나가 되어 우리 안에 있게 하사 세상으로 아버지께서 나를 보내신 것을 믿게 하옵소서"(요 17:20-21). 우리가 은혜 안에서 자라감에 따라 하나님의 법은 점점 우리 심령의 기초를 이룬다. 그분의 사랑은 우리의 사랑이 되고 그분의 믿음은 우리의 믿음이 된다. 이렇게 우리 자신의 행동과 뜻과 주변 환경에 대한 인식 자체에 하나님의 시각이 스며들면서, 우리는 마치 저녁 식탁에 차려진 음식이 등불에 훤히 드러나는 것처럼 매사를 **그분의** 시각으로 분명히 볼 수 있게 된다.

그러므로 각 사람의 심령은 '여호와의 등불'이다. 그 빛을 통해 우리는 자신과 세상을 하나님의 눈으로 보게 된다. 그분은 이렇게 **우리의 생각을 통해** 우리에게 다가오시며 말씀하신다. 이것은 경험으로 얼마든지 시험해 볼 수 있고 또 마땅히 그렇게 해야 한다. 자신의 심령 안에서 진행되는 과정의 본질과 의미를 알게 해달라고 하나님께 기도하기 시작하면 누구나 서서히 이해하게 될 것이다. 자신의 심령이 여호와의 등불 역할을 하는 것을 차차 보게 될 것이다.

심령의 자기 인식은 자아의 모든 영역에 적용된다. 그것은 우리의 가정과 소유와 직업과 건강을 건드린다. 죽음에 대한 두려움, 하나님을 대하는 태도, 성 의식, 명예에 대한 집착, 외모나 기타 인생의 수많은 부분에 대한 관심 등에 두루 가닿는다. 잠언 말씀에서 가장 중요한 것은 내면생활을 조명하는 것이지만, 우리의 심령은 하나님의 손에 들린 등불로서 우리 자신의 내적 상태 외에도 얼마든지 많은 것을 비출 수 있다. 러스 존스턴은 하나님과 그 자녀의 의사소통에서 **반복적 생각**의 중요성을 이렇게 지적한다.

> 마음속에 계속 떠오르는 생각들을 경건한 방식으로 잘 다루기만 한다면 놀라운 결과를 보게 될 것이다. 그러나 대부분의 사람들은 그렇게 하지 않는다…당신의 마음속에 특정한 생각이 자꾸 떠오르거든 하나님께 이렇게 여쭈어 보라. "내가 (혹은 우리가) 이렇게 하기를 아버지께서 정말 원하십니까?" 우리는 대부분 그런 생각들을 무시해 버린다. 그래서 하나님은 그 자리를 채울 다른 사람을 찾으신다.[8]

하지만 우리의 모든 생각은 본질상 다 악하지 않은가? 우리의 생각에 대한 이러한 가르침은 의도는 좋지만 잘못된 것으로 하나님의 음성을 듣는 것을 이해하는 데 큰 해를 끼쳐 왔다.

위대한 청교도 사역자 토마스 굿윈(Thomas Goodwin)은 "네 악한 생각이 네 속에 얼마나 오래 머물겠느냐?"는 예레미야 4:14을 본문으로 『헛된 생각』(*The Vanity of Thoughts*)에 대한 설득력 있는 글을 썼다. '헛된' 생각을 묘사하는 그의 방식은 아주 신중하고 유익하지만, 어떤 생각이 **우리의** 생각이라면 그것은 가히 믿을 수 없는 것이라는 인상을 남기고 있다.[9] 그리고 그런 시각은 널리 통용되며 강조되고 있다. 하나님은 이사야 55:8에서 "내 생각은 너희 생각과 다르다"고 말씀하시지 않았던가? 또 예레미야는 우리의 마음이야말로 인간이 능히 알 수 없을 정도로 심

히 부패해 있다고 말하지 않았던가?(렘 17:9)

물론 이 모든 말씀에는 하나님이 사물을 보시는 시각과 하나님을 떠난 보통 사람들의 시각이 다르다는 중요한 내용이 들어 있다. 그러나 바로 우리의 생각과 지각과 경험을 통해 하나님이 우리에게 말씀하시며, 생각이야말로 삶의 정수이기에 하나님이 우리의 생각을 **통해서만** 우리의 의식적 삶에 다가오실 수 있다는 단순한 사실이 그 요점 때문에 흐려져서는 안 된다. 따라서 우리는 **마음을 새롭게 함으로** 변화를 받아야 한다(롬 12:2). 하나님은 은혜로 우리의 심령 속에 들어오셔서 우리의 생각을 그분의 생각이 되게 하실 수 있다. 그분은 우리에게 어떤 생각이 순전히 우리의 생각일 때와, 우리의 생각이자 곧 그분의 생각이기도 한 때를 분별하는 법을 가르쳐 주실 것이다.

어떤 생각이 하나님으로부터 온 것인지 어떻게 알 수 있는가의 문제는 8장에서 자세히 살펴볼 것이다. 다만 여기서는 이 실제적 충고를 마음에 새기길 바란다. 자꾸 반복해서 떠오르는 생각이 있거든 그것이 여호와의 '등불'의 출현인지, 즉 그 생각에 다른 중요한 의미가 담겨 있는지를 기도하는 마음으로 살피라는 것이다. 같은 생각이 자꾸 떠오르는 것이 **반드시** 하나님이 말씀하신다는 증거는 아니지만 그렇다고 가볍게 무시해서는 안 된다.

이렇듯 하나님께 드려진 자의 마음과 심령에 찾아드는 생각과 감정은, 하나님이 등불을 들고 그 사람의 인격 속을 거닐며 그에게 차례로 어떤 것을 주목하게 하시는 것으로 취급되어야 한다. 하나님은 친절하게도 우리를 도우시고 위로하시고 격려하실 뿐 아니라 우리의 유익을 위해 우리를 바로잡아 주시고 깨우쳐 주시며 고쳐 주시기를 간절히 바라시고 진정 우리를 사랑하시는 분이다. 이러한 개념에 익숙해질 때 시편 기자처럼 진심으로 이런 기도를 시작할 수 있다. "하나님이여, 나를 살피사 내 마음을 아시며 나를 시험하사 내 뜻을 아옵소서"(시 139:23).

그것은 곧 하나님께 "등불을 가져다 제 삶을 비추어 주소서"라고 부탁드리는 것과 같다. 의사를 찾아가 "내 몸에서 손볼 부분이 있는지 검사해 주세요. 잘못된 부분을 찾아내 고쳐 주세요"라고 말하는 것처럼 말이다. 이렇듯 전능하신 하나님이 우리의 생각과 감정을 사용하여 우리 자신의 심령과 함께 일하시기 때문에 그분의 시각과 말씀의 진리로 우리의 심령과 삶과 세계를 비추어 볼 수 있다.

성경의 기록을 근거로 하나님이 교육과 지도를 위해 인간의 의식적 마음과 의지에 말씀하시는 주요 방법들을 살펴보았으니 이제 그것이 하나님의 음성을 들으려는 우리의 노력에 어떤 의미가 있는지 생각해 보자.

하나님은 오늘날에도 말씀하신다

먼저 이 말부터 해야 할 것이다. 앞에서 말한 경험들 중 일부 혹은 전부를 하나님이 오늘날에는 사용하시지 못할 수도 있다는 말은 성경에서 근거를 찾을 수 없고 인간의 이성이나 사물의 이치에도 전혀 맞지 않는다. 자신이 직접 이런 경험을 하거나 다른 사람들이 그런 경험을 보고할 때 놀라거나 의심에 빠져서는 안 된다. 항상 우리는 데살로니가전서 5:19-22에 나오는 바울의 훈계를 그대로 따라야 한다. "성령을 소멸하지 말며 예언을 멸시하지 말고 범사에 헤아려 좋은 것을 취하고 악은 어떤 모양이라도 버리라."

교회의 존재와 역사 그리고 기록된 성경의 존재 때문에 하나님이 인간을 다루시는 방식의 정황이 달라지고 그 차원이 새로워진 것은 사실이다. 그러나 성경에 나오는 하나님과 인간의 의사소통 방법들이 교회의 존재나 정경 기록의 종료로 말미암아 다른 것으로 대체되었거나 폐기되었다는 암시는 성경 **어디에도 없다.**

그것은 단순히 하나의 사실이다. 하나님이 성경 인물들에게 말씀하셨던 대부분의 방법을 통해 오늘날까지 그분의 자녀들이 그분의 말씀을 들어 왔다는 것이 사실이듯 말이다. 그들은 대체로 정직하고 사고가 명료하고 신앙심이 깊은 사람들로 인정받고 있으며 그중에는 고금을 통틀어 가장 위대한 그리스도인들도 많이 포함되어 있다. 따라서 그들의 간증을 무턱대고 부정하고 무시해서는 안 된다. 물론 좋은 의도에서든 나쁜 의도에서든 어느 정도의 꾸밈이나 혼란이 그들의 간증 속에 있을 수 있다. 그러나 그것을 무조건 부정하는 것은 성경적으로 전혀 지지받지 못하는 태도다. 뿐만 아니라 그런 태도는 하나님과의 살아 있는 대화를 안일과 생기 없는 상태로 대치하고, 가장 평범한 사람들에게까지 들려주시는 하나님의 음성을 자기가 직접 듣는 것이 아니라 거창한 학자들이나 글만 배운 서기관들의 말씀 해석에 의존하기 십상이다. 그리하여 하나님이 오늘 나에게 주시려는 구체적 말씀을 듣는 대신 그분이 성경에 적어 두신 내용만 들으려는 시도에 그칠 때가 많다.

정경 기록이 종료되었다는 사실은 지금도 계속되는 하나님과 인간의 대화에서 중요한 부분이다. 기독교 신앙과 실천의 정수를 형성하는 원리와 교리는 정경 안에서 인간의 언어로 충분히 기술되어 있어 이제 **전반적으로** 더 이상 말할 것이 없다. 하나님이 그 원리들을 확장하거나 번복

하겠다고 말씀하시지 않으리라는 것이 성경적 그리스도인들의 믿음이다. 그러나 성경적 그리스도인은 성경에 **관한** 특정한 믿음을 지키기만 하는 자가 아니라, 성경이 **보여 주는 삶을** 실제로 **실천하는** 자다. 물론 그 삶은 지식을 바탕으로 하나님과 인격적으로 교제하는 삶이다. 거기에 못 미치는 것은 모두 신자의 제사장직을 비웃는 것이다.

사람들의 신앙적 행로를 망치는 가장 해로운 일 가운데 하나는 말할 것도 없이 하나님이 그들을 구체적으로, 개인적으로, 알기 쉽게, 의식적으로 대해 주시지 **않을** 것이라고 생각하는 것이다. 또는 그분이 최선의 길을 아시며 행하시는 분이라는 사실을 **의지할** 수 없다는 식으로 말하는 것이다. 일단 사람들에게 이런 개념이 전달된다면, 그들을 하나님과의 인격적 관계로 인도하려는 노력은 무의미해진다.

하나님과의 대화

로잘린드 링커(Rosalind Rinker)는 선교 현장에서 수년간 사역하며 만족스런 기도 생활을 하려고 노력하다 거듭 실패한 뒤 자신의 반항심과 영적 공허함을 깨달은 이야기를 기록했다. 위중한 질병과 다른 어려움들을 통해 "하나님은 그 크신 사랑으로 내 반항심을 다루기 시작하셨다. 그분은 내게 그분의 음성을 듣는 법을 가르치기 시작하셨다"고 고백한다.[10]

학생들을 위해 한 친구와 함께 기도하던 중 그녀는 거의 '우연히' 친구의 기도를 중간에 끊고는 기도하던 제목에 대해 감사를 드렸다. 어색한 침묵의 순간이 흘렀다. 자세를 편하게 고치고 함께 안도의 웃음을 크게 터뜨린 후 그들은 다시 기도에 들어갔다. 이번에는 "마음이 기쁘고 가벼

였으며 주님의 임재가 아주 가까이에서 느껴졌다."

이어 그들은 주님이 자기들에게 기도에 대해 뭔가를 가르쳐 주시려는 것인지 여쭈었다. "주님의 뜻을 알기 위해 기도할 때 저희가 주님께 더 많은 기회를 드려야 하는 것은 아닐까요? 그것이 성령께 우리의 기도를 인도하실 수 있는 기회를 더 많이 드리는 것이 아닐까요?" 그러다 링커는 기도를 멈추고 친구에게 이렇게 말했다. "잠깐만! 방금 주님이 우리에게 뭔가를 가르쳐 주셨다는 생각이 들어. 각자 주님께 기도 연설을 할 것이 아니라 그분을 함께 모신 상태에서 각 제목에 대해 그분과 함께 대화를 해 나가면 어떨까? 우리끼리 대화할 때처럼 말이야."[11]

『기도: 하나님과의 대화』(*Prayer: Conversing with God*)라는 그녀의 책이 미국에 처음 나왔을 때 불러일으킨 파장이 지금도 뇌리에 생생하다. 하나님께 '기도 연설을 하는 것' 못지않게 그분의 말을 듣는 법을 배우면서 많은 그룹이 생명력을 얻었다. '하나님과 함께하는 삶'에 대한 주제에 드디어 객관적으로 공유할 수 있는 실제적인 내용이 생긴 것이다.

침묵은 '응답'이 아니다

하나님과 함께하는 대화의 관계에서 기도 생활보다 더 중요한 부분은 없다. 하나님은 우리가 구하는 것을 주시지 않을 때도 많지만 나는 그분이 언제나 응답하신다고 믿는다. 그분은 어떤 식으로든 언제나 우리에게 **응답하신다**. 흔히들 자기가 구한 대로 **주실** 때에만 기도 응답을 받았다고 말하는 것은 재미있는 현상이다. 그렇다면 구한 것을 주시지 않았을 때는 그분의 응답이 없었다는 말인가?

그 경우 하나님의 침묵이 곧 응답이라고 말하는 사람들이 있다. 하지만 우리가 듣는 법을 안다면, 하나님은 우리가 구한 것을 주시지 않을 때에도 일반적으로 우리에게 뭔가를 **말씀하신다**고 생각한다. 우리가 그분의 음성을 알아듣고 인정하는 법을 배웠다면 우리는 그것을 들을 것이요 그것을 통해 자라갈 것이다.

바울의 유명한 '육체의 가시'가 분명 그렇다. 바울은 그 가시를 제거해 달라고 주님께 세 번이나 구했다(고후 12:7-8). 하나님은 바울의 요구를 들어주시지 않았지만 그렇다고 침묵하신 것은 아니다. "**나에게 이르시기를** '내 은혜가 네게 족하도다. 이는 내 능력이 약한 데서 온전하여짐이라' 하신지라"(고후 12:9, **저자 강조**).

하나님은 응답할 줄 모르는 이방의 우상처럼 우리에게 무감각한 분이 아니시다. 그분은 자신과의 인격적 대화를 나누는 삶으로 자라가도록 우리를 부르신다. 우리가 그분의 자녀라면 그것이 지당한 삶이다.

성경 이상의 것이 필요한가?

우리에게 성경 이상의 것이 필요한가? 이것은 큰 논란을 일으키지만 반드시 제기해야 할 문제다. 하나님과의 의사소통 수단으로서 음성, 환상, 꿈, 예언하는 자, 개인의 생각 등을 지속적으로 활용할 수 없다고 주장하는 논거 중 하나는, 그런 것들이 더 이상 필요하지 않다는 생각이다. "우리에게는 성경이 있고 교회가 있다. **성경과 교회**를 통해 하나님의 말씀을 들으면 된다." 대체로 그런 주장이다. 이에 대한 대답으로 꼭 할 이야기가 많다.

무엇보다 여기서 '필요하다'는 말을 인간이 하나님을 아는 데 최소한 요구되는 것으로 생각한다면, 성경에 근거할 때 성경과 교회를 떠나서도 얼마든지 그런 지식을 얻을 수 있다. 따라서 성경과 교회의 필요성이 없어지는 셈이지만, 지금 우리에게는 그 둘이 필요하다. 바울은 로마서 1:19-21에서 그 이유를 이렇게 말한다.

이는 하나님을 알 만한 것이 그들 속에 보임이라. 하나님께서 이를 그들에게 보이셨느니라. 창세로부터 그의 보이지 아니하는 것들, 곧 그의 영원하신 능력과 신성이 그가 만드신 만물에 분명히 보여 알려졌나니 그러므로 그들이 핑계하지 못할지니라. 하나님을 알되 하나님을 영화롭게도 아니하며 감사하지도 아니하고.

그러나 '필요하다'는 말이 참으로 인격적이고 구속적인 하나님과 개인 사이의 **관계**에 요구되는 것을 뜻한다면, 성경과 교회의 존재만으로는 분명 부족하다. 그것은 단순히 존재한다는 사실 외에 최소한 각 개인의 삶에서 개별적인 기능을 해야 하는 것이다. 그 일이 이루어지려면 성경과 교회는 둘 다 하나님이 각 개인에게 개별적으로 독특하게 말씀하시는 통로가 되어야만 한다.

"성령의 기적과 은사는 사도 시대의 교회에만 해당되는 것 아닌가?"라는 질문에 앤드류 머레이(Andrew Murray)는 이렇게 대답했다.

성경에 근거하여 나는 성령의 기적과 기타 은사들이 초대교회 때에만 국한된 것이 아니며, 기독교의 기초를 형성하는 소임을 다한 후 하나님이 거두어들이심으로 자취를 감춘 것도 아니라고 믿는다.…이 은사들은 성령과 믿음의 분량에 따라 언제나 주어질 수 있다는 것이 성경 전체에 선포된 내용이다.[12]

머레이는 하나님의 손길의 특별한 임재가 기독교 초기에만 필요했다는 개념을 강하게 일축한다. "절대 그럴 수 없다. 오늘날에도 복음이 침투하는 곳마다 존재하는 이교주의의 위력을 어떻게 하란 말인가! 그것은 우리가 사는 **현대사회**에도 있고 심지어 기독교 국가들에 성행하는 무지와 불신 속에도 버티고 있다."[13]

서구 교회에 수시로 침투해 들어오는 놀라운 교만 중 하나는 바로 이런 태도다. "우리는 이전의 비문명 시대에 비해 훨씬 더 성숙했기 때문에 성경에 기록된 것 같은 하나님의 임재와 교제가 없어도 기록된 하나님의 말씀만으로 충분하다." 새 천년을 맞아 성경의 진리와 사상이 인간사의 길잡이 역할에서 점점 더 밀려나고, 가장 높은 수준의 문화에서 기독교 이전 세계의 케케묵은 신과 여신들이 다시 고개를 쳐드는 상황에서 이 얼마나 잘못된 생각인가!

그런 '진보'의 개념에 빠져 오늘날 우리는 삶과 사역을 위해 하나님이 주신 자원을 스스로 차단한다. 주의 은택을 잊지 말아야 한다는 시편 103:2에 대한 스펄전의 주해는 그런 점에서 정곡을 찌른다.

적어도 우리 자신의 역사를 하나님이 충만한 것으로, 그분의 선하심과 진리가 충만한 것으로, 그분의 신실함과 진실성의 충분한 증거로 그리고 앞서간 모든 성도의 삶으로 보는 것이 마땅하지 않겠는가? 주님이 초대교회 성도들에게는 전능하신 능력을 행하시며 강한 자로 나타나시고 지금 이 땅을 사는 성도들에게는 손을 펴시거나 기적을 행하시지 않는다는 생각은 그분에 대한 부당한 처사다. 우리 자신의 삶을 한번 돌아보자. 분명 그 속에서 자신에게 새 힘을 주고 하나님께 영광을 돌릴 가슴 벅찬 사건들을 찾을 수 있다. 당신은 어려움 중에 구원받은 적이 없었는가? 하나님의 임재를 힘입어 강을 건넌 적이 없었는가? 다치지 않고 불 가운데를 지난 적이 없었는가? 표적이 없었는가? 특별한 은혜를 입은 일이 없었는가?…결단코 하나님의 선하심은 옛 성도들에게나 우리에게나 동일함이 확실하다.[14]

성경 이신론

오늘날 '성경 이신론(理神論)'이라 불러 마땅한 풍조가 특히 보수적인 종교 진영 안에서 널리 퍼져 있다. 16세기부터 18세기까지 유행한 극단적 합리주의와 손잡은 고전적 이신론에 따르면, 하나님은 세상을 완벽하게 창조한 뒤 손을 떼고 인류를 자기 뜻대로 살도록 내버려두셨다. 더 이상 인간의 삶에는 개별적인 개입도 없고 기적도 허락하지 않으신다. 성경 이신론이란 이와 비슷하게 하나님이 우리에게 성경을 주신 뒤 손을 떼고 우리 마음대로 그것을 이용하도록 내버려두셨다는 식의 생각이다. 이리하여 성경은 물론이려니와 어떤 방편을 통해서도 개별적 의사소통이 존재하지 않는 셈이다.

성경 이신론은 예수님과 바울 시대에 있었던 사두개파 교리와 매우 흡사하다. 이 분파는 하나님의 말씀이 모세와 대화를 마치시던 순간 끝났으며, 이른바 천사나 영을 통한 대화는 있을 수 없다고 가르쳤다. 그들은 하나님과의 개인적 의사소통 가능성을 받아들이지 않았으며, 부활과 사후 세계는 물론 천사와 육체를 떠난 영혼의 개념도 거부했다. 바리새인 출신으로 천사 및 영들과 직접 교류했던 바울은, 바리새인들은 받아들였지만 사두개인들은 받아들이지 않던 부활을 언급함으로써 자기를 공격하는 세력들을 양분시켜 위험한 국면을 돌파한 적이 있다. 바리새인들은 자기들에게 중요한 사실을 피력하면서 바울 편을 들었다. "우리가 이 사람을 보니 악한 것이 없도다. 혹 영이나 혹 천사가 그에게 말하였으면 어찌 하겠느냐?"(행 23:9)

신자들 중에도 사두개인들처럼 성경을 존중하려다 하나님과 그분의 자녀의 관계에 대한 비성경적인 가르침을 수용하는 사람들이 아주 많다.

지도자: 사람들을 막지 않고 세우는 사람

목회적 관점에서 교회 지도자들이 자신이 돌보는 사람들에게 끼칠 수 있는 가장 큰 해악 중 하나는, 하나님이 그들을 개인적으로 만나 주시지 않는다고 가르치는 것이다. 혹은 **지도자들이 인정하는 현상만이** 정말 하나님이 그들을 만나 주시는 현상이라고 가르쳐 믿게 하는 것이다. 우리의 복음이 모든 사람에게 자유를 주어 날마다 하나님과 함께하는 삶, 자기만의 영적 모험을 하는 삶을 허용하지 못한다면, 우리는 예수님이 가져다주신 기쁜 소식에 아직 온전히 들어서지 못한 것이다.

하나님은 자신의 교회를 친히 돌보신다. 지도자들은 전력을 다해 모든 사람이 각자 하나님과 개인적 모험을 발전시키는 방향으로 나아가게 해야 한다. 우리가 믿을 수 있는 것은 하나님뿐이요 그밖에는 아무것도 없다. 우리 자신의 '신앙과 실천'이 건전하고 온전하다는 것도 믿을 수 없다. 우리가 지도자로서 하나님 외의 다른 것을 믿는다면, 우리에게 맡겨진 사람들도 다른 것을 믿게끔 만들 것이다. 결국 우리의 회중석은 그야말로 영적 시체들로 득실거리게 될 것이다. 예수님이 당시의 지도자들에게 주신 다음 말씀 앞에 우리는 두려워 떨어야 한다. "화 있을진저, 외식하는 서기관들과 바리새인들이여. 너희는 교인 한 사람을 얻기 위하여 바다와 육지를 두루 다니다가 생기면 너희보다 배나 더 지옥 자식이 되게 하는도다"(마 23:15).

사람들에게 하나님의 음성을 듣도록 격려하는 일은 위험 요소를 안고 있다. 당연하다. 모험은 비극으로 끝날 수 있다. 우리는 사람들이 깊은 물에 뛰어든다는 것을 안다. 이 문제는 반드시 다루어져야 한다. 그러나 죽음과 비극은 **얕은** 물을 떠나지 못하는 이들에게도 찾아올 수 있다. 그 사실을 심각하게 경고한 뒤 우리가 목회적 차원에서 해야 할 일은, 하나님의 음성과 그것이 자신의 삶 속에서 들려오는 방식을 이해하도록 사람들을 지도하는 일이다.

처음부터 짚고 넘어가야 할 가장 중요한 것이 있다. 그것은 바로 하나님의 음성을 알아듣는 일이 **자신의 개인적 경험과 실험을 통해 배워야 하는** 일임을 사람들에게 분명히 깨우쳐 줘야 한다는 사실이다. 하나님이 자기에게 말씀하실 것을 기대하지 않고 있는 사람들에게는 그것을 특히 더 권해야 한다. 지도자가 곁에서 직접 하나님의 음성을 알아듣도록 도와주고 거기에 반응하는 법을 가르쳐 줘야 할 수도 있다. 그리스도인의 길에 들어선 지 오래된 사람들은 그간의 경험을 바탕으로 그 일에 동참할 준비가 되어 있을 것이다.

엘리가 어린 사무엘에게 일어난 일이 무엇인지 알아차려 그에게 마땅히 해야 할 일을 알려 준 것은 얼마나 놀라운가! 평생 하나님과 대화하고 동행한 사무엘의 삶은 거기서 시작되었다. 당시의 전반적 상황을 고려할 때 사무엘이 혼자 그 길을 찾아야 했다면 족히 수년은 걸렸을 것이다. 우리는 **하나님이** 말씀하신다고 해서 그 사람이 저절로 그 일의 진상과 말씀의 주체를 알 것이라고 잘못 가정해서는 안 된다. 사무엘이 몰랐다면 필시 다른 많은 사람들도 몰랐을 것이다.

아브라함이 걱정하는 종에게 하나님이 그를 나홀의 성으로 인도하여 이삭의 아내를 찾게 하시리라는 확신을 심어 준 것은 얼마나 놀라운 일인가!(창 24:1-7) 그 종이 하나님의 인도를 직접 **경험하고** 인도 자체에 대한 깨우침을 얻어서 하나님을 완전히 새롭게 알게 된 것은 얼마나 놀라운 일인가! **곁에 가까이 계신** 하나님과 함께 일하는 법을 확실히 체득한 한 사람의 놀라운 사연은 언제나 다시 읽고 묵상해도 즐겁기만 하다.

음성의 우위성

우리는 하나님의 음성을 듣는 것을 이해하고 경험하는 과정을 통해 하나님 나라의 영적 모험의 삶에서 자신을 안전하게 지키고 다른 사람들에게도 해를 끼치지 않을 수 있는 법에 대해 많은 것을 배우게 된다. 우리가 배울 수 있는 가장 중요한 것 중 하나는 하나님을 대면하는 다른 유형들에 대한 **음성의 우위성**이다. 여기에는 자신의 마음속에 들리는 세미한 음성을 비롯해 모든 방식의 '음성'이 포함된다. 음성은 두 가지 면에서 우월하다. 첫째, 음성은 내용이 명료하다. 둘째, 음성을 듣고 받을 수 있는 사람들은 영적으로 성숙한 상태에 있다.

앞에서 살펴보았듯이 모세의 형과 누이인 아론과 미리암이 구스 여자를 아내로 취한 모세를 비방하는 장면이 나온다. 사실 그들은 하나님이 모세에게 말씀하시는 방식에 시기가 나서 이렇게 말했다. "여호와께서 모세와만 말씀하셨느냐? 우리와도 말씀하지 아니하셨느냐?"(민 12:2) 하나님이 다른 사람들과도 말씀하셨다는 사실은 모세 자신에게는 분명 아무 문제가 아니었다. 그는 모두가 예언하기를 원했고(민 11:29) 아주 겸손한 사람이었다. 그러나 하나님은 아론과 미리암의 말을 모른 체하지 않으셨다. 그분은 세 사람을 회막으로 부르셨다. 그러고는 구름 속에 강림하셔서 아론과 미리암을 앞으로 불러내 이렇게 말씀하셨다.

내 말을 들으라.
   너희 중에 선지자가 있으면
      나 여호와가 환상으로 나를 그에게 알리기도 하고
      꿈으로 그와 말하기도 하거니와
   내 종 모세와는 그렇지 아니하니
      그는 내 온 집에 충성함이라.
   그와는 내가 대면하여 명백히 말하고 은밀한 말로 하지 아니하며
      그는 또 여호와의 형상을 보거늘
너희가 어찌하여 내 종 모세 비방하기를 두려워하지 아니하느냐?
(민 12:6-8)

"은밀한 말로 하지 아니하며." 이는 오늘날 하나님의 음성과 인도하심을 이해하는 데 중요한 대목이다. 은밀한 말이란 알아듣기 힘든 모호한 말을 뜻한다. 이는 "주절거리며 속살거리는 신접한 자와 마술사"(사 8:19)의 뜻 모를 말과 같은데, 오늘날처럼 이사야 시대에도 사람들이 이런 자들을 찾아가 인도를 구했다. 우리는 이런 난문의 의미를 확실히 알 수 없다. 그것은 허황된 추측과 조작하는 해석을 키우는 토양이 될 뿐이다.

하나님의 말씀을 받아 말한다고 주장하는 사람들 중에 환상과 꿈과 기타 특이한 현상 혹은 자신의 막연한 인상이나 느낌을 근거로 내세우는 이들이 많지만, 그것들은 모두 명료하지 않고 건전한 의미를 표현할 수 없는 것들이다. 그렇다고 무조건 그들이 하나님의 말씀을 듣지 **않았다**는 뜻은 아니다. 그러나 모세는 말씀을 직접 들었다. '입에서 입으로' 즉 **대화**를 통해 들었다. 그래서 하나님을 대언하던 그의 말뜻은 언제나 구체적이고 정확하고 명료했다.

알다시피 예수님은 환상을 보신 적이 없으나 바울은 여러 번 보았다. 왜 그럴까? 특정한 사람들의 경우, 하나님이 굳이 그들의 주목을 끄실 필요가 없다. 그들이 이미 주목하며 대화의 관계의 특징인 상호 교류를 나누고 있기 때문이다. 어쩌면 그들도 하나님이 원하시는 일에 맞추어져 있지 않을 수 있다. 미리암과 아론은 자기들이 원하는 일만 생각했기 때문에 결국 하나님이 그들의 주목을 끄셨다. 말하자면 하나님과 친한 사람일수록 그분과의 소통이 더 명료해진다.

그러나 하나님이 환상을 주신다 해도 열등감을 느낄 필요가 전혀 없다. 단지 하나님께 감사를 올려 드리면 된다. 우리는 우리 삶에 성경을 주신 하나님께 감사드린다. 성경 덕분에 하나님과 친해지고 우리를 대하시는 그분의 방식에 익숙해질 수 있기 때문이다. 우리는 하나님과의 교류가 고요하고 한결같아질 때를 사모해야 한다. 그래야 수시로 인도함을 받아 하나님이 맡겨 주시는 일과 사역에 유용한 존재가 될 수 있다. 예를 들면 이웃을 나 자신처럼 사랑할 수 있으려면 하나님과 내면의 대화를 하며 살아가야 한다. 이웃에게 무엇이 필요한지 대개 우리는 모른다. 그래서 인도하심이 필요하다. 이웃이 내게 못된 짓을 했을 때 대개 우리는 그 이웃을 사랑하는 법을 배워야 한다. 우리 스스로는 방법을 모르기 때문이다. 원수(내 이웃일 수도 있다)를 사랑한다는 것은 곧 힘닿는 한 상대에게 유익한 일을 행하는 것이다. 그렇다면 사랑하기에 상대가 원하는 것을 내 쪽에서 막아야 할 때도 있다. 그 방법을 배우려면 거기에 대해 하나님께 들어야 한다.

성경 역사가 진행되는 동안 하나님과 의사소통을 하는 과정에서 듣는 이가 성숙할수록 메시지는 더 명료해지고 꿈과 환상과 그밖의 기이한 현상과 무의식의 역할은 더 줄어드는 것을 볼 수 있다.

물론 침묵을 결정적 논증으로 삼을 수는 없다. 그러나 신약에 등장하는 인물들, 특히 예수님의 삶에서 우리는 하나님과 그 백성 사이에 일어나는 철저히 영적인, 즉 비물리적인 대화가 큰 우위를 차지하는 것을 볼 수 있다. 환상과 꿈과 천사는 계속 일정 역할을 하고 있다. 오늘날에도 그럴 수 있다고 생각한다. 그러나 이런 현상들이 대화의 예외적 방편이 아니라 주요한 방편이라면, **그것은 개인과 교회 공동체 모두 영적으로 덜 성숙하다는 표시라 해도 과언은 아니다**. 나는 지금 여기서 판단하려는 것이 아니다. 우리가 마땅히 자라가야 할 하나님과 함께하는 삶이 어떤 것인지를 지적하려는 것뿐이다. 그 삶은 수시로 대화하는 기도를 통해 하나님의 음성을 듣는 삶이다.

이에 관해서는 스탠리 존스의 말이 내게 큰 도움이 되었다. 그는 평생 하나님의 음성과 교류할 수 있음을 굳게 믿고 실제로 그렇게 산 인물이다.

하나님은 그리스도를 닮지 않은 방식으로는 절대 우리를 인도하실 수 없다. 예수님은 누구보다도 정신이 온전하셨다. 그분께는 병적인 것이 전혀 없었다. 그분은 환상이나 꿈에 빠지지 않으셨다. 우리가 그렇듯 그분도 기도를 통해 인도를 받으셨다. 즉 그분은 꿈꿀 때처럼 의식을 벗어난 상태에서가 아니라 의식이 제 기능을 다하고 있을 때 인도를 받으셨다. 그렇다고 하나님이 환상이나 꿈을 통해 인도하시지 않는다는 말은 아니다. 다만 그렇게 하신다 해도 그것은 아주 드문 일이다. 왜냐하면 우리의 정상적 과정을 인도하시기 위해 그것을 통제하실 수는 없기 때문이다. 우리는 비정상 상태가 아니라 정상 상태에서 하나님과 가장 분명하고 유익한 만남을 가진다. 예수님은 가장 규범적인 분이며 정상 그 자체이시다.[15]

극적일수록 덜 성숙한 것이다

극적인 만남이 주가 된다면 그것은 대체로 영적인 삶의 수준이 **덜 성숙했다**는 의미다. 물론 그런 극적인 사건이 없다고 해서 그 자체가 영적으로 깊이 성숙했다는 증거는 아니다. 그런 사건의 부재는 철저히 죽어 있는 삶과도 통한다.

극적인 대면은 내용과 의미가 모호하다. 그 모호함은 차라리 우리를 보호하기 위한 것일 수 있다. 일반적으로 사랑과 겸손이 몸에 깊이 밴,

성숙한 인격이 없는 사람이 지식을 가지면 파멸로 치닫는 경향이 있다. 일반 세상의 삶에서도 그렇다. 영적인 세계에서 **알 것을 다 알면서도** 사랑이 없고 적대적이고 교만하며 미신에 사로잡혀 있고 위협적인 이들보다 두려운 것은 별로 없다. 아론과 미리암이 모세를 **시기할 수 있었다**는 사실 자체가 하나님이 모세에게 거리낌 없이 나눠 주신 지식을 그들에게는 맡기실 수 없었던 분명한 근거다. 마찬가지로 모세가 그들의 비방에 동요하지 않고 예언 사역을 기꺼이 공유하길 원했다는 사실 자체가 그가 그런 지식을 위탁받을 만한 그릇이라는 분명한 증거다.

극적인 사건을 **찾는** 것은 인격이 어린아이 수준이기 때문이다. 아이들은 극적인 것을 좋아한다. 그들은 그것을 기를 쓰고 찾고 무분별하게 따라다님으로써 자신이 어린아이임을 드러낸다. 우리의 어리석음이나 고집 때문에 극적인 일이 필요할 수도 있고 때로 하나님이 그런 것을 주실 수도 있다. 그러나 그것을 영적 성숙이나 우월성의 표지로 보아서는 절대 안 된다. 그리스도의 도에 성숙한 이들은 자기에게 극적인 일이 일어날 때 가볍게 거론하지 않으며, 자기가 옳거나 뭔가를 특별한 방식으로 '얻었음'을 입증하기 위해 거기에 호소하지 않는다.

모호함도 우리의 유익을 위한 것이다

여기까지 말했으니, 이제 자비로운 하나님이 우리에게 반응에 필요한 여지와 시간을 주시기 위해 종종 모호한 방식으로 말씀하신다는 사실을 이해해야 한다. 그분은 자신이 우리에게 말씀하고 계신다는 사실을 알려 주시지만, 동시에 우리가 그 메시지를 받기 위해 조금씩 더 자라가야 한다는 점도 알려 주신다. 우리는 흔히 이렇게 생각할 수 있다. '하나님, 그냥 직접 나서서 분명히 말씀해 주실 수는 없습니까? 어떻게 살아야 하는지 자세히 말씀해 주십시오.' 하지만 그것이 실제로 무엇을 의미하는가에 관해 우리는 대개 잘못된 개념에 젖어 있다.

우리의 사고와 가치관은 하나님의 영광 앞에서 재구성되어야 하지만 동시에 그분은 우리의 관심사를 진실로 중요하게 여기시고 이해하신다. 이사야처럼 우리도 하나님께 하늘을 가르고 숨은 곳에서 나와 우리 앞에 서서 마땅히 행할 길을 일러 달라고 부르짖고 싶을 수 있다(사 64:1). 그러나 그것은 자기가 무엇을 구하는지도 제대로 모르면서 구하는 것과 마찬가지다. 실제로 그런 일이 일어난다면 우리는 문자 그대로 죽거나 정신을 잃고 말 것이다. 그래서 자비로운 하나님은 계속 이런저런 간접적인 방식으로 우리에게 다가오신다. 하지만 우리가 자라갈수록 이러한 간접적인 방식은 점차 줄어들며, 그 과정은 그분이 우리를 아시듯 우리가 그분을 온전히 알 수 있을 때까지 계속된다(고전 13:12).

그러므로 하나님의 말씀이 우리가 이해하려 애써야 하는 형태로 찾아오는 것은 당연하고 옳다. 성경 자체도 그렇다. 성경은 많은 면에서 매우 명료하지만 이해하기 위해서는 꾸준하고 부지런한 노력이 필요하다. 그런 수고로운 과정을 통해 우리는 **점점 더 명료해지는** 진리의 내용을 받아들이고 소화할 수 있는 수준으로 자라게 된다. 그런데 정작 가장 중요한 순간에는 뭐가 뭔지 모르고 막연한 상태에서 말하고 행동한다. 그것이 삶에서 우리가 인정하게 되는 가장 오래되고 공통된 사실 중 하나다. 무지가 우리에게 도움이 되는 면도 있다.

당신은 대학에 입학하거나 군대 훈련소에 들어가거나 결혼하거나 아기를 낳는 순간, 무슨 일이 일어날지 **정말** 알고 있었는가? 어느 정도는 알았겠지만 그것이 장기적으로 어떤 의미가 있는지는 거의 몰랐을 것이다. 그 시점에서 모든 의미를 알았다면 아마도 발을 내딛을 용기가 생기지 않았을 것이다. 그래서 포기했다면 그 사건들을 통해 다가올 수많은 좋은 것을 놓쳤을 것이다.

신앙도 마찬가지다. 우리는 자신에게 벌어지는 일의 진상을 아주 서서히 이해하게 된다. 야고보와 요한은 예수님께 와서 사실상 이렇게 말했다. "주님, 주님이 대통령이 되실 때 저희는 부통령과 국무장관이 되고 싶습니다." 주님은 대답하셨다. "너희가 무엇을 구하고 있는지 알지 못하는구나. 내가 마시는 잔을 마시며 내가 받는 세례를 받을 수 있겠느냐?" 그러자 그들은 확신에 차서 말했다. "물론입니다, 주님. 할 수 있습니다. 제게 그것을 주십시오"(막 10:37-39, 저자 사역).

과연 그들은 자기가 구하는 것을 전혀 몰랐다. 결국 주님의 은혜로 그들은 그분의 잔을 마시고 그분의 세례를 받을 수 있게 되었다. 그 시점이 왔을 때 그들은 준비되어 있었다. 야고보는 사도들 중 최초로 순교자가 되었다. 전승에 따르면 요한은 사도들 중 가장 오래 살았다. 그는 끓는 기름으로 고문당했다. 우리는 그가 불모지인 밧모 섬으로 유배되어 이전의 모든 경험과 전혀 다른 새로운 형태로 예수 그리스도의 계시를 받았다는 것을 알고 있다. 그것이 요한계시록에 적혀 있다.

야고보와 요한은 이런 일이 일어날 것을 추호도 몰랐다. 그러나 고난이 닥쳐왔을 때 아주 잘 견디었던 것은 하나님이 그들과 함께 계셨기 때문이다. 그들은 믿음의 발걸음을 내딛으며 비전과 사명을 향해 자라갔다. 그들은 예수님과 하늘 아버지의 친구이자 동역자로 살다가 생을 마감했다.

'표적'은 실체가 아니다

밥 멈퍼드(Bob Mumford)는 하나님의 극적인 의사소통 형태를 논하면서 이렇게 말했다.

> 우리에게 표적이 임하는 것은 하나님이 우리 수준에 맞춰 우리를 만나 주시기 때문이다.…하나님이 우리를 인도하기 위해 표적을 보여 주실 때 그것은 우리가 최종 응답을 받았다는 뜻이 아니다. 표적은 우리가 제 길로 들어섰다는 의미다. 고속도로를 달리다 '뉴욕: 100마일'이라는 표지판을 마주칠 수 있다. 이 표지판은 뉴욕에 도착했다는 뜻이 아니라 제 길로 잘 들어섰다는 뜻이다.[16]

그러나 다른 한편, 그의 말은 이렇게 계속된다.

> 하나님은 우리를 표적 없이도 그분의 인도의 손길을 분별할 수 있는 수준으로 데려가길 원하신다. 우리 안에 거하시는 하나님의 평안이나 하나님의 사랑은 사탄이 흉내낼 수 없는 것이다. 그리스도의 임재가 우리의 길잡이가 될 때, 하나님의 인도는 비로소 우리 안에 계시는 성령의 부드러운 역사에 대한 거의 무의식적인 반응이 된다.[17]

인류가 마침내 예수님의 세미한 음성을 들을 준비가 되었으니 얼마나 기쁜가! 하나님이 이전에 필요했던, 또 어떤 목적을 위해 지금도 필요한 극적인 형태를 뒤로하시고 성령의 속삭임으로 우리에게 다가오셨으니 얼마나 복된가! 크신 하나님이 위엄 있게 내려와 어떻게든 우리 앞에 서신다면 우리 중에 마땅히 행할 바를 알 자가 누가 있겠는가? 욥은 이렇게 말했다.

> 이런 것들은 그의 행사의 단편일 뿐이요
> 우리가 그에게서 들은 것도 속삭이는 소리일 뿐이니
> 그의 큰 능력의 우렛소리를 누가 능히 헤아리랴. (욥 26:14)

성육신하신 하나님의 아들은 다툼 없이 아주 부드럽게 오셔서 그 목소리가 길에서 떠드는 소리에 묻혀 들리지 않을 정도다(마 12:19). 이방인들 또는 사람들이 마침내 그분을 믿게 되는 것도 바로 그분이 그렇게 오셨기 때문이다.

나는 기록된 조용한 말씀, 어린 양의 교회의 역사와 존재, 앞서간 성도들의 삶, 하나님의 성령의 지칠 줄 모르는 조용한 정복에 깊이 감사한다. 그런 것들이 내게 다가온다. 나 또한 그런 것들에 다가갈 수 있다. 그런 것들을 통해 하나님은 내게 점점 더 가까이 안전하게 다가오시며 나는 그분께 다가갈 수 있다.

이렇듯 하나님의 고요하고 세미한 내면의 음성의 경쟁자들은 계속 필요하며 자기 나름의 역할이 있다. 그러나 우리가 하나님을 전심으로 구할 때에야 자신은 옳고 대부분 남들이 옳지 않음을 확인하기 위해 큰 일이 일어나기를 바라는 수준을 벗어나게 된다. 그리하여 예수님이 분명히 실천하시고 가르치셨듯이 천국의 삶이 "성령 안에 있는 의와 평강과 희락"(롬 14:17)이라는 것을 비로소 이해하고 누리게 된다.

그제야 우리는 하나님의 온전한 목적이 조용하고 차분하고 꾸준히 우리와 함께 걸을 수 있는 수준으로 우리를 이끌어 가는 것임을 깨닫게 된다. 그 관계 속에서 그분은 우리가 그분의 (때론 어설픈) 동역자로 성장할 여지를 남겨 주신다. 그분과의 사이에 일정한 거리가 있으면서도 그분과 하나로 연합하게, 즉 아들의 형상을 닮아 가족의 모습을 나타내게 해주시는 것이다.

말을 초월하다

순수한 인간의 차원에서도 가장 수준 높은 대화 형태 중 하나는 명시적 말을 원하거나 필요로 하지 않는 이심전심하는 교감의 수준이다.

> 그대의 눈으로만 내게 축배를 들어 주오.
> 나 또한 눈빛으로 그대에게 맹세하리.

이렇게 노래하는 시인 벤 존슨(Ben Jonson)에게 감히 뭐라고 할 것인가? 그는 하나님이 궁극적으로 우리를 그분과의 교제로 인도하실 때에 대해 말하고 있다. 때로 말이 필요 없는 연합, 이생과 내생에서 항상 그분 앞에 있게 될 삶을 노래하고 있는 것이다.

침묵의 말은 실제로 존재한다. 역설적이지만 침묵이 모든 것을 '말한다.'

> 불멸의 흰 불빛이 되어 두려움을 태울 때
> 사랑이 최고의 축복 속에 절정에 이른다.

내가 사랑을 알듯 사랑도 나를 앎을 알기에
사랑은 확언이나 달래는 말이 필요 없다.
사랑이 탐하는 것은 침묵 속의 동행과 안식뿐.
소리도 동작도 없이 듣지 않고 느끼는 사랑.
영원한 바다의 가슴에 떨어지는 눈송이마냥
시간이 녹기까지 아주 오랜 세월이 흐르도록.
이 침묵의 순간들로 그대의 과거는 빛난다.

추억은 영광이 넘치는 자리가 되었는가?
멸할 운명의 시야에 닿는 모든 환희를 배웠는가?
더 큰 빛 앞에는 이것도 어두운 그림자일 뿐.
그대의 주 하나님이 그대를 기뻐하시고
그 사랑으로 안식하시며 침묵하시리.[18]

묵상을 위한 질문

1. 당신은 버지니아 리블리의 이야기에서 우려할 만한 요소가 있다고 생각하는가? 이 이야기에 대해 사람들은 시기할 수도 있고 비판할 수도 있다. 이런 반응에 대해 지도자들은 어떤 식으로 지도할 수 있겠는가?

2. 구스타프 윌러의 "계시를 받을 때 의식이 분명한 상태가 무아지경이거나 비정상적인 의식 상태보다 차원이 더 높다는 원리"를 당신은 어떻게 생각하는가? 모세와 불붙은 떨기나무 그리고 여호수아와 '여호와의 군대장관' 같은 사례는 이 원리와 어떤 연관성이 있는가?

3. '들리는 음성만' 있는 경우는 오늘날 정신착란과 상관있을 가능성이 아주 높다. 이런 생각은 정당한가? 하나님이 들리는 언어에 적절한 음파를 생성하신다는 주장에 대해 명확한 근거를 내세울 반론이 있는가? 아니면 이런 사례에 대한 회의는 하나님에 대한 노골적인 불신에서 비롯된 것인가?

4. 하나님이 과거나 이 시대에 **다른 사람의 말을 통해** 또는 성경 말씀을 통해 당신에게 말씀하시는 것을 경험한 적이 있는가? 그것을 하나님의 말씀으로 생각하게 된 이유는 무엇인가?

5. 교회 지도자들이 자신이 예수 그리스도를 통해 하나님과 **인격적 관계**를 갖고 있다고 말하는 것을 흔히 들을 수 있다. 당신은 그 개인을 향한 하나님의 직접적인 말씀이 **없어도** 그런 인격적 관계가 의미 있다고 생각하는가?

6. 하나님이 밝히신 인간과의 교제 목적을 감안할 때 그분의 의사소통 형태로 음성이 최고 우위를 차지하는 몇 가지 이유를 본문에 제시했다. 이런 이유가 당신에게 설득력 있게 다가오는가?

7. '성경 이신론'이 행동으로 나타나는 것을 본 적이 있는가? 성경 이신론은 하나님이 우리에게 성경을 주신 뒤 떠나셨다는 개념이다. 즉 성경을 어떻게 생각하든 그것은 철저히 우리의 소관이며, 성경을 통해서든 다른 방법을 통해서든 그분과의 개인적 소통은 전혀 없다. 그것이 매력적으로 보이는 이유는 무엇인가?

하나님의 말씀과 하나님의 통치

여호와의 말씀으로 하늘이 지음이 되었으며
그 만상을 그의 입 기운으로 이루었도다.
시편 33:6

그의 명령을 땅에 보내시니 그의 말씀이 속히 달리는도다.
눈을 양털같이 내리시며 서리를 재같이 흩으시며.
시편 147:15-16

이에 그들이 그들의 고통 때문에 여호와께 부르짖으매
그가 그들의 고통에서 그들을 구원하시되 그가 그의 말씀을 보내어
그들을 고치시고 위험한 지경에서 건지시는도다.
시편 107:19-20

왕의 말은 권능이 있나니.
전도서 8:4

'세미한 음성'이라는 표현은 뭔가 약하고 주변적인 것처럼 보일 수 있으나 그것은 진실과는 거리가 멀다. 하나님의 세미한 음성을 듣는 일이야말로 하나님과의 관계에서 핵심이다. 하나님의 음성을 듣는 사람은 주변이 아니라 모든 실재의 근본과 체계를 따라 행한다. 하지만 이 말은 무슨 의미인가? 말과 하나님의 말씀은 실재에서 어떤 위치를 차지하는가? 어려운 질문이지만 그 답을 찾으면 풍성한 보상이 따를 것이다. 이는 하나님의 음성을 듣는 좀더 큰 맥락을 이해하는 문제다. 지금부터 자세히 살펴보기로 하자.

말의 힘에 대한 놀라운 믿음

그는 우리에게 '어떤 백부장'으로만 알려져 있다(눅 7:2). 그는 이방인으로 계급이 꽤 높은 로마 군인이었다. 가버나움 지역의 최고 책임자였을지도 모른다. 그는 속국의 백성들을 위해 개인 재산을 쓸 만큼 훌륭한 행정가이기도 했으며(눅 7:5) 죽을병이 든 자기 하인을 사랑한 착한 사람이었다. 그러나 이 사람이 찾아와 하인을 고쳐 달라고 했을 때 예수님이 감동하신 까닭은 그것 때문이 아니었다. 예수님은 그의 믿음의 순도와 크기에 특히 깊은 감동을 받으셨다. 백부장은 자신이 권위를 행사한 경험을 토대로 예수님이 어떻게 그분의 일을 성취하시는지 이해했던 것 같다. 그래서 그는 예수님의 능력을 전적으로 믿었다. 그는 당연하다는 듯 예수님께 이렇게 말했다.

주여, 수고하지 마옵소서. 내 집에 들어오심을 나는 감당하지 못하겠나이다. 그러므로 내가 주께 나아가기도 감당하지 못할 줄을 알았나이다. 말씀만 하사 내 하인을 낫게 하소서. 나도 남의 수하에 든 사람이요 내 아래에도 병사가 있으니 이더러 가라 하면 가고 저더러 오라 하면 오고 내 종더러 이것을 하라 하면 하나이다. (눅 7:6-8)

예수님은 놀라 이 사람을 보셨다. 그러고는 뒤따르던 무리를 돌아보시며 말씀하셨다. "이스라엘 중에서도 이만한 믿음은 만나 보지 못하였노라" (눅 7:9). 무슨 말씀인가? 세례 요한의 믿음이 이보다 크지 못하단 말인가? 어린 예수를 메시아로 전하고 반겼던 사람들은 어떤가? 예수님의 가족들과 제자들의 믿음이 이 이방 군인보다도 못했단 말인가? 그랬던 것 같다.

강한 믿음의 특징은 강한 힘처럼 일반적으로 **수월하게** 작용한다는 것이다. "넘치는 자비를 억제할 수 없듯이"¹ 믿음도 그렇다. 우리가 **믿음의** 씨름이라고 생각하는 것들은 대부분 있지도 않은 믿음을 있는 **체하는** 행동일 뿐이다. 이 백부장에 대해서는 나중에 다시 살펴볼 것이다. 그는 믿음에 관해 그리고 믿음이 하나님의 말씀에 대한 올바른 이해에 달려 있다는 사실에 관해 많은 것을 가르쳐 준다.

말과 말씀

하나님은 말씀으로 **창조**하셨고 **통치**하시며 **구속**하신다. 하나님의 창조와 하나님의 통치와 하나님의 구속은 **그 자체가** 곧 말씀이다. 이것이야말로 하나님이 자신의 피조 세계와 맺으시는 총체적 관계에 대한 기본 진리다. 이 진리 안에서 우리는 그 아들 예수님의 포괄적 중재를 보게 된다. 오늘날 우리에게 개인적으로 말씀하시는 방식을 포함하여 우리와 하나님의 인격적 관계를 이해하려면 하나님의 말씀이 일반적으로 무엇이며, 하나님의 아들과 성경이 둘 다 어떻게 하나님의 말씀이 되는지 이해해야 한다.

말이란 무엇인가

벽에 쓰인 단어를 보거나 군중이 떠드는 소리만 듣고는 누구의 말인지 알 수 없다. 말 자체에 말의 주인이 밝혀져 있지 않기 때문에 그것은 기호나 소리밖에 되지 않는다. 반대로 **내 말**은 단순한 말이 아니다. 소리를 내거나 글씨를 쓰는 사람은 나다. 하지만 수표에 내 이름이 아무리 또박또박 적혀 있다 해도 **내가** 쓰지 않았고 나의 **자아**, 곧 나의 생각과 뜻이 드러나지 않는다면 그것은 내 말이나 내 서명이 될 수 없다.

사람의 말에서 중요한 것은 그 사람이 자기 말에 부여하는 의미다. 곧 **그 사람**이 자기 말과 연결시켜 타인에게 전달하고자 하는 생각과 감정과 행동이 핵심적이다. 말을 통해 우리는 사실상 다른 사람에게 내 마음을 한 조각 떼어 주는 것이다. 타인의 말을 통해 우리는 그들의 생각과 감정을 알게 되고 그들의 삶에 동참하게 된다.

말을 통해 영혼은 영혼에 맞닿는다. 엄청난 영적 힘으로 맞닿을 때도 있다. 단순히 기호나 소리뿐이라면 말은 아무것도 아니다. 마음과 실체의 숨은 지렛대를 건드려 기호나 소리에 엄청난 힘을 부여하는 것은 그것들의 정신적 측면이요 영적 힘이다. 스페인어나 헬라어를 이해하지 못하는 사람에게는 그 언어의 소리가 거의 혹은 전혀 효력을 내지 못한다.

소리를 들어도 아무런 의미도 전달되지 않기 때문이다.

말의 힘은 궁극적으로 그것을 전달하는 인격에서 나온다. 아이들은 이렇게 배운다. "막대기와 돌은 내 뼈를 부러뜨릴지 모르지만 말은 내게 상처를 줄 수 없다." 어른들이 아이들에게 이렇게 가르치는 것은 친구들의 말 때문에 입는 엄청난 상처를 미리 덜어 주기 위해서다. 아이들은 말로 인해 얼마나 깊은 상처를 받을 수 있는가! 학교 놀이터는 어린 영혼이 악한 말이나 무심한 말에 다쳐 영원히 불구가 되는 공포의 공간이 될 수도 있다.

물론 예수님도 이것을 보셨다. **그분**은 지켜보는 눈을 지니셨기 때문이다. 또한 어른들이 말로 어린아이들의 삶을 유린하는 것도 보셨다. 그분이 다음과 같이 말씀하신 것은 바로 이런 식으로 해악이 저질러지는 것을 느끼셨기 때문이다. "누구든지 나를 믿는 이 작은 자 중 하나를 실족하게 하면 차라리 연자 맷돌이 그 목에 달려서 깊은 바다에 빠뜨려지는 것이 나으니라"(마 18:6).

말의 힘에 대한 올바른 시각이 잠언에 위력적으로 표현되어 있다. "죽고 사는 것이 혀의 힘에 달렸나니"(잠 18:21). "부드러운 혀는 뼈를 꺾느니라"(잠 25:15). "온순한 혀는 곧 생명나무이지만 패역한 혀는 마음을 상하게 하느니라"(잠 15:4). 이 주제는 신약에까지 그대로 이어진다. 야고보는 "이와 같이 혀도 작은 지체로되 큰 것을 자랑하도다. 보라, 얼마나 작은 불이 얼마나 많은 나무를 태우는가"(약 3:5)라고 말한다. 예수님도 말이 사람의 내면을 그대로 드러낸다고 보셨다. "네 말로 의롭다 함을 받고 네 말로 정죄함을 받으리라"(마 12:37).

영적 힘으로서의 말

말의 놀라운 힘을 이해하려 할 때 우리는 말의 **영적** 본질을 간과할 수 없다. 영은 비육체적, 인격적 힘이다. 영은 물리적 혹은 육체적 힘과 별도로 작용할 수 있고 실제로 종종 그렇게 작용하는 인격적 실재다. 영은 물리적 힘과 연합하여 작용할 수도 있다. 우리 자아의 영을 생각과 감정과 의지에 속한 하나의 힘으로 보는 것이 가장 분명한 시각이다. 성경적 관점에서 영은 그런 것들과 우리의 제한된 시각보다 훨씬 더 깊은 곳까지 가닿으며 궁극적으로 모든 실재의 근본이 된다. "하나님은 영이시니"(요 4:24).

말을 영적 힘으로 보는 것이 성경과 일반 철학자들의 공통된 관점이다. 제자들이 물질세계를 지나치게 강조하며 예수님을 이해하지 못해 고심하고 있을 때 그분은 이렇게 말씀하셨다. "살리는 것은 영이니 육은 무익하니라. 내가 너희에게 이른 말은 영이요 생명이라"(요 6:63). 이것은 예수님이 말씀을 통해 자신을 주셨으며, 그 말씀을 받아들인 이들에게 하나님의 주권적 통치 능력을 어느 정도 부여하셨다는 의미다. 예수님을 통해 그들은 "하나님의 선한 말씀과 내세의 능력을 맛보았다"(히 6:5). 이렇게 부여된 능력은 예수님이 나중에 하신 설명에 다시 언급된다. "너희가 내 안에 거하고 내 말이 너희 안에 거하면 무엇이든지 원하는 대로 구하라. 그리하면 이루리라"(요 15:7).

고대 그리스의 위대한 철학자 플라톤도 인간의 사고 자체를 영혼이 보유하고 있는 내면의 '대화'로 보았다. 그는 말을 영적인 관점으로 이해했다.[2] 사고를 일종의 언어, 즉 말이지만 비물리적 세계에 숨어 있는 말로 취급한 것이다. 그럼으로써 그는 오늘날까지 많은 사상가가 따르는 원형을 수립했다.

그 전통을 이어받아 거기에 기독교적 사상을 결합한 아우구스티누스는 이렇게 말했다. "생각하는 사람은 마음속으로 말하는 것이다." 그는 자신의 견해가 "어떤 서기관들이 속으로 이르되 이 사람이 신성을 모독하도다"(마 9:2-4; 참고. 눅 12:17)라고 한 말씀에 부분적으로 근거했음을 명시했다.³

그러므로 우리 자신이든 하나님이든 다른 인격적 주체든, 좋은 뜻으로든 나쁜 뜻으로든, 한 **인격체가 하는 말**은 마땅히 영적 힘으로 이해해야 한다. 말이란 곧 화자의 힘이다. 하나님은 바로 이 영역에서 "영과 진정으로"(요 4:23) 예배하는 자를 찾으신다. 그분은 '중심에' 진실함을 원하시며 "내게 지혜를 은밀히 가르치실"(시 51:6) 것이다.

윌리엄 펜(William Penn)은 퀘이커교 특유의 강조점을 살려 다음과 같이 말했다.

우리의 예배가 정신적일수록 하나님의 성품에 더 부합하며, 침묵이 많을수록 영혼의 언어에 더 적합하다.

말이란 타인을 위한 것이지 자신을 위한 것이 아니며 하나님을 위한 것도 아니다. 그분은 육체가 듣는 것처럼 들으시는 분이 아니라 영혼이 듣는 방식으로 들으시는 분이다. 이러한 방언을 알려면 우리 안에 있는 하나님의 원리를 배워야 한다. 우리가 그 원리의 지시를 들을 때 하나님도 우리의 말을 들으신다.⁴

더 이상의 조건을 달지 않은 상태에서 **하나님의 말씀**이란 그분이 하시는 말씀이요 그분이 전달하시는 내용이다. 하나님이 말씀하시면 그 속에 그분의 마음과 성품과 뜻이 표출된다. 그래서 그분은 언제나 자신의 말씀과 함께 임재하신다.

하나님의 마음이 표출된 것은 모두 그분의 '말씀'이다. 그것의 구체적 수단이 자연 현상(시 19:1-4), 다른 사람, 성육신하신 그리스도(로고스), 성경 등 인간 마음의 **외적인** 것이든, 생각과 뜻과 감정처럼 인간 마음의 **내적인** 것이든 마찬가지다. 하나님은 이런 방식으로 이해된 그분의 말씀으로 인류 역사를 포함한 만유를 통치하신다.

말씀의 나라

우리는 우주를 사물들 간의 일정한 물리적 관계나 기계적 관계만 존재하는 곳으로 생각하려는 유혹을 끊임없이 받는다. 목적 없이 움직이는 힘에 의해 물리적 물체들이 서로 밀고 당기는 것이 만물이 상호 관계를 맺는 방식이라는 것이 지배적 관념 체계다. 이것이 4장에서 살펴본 자연주의적 관점이다. 그러나 이런 관점으로는 고차원적인 문화나 종교적 삶은 고사하고 인간의 평범한 행위나 사건도 이해할 수 없다. 수세기 동안 그렇게 이해하려는 경향이 있었지만 여전히 그 목표에 조금도 도달하지 못하고 있다.

반대로 종교적 삶과 종교적 우주관, 특히 그리스도의 정신과 그분의 삶의 족적을 그대로 따르는 관점은 우주를 하나의 **나라**로 본다. 나라는 단순히 밀고 당기는 힘만으로 움직이지 않는다. 본질상 나라는 말이나 기타 상징을 통한 생각과 뜻의 **의사소통**을 통해 움직인다. 나라는 인격적 관계의 조직망이기 때문이다.

이것이야말로 절대 놓쳐서는 안 될 사회적 실재의 본질이다. 하나님 나라의 삶을 이해하고 그 속으로 들어가려 할 때 우리의 가장 큰 문제는 모든 나라와 마찬가지로 그 나라가 움직이는 원리를 충분히 깨닫지 못하는 데 있다. 하나님 나라는 의사소통을 통해, 즉 말로 마음과 뜻을 표현함으로써 움직인다. 하나님 나라에서 말이 작용하는 원리의 예를 찾기에 가장 좋은 곳은 성경이다.

하나님도 우리도 말로써 창조한다

성경 첫 책의 첫 장에 나오는 창조로부터 논의를 시작하는 것은 지극히 당연하다. 성경은 하나님이 태초에 천지를 창조하셨다고 말한다. 어떻게 하셨는가? 말씀으로 하셨다. 일련의 창조하는 말을 직접 하신 것이다.

물리적 우주에 관한 우리의 지식을 감안할 때, 하나님의 첫 창조 행위가 빛, 즉 일종의 물리적 에너지를 지으신 것이었음은 전혀 놀랄 일이 아니다(창 1:3). 그분은 어떻게 빛을 만드셨는가? 성경에 의하면 그분은 "빛이 있으라"고 **말씀하셨다**. 하나님의 발언, 즉 하나님의 말씀은 단순히 그분의 마음을 표현한 것이다. 그렇다면 그분은 마음의 표현으로 빛을 지으신 것이다.

빛이라는 개념과 그 결과인 빛 자체는 둘 다 하나님의 말씀 때문에 존재하게 되었다. 히브리서 기자는 빛을 위시하여 보이는 것이 나타난 바는 가시적인 것으로 말미암아 된 것이 아니라고 말한다(히 11:1-3). 하나님의 말씀은 **비가시적인** 것으로, 모든 **가시적인** 것을 만들어 내는 영적 실재다(참고. 고후 4:18; 벧후 3:5-7).

인간 자신이 창조하는 방식을 살펴봄으로써 창세기의 이 말씀을 조금이나마 명확하게 이해할 수 있을까? 나는 그렇다고 본다. 우리는 창조 행위와 창조의 내용물을 통해 우리 자신의 마음을 표현할 수 있다. 그러나 사물을 존재하게 하려면 대개 '말' 이상의 행동을 해야만 한다. 예를 들어 꽃다발이나 케이크를 만들 경우 그저 "꽃다발이 있으라!" 또는 "초콜릿 케이크가 있으라!"고 생각만 하거나 말만 해서는 안 된다.

여기서 우리는 인간의 유한성이 무엇을 뜻하는지 알 수 있다. 유한성이란 제한이나 **제약**을 뜻한다. 모든 인간은 케이크를 만드는 방식에 일정한 제약을 안고 있다. 우리는 계란과 밀가루와 설탕과 오븐의 열과 시간을 사용하는 작업을 반드시 거쳐야만 한다. 케이크의 주요 성분에 우리 자신과 우리의 행동을 맞추어야 한다. 사용될 물질에 내재된 구조가 우리 행동의 순서와 한계를 지정한다. 반면, 하나님은 모든 사물의 구조와 질서를 정하시는 분이다.

어쨌든 결과적으로 작업만 제대로 하면 케이크는 만들어진다. 케이크는 우리의 생각과 감정과 의지, 즉 우리 자신을 표현한 것이다. 그것 없이는 케이크가 존재할 수 없다. 아무 말 없이 케이크를 먹기만 하는 남편이나 아내나 아이는 핵심을 놓친 것이다. 먹는 사람이 누구든 케이크가 잘 만들어졌다는 것을 발견하고 이에 대해 언급해야만 한다. 더 나아가 많은 말로 표현해야 한다. "나를 위해 이 케이크를 만들었다니 당신은 정말 대단해요!" 그 케이크 안에는 요리사인 **당신**이 들어가 있기 때문이다.

인간의 삶에서 창의성이 더 높은 수준으로 가 보면 발명이라는 것이 있다. 흔히 케이크는 조리법을 따라 하거나 방법을 아는 사람이 만들어 내는 훌륭한 것 정도로 통한다. 그러나 신형 엔진이나 의류나 통신 장비를 고안해 낸다면 그것은 발명이다. 발명도 창조하는 자의 마음이 표현된 것이다. 단 개성의 차원이 더 깊다. 그래서 우리는 발명가와 저자를 특별한 부류의 사람으로 우대한다. 여기서도 생각, 즉 내면의 말이 물질세계의 사건을 지배하지만 제약이 따른다. 우리는 "제트 엔진이 있으라!"는 말이나 생각만으로 제트 엔진을 만들 수 없다.

그러나 인간의 마음이 '말'만 하면, 바라는 것이 실행되는 영역이 있다. 손발과 얼굴 등 신체의 자의적 동작과, 내면 사고의 광범위한 자의적 흐름이 그것이다.

하나님은 어떤 경로를 통하지 않고도, 즉 제약을 받지 않고도 **언제나** 말씀으로 창조하실 수 있다(그렇다고 항상 그런 직접적인 경로를 택하시는 것은 아니다). 여기에 그분의 무한성이 있다. 우리도 일정 범위, 하나님에 비하면 지극히 좁은 범위 내에서 제약 없는 능력, 즉 하늘 아버지의 힘을 부여받았다. 유한성의 영역에서 우리는 작업 **방법을 배워야** 한다. 계란을 깨는 법과 밀가루 반죽을 하는 법과 자동차 핸들을 돌리는 법과 브레이크를 밟는 법을 배워야 한다. 그러나 손가락이나 혀나 발을 움직이는 법은 **의식적으로 배우는** 것이 아니다. 정상적 상황이라면 여기에는 통과해야 할 경로가 없다. 행동은 즉각적인 것이다. 그래서 우리의 의식 작용 속에 행동의 '방법'이란 존재하지 않는다. 생각과 뜻이 있는데, 우리 몸은 모든 정교한 신체 작용을 통해 거기에 순응하여 움직일 뿐이다.

마찬가지로 우리는 성경 본문을 해석하는 법과 악보를 읽는 법과 낱말 맞추기를 하는 법과 논증을 분석하는 법을 알고 있거나 배울 수 있다.

이렇듯 정신생활의 폭넓은 영역에는 분명 '방법'의 측면이 있다. 그러나 사물에 대해 **직접 곧바로** 생각하거나 행동 경로를 결정할 수도 있다. 새끼 고양이를 생각해 보라고 하면 우리는 "어떤 방법으로 새끼 고양이를 생각해야 할까?"라는 생각을 거칠 필요 없이 즉시 새끼 고양이를 떠올린다. 그런 생각을 하는 것은 "**어떤 방법**으로 내 새끼손가락을 움직여야 할까?"라고 묻는 것만큼이나 무의미하다.

지금까지 한 이야기는 모두 다음 사실을 말하기 위한 것이다. 직접적 행동이라는 이 제한된 영역 내에서 하나님은 우리에게 특정한 능력을 주셨다. 이것은 우리가 의식적으로 통제할 수 있는 한 하나님처럼 즉각적으로 창조할 수 있는 능력이다. 우리 자신의 생각(내면의 말)이 어떻게 창조 행위로 바뀌는지를 이해하는 일은, 말씀을 통한 하나님의 통치를 구체적으로 깨닫기 위해 절대적으로 중요하다. 그분의 말씀이 곧 행동이라는 의미를 조금이나마 이해할 때에야 비로소 하나님이 우리와 인격적으로 인도하는 관계를 가지실 수 있다는 사실을 믿을 수 있는 근거가 마련된다.

다시 창세기 1장으로 돌아가면 우리는 우리가 현재 물질의 본질로 알고 있는 에너지와 빛을 만들어 낸 첫 창조의 말씀의 결과물 위에 하나님이 직접적으로 행동하심으로써 창조를 계속하시는 것을 볼 수 있다. 성경은 이렇게 말한다.

하나님이 이르시되 "물 가운데에 궁창이 있어 물과 물로 나뉘라…천하의 물이 한 곳으로 모이고." (창 1:6, 9)

그분은 다음 구체적인 물체들을 말씀으로 존재하게 하셨다.

하나님이 이르시되 "하늘의 궁창에 광명이 있어…물들은 생물을 번성하게 하라…땅은 생물을 그 종류대로 내되…우리의 형상을 따라 우리의 모양대로 우리가 사람을 만들고."(창 1:14, 20, 24, 26)

이 모든 경우에 하나님이 말씀하시자, 우리의 손이 우리의 생각과 뜻에 반응하여 움직이는 것과 같은 방식으로 물질이 존재하게 되었다. 순간적으로 생겼는지 다소 시간이 걸렸는지는 중요하지 않다. 그것이 하나님의 말씀이 보유한 창조력이다. 이 모든 것을 생각할 때 여기서 잠시 책을 덮고 시편 104편을 묵상하며 예배하고 싶은 마음이 들 수도 있다!

하나님의 말씀, 즉 하나님의 생각과 뜻은 창조된 우주 내에 계속 임재하여 지금도 피조 세계를 붙들고 있다. "여호와여, 주의 말씀은 영원히 하늘에 굳게 섰사오며 주의 성실하심은 대대에 이르나이다. 주께서 땅을 세우셨으므로 땅이 항상 있사오니 천지가 주의 규례들대로 오늘까지 있음은 만물이 주의 종 된 까닭이니이다"(시 119:89-91).

그렇다면 소위 자연법칙을 세상의 운행 방식에 관한 하나님의 생각과 뜻으로 보아야 한다. 기독교 철학자이자 성공회 주교인 조지 버클리(George Berkeley)가 오래전 시편 19편을 상기시키며 말한 것처럼, "하나님은 친히 날마다 모든 장소에서 모든 인간의 눈에 말씀하신다."[5] 장미꽃 봉오리가 열리고 씨앗이 움트고 아이가 잉태되어 자라고 은하계가 발생하는 것 같은 가시적 물질세계의 사건들은 곧 가시적 언어의 구성 요소다. 그 안에는 창조적 지성만 있는 것이 아니다. 다음에 나오는 버클리의 말을 보라.

신중한 통치자인 하나님 자신이 나타나 있다. 그분은 실제로 친밀하게 임재하셔서 우리의 모든 관심사와 움직임을 주목하시고, 우리의 행위를 지켜보시며, 인생의 전 과정 동안 우리의 가장 작은 행동과 결정까지도 돌보신다. 그분은 가장 명확하고 상식적인 방식으로 끊임없이 우리를 가르치시고 훈계하시며 인도하신다.[6]

하나님의 음성 듣기 연습

시편 19:1-6, 119:89-91

이 '영적 독서'의 연습에 앞서 바로 앞의 일곱 단락에 제시된 내용을 되살펴 보라. 말과 하나님의 말씀이 현실에서 차지하는 역할에 대한 개념을 이번 장에 소개했는데, 그것을 알면 지식을 바탕으로 기대하는 마음으로 본문 속으로 들어갈 수 있다.

본문을 읽으며 하나님의 말씀을 받기 위한, 즉 그분의 음성을 듣기 위한 준비 단계로 잠시 책을 내려놓기 바란다. 눈을 감고 천천히 숨을 내쉬라. 오늘 성령께서 무엇을 주시든 마음을 열고 들을 수 있게 해달라고 하나님께 기도하라.

읽기(lectio)

성경 읽기가 "하나님 자신을 만나거나 그분의 음성을 듣기" 위한 초대임을 생각하며 본문을 천천히 읽으라.

하늘이 하나님의 영광을 선포하고
　궁창이 그의 손으로 하신 일을 나타내는도다.
날은 날에게 말하고
　밤은 밤에게 지식을 전하니
언어도 없고 말씀도 없으며
　들리는 소리도 없으나
그의 소리가 온 땅에 통하고
　그의 말씀이 세상 끝까지 이르도다.
하나님이 해를 위하여 하늘에 장막을 베푸셨도다.
　해는 그의 신방에서 나오는 신랑과 같고
　그의 길을 달리기 기뻐하는 장사 같아서
하늘 이 끝에서 나와서
　하늘 저 끝까지 운행함이여.
　그의 열기에서 피할 자가 없도다. (시 19:1-6)

여호와여 주의 말씀은 영원히 하늘에 굳게 섰사오며 주의 성실하심은
　대대에 이르나이다. 주께서 땅을 세우셨으므로 땅이 항상 있사오니
천지가 주의 규례들대로 오늘까지 있음은
　만물이 주의 종이 된 까닭이니이다. (시 119:89-91)

이제 내용을 파악했으니 다시 한 번 읽으라. 아울러 이번에는 당신에게 아른거리거나 눈에 띄는 단어나 문구를 마음의 귀로 경청하라. 그것을 스스로 고르지 말고 성령께서 주시는 대로 받으라. 온유함으로 그대로 받아 어떻게 되는지 보라(약 1:21).

묵상(meditatio)

본문을 다시 천천히 읽으라. 읽는 동안과 읽고 나서 몇 분 동안, 당신의 눈에 띄었던 단어나 문구를 묵상하라. 왜 그 단어가 당신의 공감을 불러일으킨다고 생각하는가? 몇 분 동안 그렇게 하라.

그다음에 하나님께 이렇게 여쭈라. "이것이 오늘 저의 삶과 어떻게 연결됩니까? 제가 알아야 하거나 되어야 하거나 해야 할 것은 무엇입니까?"

반응(기도, oratio)

본문을 마지막으로 한 번 더 읽으면서 기도를 준비하라. 성령께서 말씀하셨다고 생각되는 내용이나 당신에게 와닿았던 내용을 하나님께 말씀드리면 된다.

인도하시는 방식대로 기도하라. 하나님께 뭔가로 인해 감사드릴 수도 있고 뭔가를 구할 수도 있다. 원한다면 성경 본문의 마지막 세 구절을 가지고 기도해도 좋다.

안식(관상, contemplatio)

인도하시는 대로 하라. 하나님을 바라며 그냥 그분과 **함께 있을** 수도 있다. 하나님께 주목하며 특히 본문이 어떻게 당신에게 하나님에 대한 경이감을 더해 주는지 생각해 볼 수도 있다. 하나님이 당신에게 그분을 예배하거나 적어도 그분과 **함께 있고** 싶은 마음을 주실 수 있다. 앉아서 하나님과 교제를 나누라. 그분은 당신을 찾으시는 분이다.

하나님의 아들이 되신 하나님의 말씀

가시적 언어이며 우주를 붙들고 있는 질서인 이 말씀이 역사의 한 시점에 마리아의 태를 통해 우리에게 찾아왔다. "그가 세상에 계셨으며 세상은 그로 말미암아 지은 바 되었으되 세상이 그를 알지 못하였고 자기 땅에 오매 자기 백성이 영접하지 아니하였으나"(요 1:10-11).

하나님이 **구속**을 위해 인간 세상에 들어오신 것은 낯선 나라에 발을 내딛는 것이 아니었다. 그분은 '자기 소유' 가운데로 오셨다. 모든 피조 세계의 질서인 하나님의 생각이 한 인간이라는 유한한 형태로 응집된 것이다. 옛 기도처럼 그분은 "처녀의 태를 거부하지 않으셨다." 언제나 그렇듯 온 우주의 '제어반'은 그 태 안에서도 건재하고 있었다. 성육신하신 동안 그분은 자발적으로 자신을 비우셨다(빌 2:7). 그럼으로써 지극히 선별해서 사용해야 하는 경우를 제외하고는 그 제어반의 사용을 삼가셨다.

그리스도가 '육체를 입은' 성육신의 분명한 역설은, 실은 그가 제약에 갇힌 것이 아니라 오히려 최고의 힘을 최고로 행사했다는 것이다. 인간 역사의 종말이 오면 그것이 만천하에 밝혀질 것이다.

> 보라, 나의 택한 종
>   곧 내 마음에 기뻐하는 바 나의 사랑하는 자로다.
> 내가 내 영을 줄 터이니
>   그가 심판을 이방에 알게 하리라.
> 그는 다투지도 아니하며 들레지도 아니하리니
>   아무도 길에서 그 소리를 듣지 못하리라.

상한 갈대를 꺾지 아니하며
　꺼져 가는 심지를 끄지 아니하기를
심판하여 이길 때까지 하리니
　또한 이방들이 그의 이름을 바라리라. (마 12:18-21)

신약성경의 이야기는 사람들이 예수님이 누구인지를 점점 더 깊이 알아 간 이야기다. 그분이 자랄 때 사람들은 이렇게 말했다. "이 사람은 마리아와 요셉의 아들이다. 우리는 그를 안다." 제자들은 그분이 엘리야거나 죽었다 살아난 옛 선지자일 수 있다고 생각했다. 예수님이 자신의 정체에 대한 질문을 던지자 베드로는 하나님의 계시를 통해 이렇게 고백했다. "주는 그리스도시요 살아 계신 하나님의 아들이시니이다"(마 16:16).

예수님이 온 우주의 메시아라는 개념은 신약성경 후반부에 가서야 등장한다. 그분이 모든 지리적, 민족적 차이를 뛰어넘는 통치자로서 우주를 통합하시고(골 1:17) 능력의 말씀으로 만물을 붙드시는(히 1:3) 분임이 밝혀진 것이다. 예루살렘 역본에는 "능력의 명령으로 우주를 지탱하신다"고 훌륭하게 번역되어 있다. 이렇듯 그분은 요한계시록의 표현처럼 알파와 오메가요, 신실함과 진실함이며, 하늘의 군대를 이끄는 하나님의 말씀이며, 만왕의 왕이요, 만주의 주시다(계 1:8; 19:11, 13, 16).

자연과 성육신하신 그리스도 안에 나타난 모든 것으로 미루어 볼 때, 하나님의 말씀의 특징은 누구도 당할 수 없는 능력에 있다. 선지자 이사야는 바로 이 능력을 깨달았기에 인간의 생각과 하나님의 생각을 비교했다. 하나님의 생각이 표현된 것이 바로 하나님의 **말씀**이다. 인간의 생각은 비록 정해진 범위 안에서는 효력이 있지만 하나님의 생각과 말씀의 능력에 비하면 마치 땅이 하늘보다 낮음같이 무척 낮다(사 55:8-9). 이 때문에 식물과 종자와 먹을 양식을 내는 비와 씨앗(사 55:10) 같은 자연의 힘에 견줄 만한 힘으로 말한다. "내 입에서 나가는 말도 이와 같이 헛되이 내게로 되돌아오지 아니하고 나의 기뻐하는 뜻을 이루며 내가 보낸 일에 형통하리라"(사 55:11)고 하나님이 친히 말씀하셨다.

우리는 하나님의 말씀대로 살아가는 그분의 구속 공동체와 일반 자연 질서 사이의 **연합**을 시편 29편에서 볼 수 있다. 물과 숲의 행위는 여호와의 소리로 인한 것이다. "여호와의 소리가 암사슴으로 낙태하게 하시고 삼림을 말갛게 벗기시니"(시 29:9). 그러나 "홍수 때에 좌정하시는" 그분이 "자기 백성에게 힘을 주시기도" 한다. "여호와께서 자기 백성에게 평강의 복을 주시리로다!"(시 29:10-11). 예수님의 삶 속에서도 이와 동일한 연합이 나타난다. 그분은 물로 포도주를 만드시고 말씀으로 거센 파도를 잔잔하게 하시며 물 위를 길처럼 걸으실 수 있으셨지만, 오히려 사람들의 마음속에 하나님 나라의 통치에 관한 말씀을 심어 주셨다. 그 말씀은 백 배, 육십 배, 삼십 배의 결실을 맺을 것이다(마 13:23).

이것이 바로 우주를 통치하는 일에 연합된 하나님의 말씀과 하나님의 아들이다. 그러나 하나님의 말씀이 하나님의 **가족**과 어떻게 연관되는지 이해하려면, 평범한 인간의 삶 속에서 **평범한 인간의 말이 하는 역할**을 좀더 자세히 살펴볼 필요가 있다. 이것은 이 장 뒷부분에서 인간들 가운데 역사하시는 **하나님 말씀의 능력**이 미신, 마술, 마법 따위와 어떻게 다른지를 살펴보는 데 도움이 된다. 하나님의 음성을 듣는 것이 의미 있는 일이 되고 기독교 영성을 다른 신앙과 확연히 구분하기 위해서는 필수적인 일이다. 그렇게 살펴보는 것이 절대적으로 중요하다.

말의 위력

전도서에서 현자는 삶과 사회의 운행 원리를 깊이 있게 살펴본다. 다른 많은 이야기 중에서도 그는 왕이나 정부가 어떻게 기능하는지를 고찰한다. 시편 29편은 여호와께서 홍수 때에 왕으로 좌정하셨다고 말한다. 우리는 그분이 과연 온 땅의 왕이요 가장 비참한 상황까지도 주관하시는 분임을 안다. 그러나 흔히들 생각하는 것과는 반대로 왕이란 단순히 무력으로만 통치하는 자가 **아니다**.

나폴레옹 황제가 특정 지역을 정복하기 위해 엄청난 무력을 행사하려 하자 그의 측근인 한 현명한 장교가 이렇게 말했다. "폐하, 사람이 검 위에 **앉을** 수는 없는 법입니다." 그는 무력을 사용해서는 **안정된** 통치에 이를 수 없다는 것을 알았다. 모든 정부는 어느 정도 통치받는 자들의 동의에 의해 존재한다. 국민을 무력으로 완전히 지배할 수 있는 사람은 아무도 없다. 대신 통치자는 말과 이해와 충성과 합의를 통해 통치한다.

실제로 왕이었던 전도서 기자는 왕이 하는 말의 위력에 새삼 놀라며 이렇게 말했다. "왕의 말은 권능이 있나니 누가 그에게 이르기를 '왕께서 무엇을 하시나이까?' 할 수 있으랴"(전 8:4). 왕에게서 그 권위와 역할을 제거해 보라. 왕도 한낱 인간에 지나지 않는다. 그러나 왕으로 재위하는 동안은 한마디 말조차 엄청난 효력을 발휘한다. 사람들이 굽신거리며 나라가 번창하고 도시가 불타며 군대가 진군하고 적이 섬멸된다. 인간 차원에서 말의 위력을 분명히 인식하면, **하나님의** 나라에서 그분의 창조의 말씀이 갖는 위력도 이해할 수 있다.

하나님 나라에서의 말씀

하나님 나라가 하나의 **나라**이며 그 나라 역시 다분히 말씀으로 움직인다는 사실을 이해하고 그 나라를 보면, 예수님이 지상에서 사역하시던 때에 일어난 수많은 사건을 훨씬 더 쉽게 이해하고 깊이 공감할 수 있다.

이 장 앞부분에서 우리는 '어떤 백부장'에 대해 살펴보았다. 그는 예수님에 대해 맹신에 가까운 믿음이 있었다. 그것은 종교적 진리에 근거한 것이 아니라 권위 있는 사람의 말의 힘에 대한 세상 지식에서 비롯된 것 같다. 기사에 나온 내용으로만 보면, 그는 비록 선한 사람이고 유대교를 존중하기는 했지만 하나님에 대해 특별한 신앙이 있었던 것은 아니다. 그는 단순히 권위가 어떻게 역사하는지를 알아서 예수님이 치유하시는 권위로 일하시는 분임을 인식했다.

마태복음 8장에 기록된 것처럼 어느 날 예수님이 가버나움 성에 들어가시자 이 백부장이 찾아와 도움을 청한다. "주여, 내 하인이 중풍병으로 집에 누워 몹시 괴로워하나이다"(6절). 아직 와 달라는 말도 없었는데 예수님은 "내가 가서 고쳐 주리라"(7절)고 말씀하신다. 이렇게 간단하다! 그분께는 대단할 것이 전혀 없는 일이다. 예수님이 이 하인을 고쳐 주시는 것은 우리가 "이제 내 손을 들리라"고 말하는 것이나 다름없다.

백부장은 예수님의 반응을 이해할 수 있었다. 그는 이렇게 답한다. "주여, 내 집에 들어오심을 나는 감당하지 못하겠사오니"(8절). 이것은 백부장이 보인 겸손의 행위이자 예의였다. 그는 예수님이 유대인이라는 것과, 순수한 유대인은 이방인의 집에 들어가는 것을 자신을 더럽히는 일로 생각한다는 것을 알았다. 그래서 겸손히 예수님께 말한다. "다만 말씀으로만 하옵소서. 그러면 내 하인이 낫겠사옵나이다"(8절).

"말씀으로만 하옵소서." 그렇다. **왕**의 말은 **권능**이 있기 때문이다. 말로 충분하다. 백부장 자신이 작은 반경 내에서 왕 같은 존재였고, 또 더 높은 왕인 가이사를 대변할 권위를 부여받은 자였기 때문에 그것을 알고 있었다.

백부장과 예수님의 만남을 기록한 두 복음서를 보면, 예수님이 "말씀으로만" 자기 하인을 고칠 수 있다는 것을 그가 알게 된 경위를 자세히 설명할 기회가 주어진다. "나도 남의 수하에 있는 사람이요 내 아래도 군사가 있으니 이더러 가라 하면 가고 저더러 오라 하면 오고 내 종더러 이것을 하라 하면 하나이다"(마 8:9; 참고. 눅 7:8).

여기서 우리가 보는 것은 **권위를 가진 사람의 입에서 나오는 말의 위력에 대한 믿음**, 그것도 **경험적 지식**에 근거한 **믿음**이다. 우리 자신의 작은 반경이든 하나님의 온 우주든, 개인적 우주에서 말은 행동과 사건을 지시한다. 백부장은 그것을 이해했고 예수님은 그의 이해력에 경탄을 금치 못하셨다. "예수께서 들으시고 놀랍게 여겨 따르는 자들에게 이르시되 '내가 진실로 너희에게 이르노니 이스라엘 중 아무에게서도 이만한 믿음을 보지 못하였노라'"(마 8:10).

이 시점에서 우리의 실용적 무신론이나 회의론이 갑자기 고개를 쳐들어 이렇게 말하거나 생각할 수 있다. "세상 일이 어떻게 그렇게 간단할 수 있어?" 하지만 여기서 잘못된 것은 정확히 무엇인가? 실체가 말에 반응하는 우주 개념에서 틀린 부분이 무엇인가? 실체가 생각과 의지에 반응하는 우주 개념에서 잘못된 것이 무엇인가? 우리가 살고 있는 우주는 정확히 그런 곳이다. 하지만 우리의 믿음은 대개 그것을 믿는 수준에 이르지 못하며 적어도 그 진실의 수위와는 거리가 멀다. 물론 부분적으로 우리의 회의론은 우리의 말에 믿음과 권위가 수반되지 않을 때가 많다는 사실에 기인한다. 그런 말은 믿음이 넘치는 말, 즉 권위적 역할을 수행하는 말과는 달리 실체에 아무런 효력을 미치지 않는다. 그래서 **우리의 경험은 백부장의 경험과는 달리 우리의 믿음에 도움이 되는 것이 아니라 오히려 방해가 된다.**

반면 백부장의 경우는 모든 것이 지극히 쉬웠다. 자신이 상대하고 있는 분이 높은 권위를 지닌 분임을 알았기 때문이다. 그는 권위가 무엇인지 알았다. 명령을 내린다는 것이 무엇인지 알았다. 예수님도 똑같은 종류의 일을 하고 계시다는 것을 알았다. 그래서 믿음으로 그 상황에 뛰어드는 것이 그에게는 간단한 일이었다. 자기에게 권위가 없기 때문에 "병이 나으라!"고 직접 말할 수 없었다. 그러나 그는 그런 권위를 갖고 계신 분을 알아볼 수 있었다. 그리하여 믿음으로 예수님께 권위를 사용하여 물질세계 안에서 일어난 과정, 즉 그의 하인을 치유하는 일을 인도해 달라고 부탁할 수 있었다.

인간에게 주어진 말의 위력

당시 의심하는 일부 사람들에게 예수님은 이렇게 말씀하셨다.

"그러나 인자가 세상에서 죄를 사하는 권능이 있는 줄을 너희로 알게 하려 하노라" 하시고 중풍병자에게 말씀하시되 "일어나 네 침상을 가지고 집으로 가라" 하시니 그가 일어나 집으로 돌아가거늘 무리가 보고 두려

위하며 이런 권능을 사람에게 주신 하나님께 영광을 돌리니라. (마 9:6-8)

이에 대한 스펄전의 주해는 아주 적절하다. "은혜의 기적이야말로 우리 사역의 증표가 되어야 합니다. 하나님의 성령이 아니면 누가 그것을 줄 수 있겠습니까?"[7]

성경의 기록에 따르면 예수님의 말씀 같은 힘 있는 말이 다른 사람들에게도 **주어져** 그들도 그런 위력 있는 말을 할 수 있었다. 민수기 20:8-12에서 이 점에 대한 매우 흥미로운 사례를 찾을 수 있다. 광야를 헤매던 이스라엘 백성은 물이 없어 죽어 가고 있었다. 백성들은 모세의 지도력에 맹비난을 퍼부었다. 그래서 모세는 기도했고 그것은 마땅한 처사였다. 그러자 하나님이 그에게 나타나셔서 근처의 반석에게 명하여 물을 내라고 말씀하셨다. "네가 그 반석으로 물을 내게 하여"(8절).

그러나 모세는 그렇게 하지 않고 하나님이 이전에 자기에게 증표로 주셨던 지팡이를 들고는 아론과 함께 백성들을 불러 모아 이렇게 말한다. "'반역한 너희여, 들으라. 우리가 너희를 위하여 이 반석에서 물을 내랴?' 하고 모세가 그의 손을 들어 그의 지팡이로 반석을 두 번 치니 물이 많이 솟아 나오므로 회중과 그들의 짐승이 마시니라"(민 20:10-11). 얼마나 멋진 장면인가! 하지만 모세가 말로 명하지 않고 반석을 내리쳤기 때문에 하나님은 그의 불순종을 엄격히 다루셨다. "너희가 나를 믿지 아니했기"(12절) 때문에 약속의 땅에 들어가지 못하게 하신 것이다. 모세의 잘못이 정말 그 정도로 심각한 것인가? 하나님으로부터 그런 강경한 조치를 당할 정도로 잘못된 것인가? 그렇다면 그 이유는 무엇인가? 앞에서 이야기한 문제들을 이해하지 못한다면 모세의 행동이 그리 큰 잘못으로 보이지 않을 것이다.

  모세는 반석을 내리침으로써 **자기의** 능력을 비난한 사람들에게 답하려 했는지도 모른다. 단순히 **말만** 해서는 반석이 물을 내리라고 믿지 않았는지도 모른다. "**우리가** 너희를 위하여 이 반석에서 물을 내랴?"고 물은 것으로 보면, 하나님의 말씀을 오해하여 자신의 물리적 힘으로 물을 내야 한다고 생각했는지도 모른다. 그러나 고린도전서 10:4이 가르쳐 주는 바와 같이 그가 내리친 반석은 그리스도였다. 피조 세계와 자연 안에서 운행하는 로고스 또는 말씀에 대해 우리가 그동안 깨달은 것이 사실이라면, 반석은 하나님 나라의 적절한 권위와 믿음의 비전으로 하는 말에 얼마든지 반응하게 되어 있는 물체다.

  하나님의 말씀의 위력을 평범한 인간들의 말로 바꾸어 말하는 작업은 예수님이 인간의 모습으로 사는 동안 실험하신 일이다. **그분이** 하나님 통치의 위력을 행사하실 수 있다 해서 그것이 제자들에게도 전가될 수 있는가? 그것이 그들이 함께 직면했던 문제였다. 예수님은 자신이 하는 일을 자주 보았던 제자들에게도 같은 일을 하도록 위임하신 후 그들을 내보내셨다. "가면서 전파하여 말하되 천국이 가까왔다 하고 병든 자를 고치며 죽은 자를 살리며 나병환자를 깨끗하게 하며 귀신을 쫓아내되 너희가 거저 받았으니 거저 주어라"(마 10:7-8; 참고. 눅 9:1-10).

  일차 시도는 열두 사도를 대상으로만 실시되었다. 그들이 돌아와 하나님 말씀의 능력으로 행한 일의 성공적인 결과를 보고하자, 이제 하나님의 능력을 전가하는 것이 가까운 제자들을 넘어 일반 신자들에게까지 확대될 수 있는가 하는 것이 문제가 되었다. 그래서 누가복음 10:1에 따르면 예수님은 "따로 칠십 인"을 내보내신다. 그런데 이 70명이 예수님의 측근에 있던 무리가 아니었다는 사실이 굉장히 중요해 보인다. 이를테면 그들은 주님의 정예부대가 아니었다. 그런데도 그들은 주의 이름으로 귀신들도 자기들에게 항복한다는 사실을 알고 기뻐하며 돌아왔다(눅 10:17).

주님은 이를 보시고 인류 구원을 위한 이른바 '성육신 확장 계획'을 추진하기로 마음을 굳히신 것 같다. 예수님이 비로소 사탄이 패하는 것을 보신 것도 바로 이 시점 같다. 즉 하나님의 말씀과 그 능력이 보통 사람들에게 전가되어 그들이 하나님의 통치를 받으며 그분을 **대언할** 수 있게 된 시점인 것이다(눅 10:18).

이 감동적 본문(눅 10:21-24)에서 예수님은 성경 다른 대목에서는 찾아볼 수 없는 큰 기쁨을 맛보셨다. 누가는 예수님이 "성령으로 기뻐하셨다"고 말한다. 여기 사용된 헬라어(*agalliao*, 21절)는 기뻐서 껑충껑충 뛰는 마음 상태를 가리키는 말이다. 이어 예수님은 잠시 돌아서서 아버지께 감사하는 시간을 갖는다. "천지의 주재이신 아버지여, 이것을 지혜롭고 슬기 있는 자들에게는 숨기시고 어린아이들에게는 나타내심을 감사하나이다. 옳소이다. 이렇게 된 것이 아버지의 뜻이니이다"(21절).

그분은 이 사건들의 의미를 생생하게 깨달으시면서 제자들에게 아버지께서 모든 것을 자신에게 맡기셨다고 말씀하신다. "내 아버지께서 모든 것을 내게 주셨으니"(22절). 또한 인류에게 아버지를 계시하는 일이 전적으로 자신의 책임임을 확신 있게 말씀하신다(22절). 지극히 평범한 사람들이 하나님의 권위의 말씀의 능력으로 성공하는 것을 보신 그분은 그런 일을 목격할 수 있었던 것이 복이라며 주변에 둘러선 그들을 축하해 주신다. 선지자들과 왕들은 그것을 보고자 하였으나 볼 수 없었다고 말씀하신다(23-24절).

　이렇듯 하나님 나라에서 이루어지는 그분의 통치는 이스라엘 백성 가운데 인간들의 행동과 말을 통해 재확인된다. 이는 이러한 통치가 이스라엘의 독점적 통제를 벗어나기 직전에 일어난 일이다. 이스라엘 백성은 세상의 빛이 되어 하나님의 인도를 받으며 살아가는 법을 보여 주어야 한다는 그분의 사명을 감당하지 못했다. 그래서 예수님은 당시의 이스라엘 백성에게 이렇게 말씀하셨다. "그러므로 내가 너희에게 이르노니 하나님의 나라를 너희는 빼앗기고 그 나라의 열매 맺는 백성이 받으리라"(마 21:43). 이는 하나님 나라에서 말씀의 위력이 행사될 때 유대인들이 개인적 차원에서 배제된다는 의미가 아니다. 그것은 말도 안 된다. 그러나 이제 **유대인의 독점적인** 역할은 끝났다. 유대인은 더 이상 하나님의 독점적 백성이 아니며 이 땅에서 그분이 머무시는 공식 주소가 아니다. 예수님이 마태복음 21:43에서 지적하신 바와 같이, 하나님 나라가 유대인에게서 교회로 전가되는 이야기가 곧 예루살렘에서 시작하여 로마에서 끝나는 사도행전의 이야기다. 예수님과의 연합을 통해 하나님 나라에서 그분의 통치에 참여하는 길은 오늘날 온 세계에 활짝 열려 있다.

기도와 행동과 말

하나님의 말씀이 하나님 나라의 통치 안에서 인간들에게 작용하는 방식을 제대로 이해하면 신약성경을 깊이 공부하는 많은 사람의 의문이 풀릴 수 있다. 예수님은 눈앞에 닥친 문제 때문에 **기도하신** 적이 거의 없다. 그분은 대체로 문제 자체를 향해 **말씀하시거나** 그 문제와 관련된 모종의 **행동**을 취하신다.

마가복음 9장에 그런 사례가 나온다. 예수님이 변화산에 올라가 계신 동안 한 사람이 아들을 데려와서 고쳐 달라고 사정했다. 벙어리 귀신이 들린 아이였다. 제자들은 귀신을 쫓아내려 했지만 실패했다. 아이의 상태와 아버지의 믿음에 대해 그 아버지와 약간의 대화를 나누신 후 예수님은 한마디 명령으로 귀신을 쫓아내셨다. 제자들은 이전에 비슷한 과제에서 성공한 적이 있었던 것 같다. 그들이 왜 자기들은 귀신을 쫓아낼 수 없었느냐고 여쭙자 예수님은 이렇게 답하신다. "기도 외에 다른 것으로는 이런 종류가 나갈 수 없느니라"(막 9:29). 하지만 이 경우 예수님 자신은 기도하시지 않았다. 이를 어떻게 설명해야 할까?

이것은 경험으로 얼마든지 입증되는 바와 같이, 하나님의 말씀을 말하는 데도 **권세의 정도**가 있으며 그 권세를 높이는 데 기도가 필수적이라는 원리를 보여 주는 사례다. 영적인 삶에서 기도는 말보다 근본적인 것이며 사실 말의 필수 기초다. 오늘날에는 하나님의 말씀을 '말하는 것'에 대한 이해가 전반적으로 부족하고 대체로 기도 생활의 수준이 낮기 때문에 이런 말의 역할이 제약을 받고 있다.

물론 우리는 자신의 말이나 행동이 아니라 하나님의 **직접적** 말씀이나 행동이 꼭 필요한 상황에 부딪힐 때도 있다. 어쩌면 그런 경우가 대부분일지도 모른다. 그럴 때는 기도하는 수밖에 없다. 하지만 어떤 때는 **우리가** 그리스도의 이름으로 하나님을 대신하여 문제 해결의 길을 제시할 수 있어야 한다. 예수님이 마가복음 9장에서 지적하신 것처럼 그 일은 사안의 특성에 따라 꽤 어려울 수 있다. 이런 상황은 여타 상황들과 다르고 남다른 능력을 요구할 때가 많으며, 그 시점에서 우리에게 그 능력이 있을 수도 있고 없을 수도 있다. 하지만 나는 우리가 하나님과 더불어 말하는 이 능력을 향해 점차 **자라가라**는 부르심을 입었으며, 하나님이 우리 각 사람에게 맡기신 힘의 정도도 커져야 한다고 믿는다.

사도행전과 복음서에 약간 나와 있듯이 예수님의 사도들이 행한 일을 보면, 그들이 하나님과 **더불어 말했다**는 것을 알 수 있다. 그들은 당면 문제에 대해 **언제나** 하나님께 도움을 달라고 기도만 한 것이 아니다. 그들은 분명 상황에 따라 다르게 대처했다. 사도행전 3장에 보면 베드로와 요한이 성전에 들어가다가 앉은뱅이 거지를 만나는 장면이 나온다. 베드로는 예수 그리스도의 이름으로 그 사람에게 일어나 걸으라고 명했다(6절). 요컨대 예수님을 대신하여 명한 것이다. 이어 베드로는 앉은뱅이의 손을 잡고 그를 일으켜 세웠다(7절). 베드로는 무릎을 꿇고 그를 위해 기도하지도 않았고 "우리가 당신을 위해 기도해 드리겠습니다!"라고 말만 하며 지나치지도 않았다. 그는 그리스도의 대리자로서 모든 사람이 보는 앞에 자신의 몸 전체를 내놓았다. 무시무시한 일이 아닌가?

"선행과 구제하는 일이 심히 많던"(행 9:36) 자매 도르가가 죽었을 때 베드로는 모든 사람을 방에서 내보냈다. 예수님께 배웠을까?(마 9:25과 비교해 보라) 그는 무릎을 꿇고 기도했다. 그러고는 도르가의 시체를 보며 일어나라고 명하자 여자가 다시 살아났다(행 9:40). 베드로는 엘리사가 비슷한 상황에서 취했던 행동에서 배웠을 수도 있다(왕하 4:32-35). 엘리사는 하나님과 더불어 하나님 나라의 통치를 가장 성공적으로 시행한 사람 중 하나였다.

바울은 루스드라에서 자신의 설교를 듣고 믿음이 생긴 한 앉은뱅이에게 하나님의 구속의 말씀을 전했다. 바울은 그에게 큰소리로 명했다.

"'네 발로 바로 일어나라' 하니 그 사람이 일어나 걷는지라"(행 14:10).

교단의 장벽을 초월하여 '카리스마타'(charismata), 즉 성령의 은사가 두드러지게 회복되는 오늘날 다시금 수많은 제자가 눈앞에 닥친 문제와 위험을 향해 예수님의 이름으로 담대히 **말하고** 있다. 소위 영적 전투를 통해 수많은 사람이 예수님의 말씀처럼 "산더러 말할"(막 11:23) 각오를 다져 왔다. 놀라운 결과에 대한 간증들이 많은 공동체와 기독교 서적에 널리 소개되고 있다. 그것은 우리가 확신 가운데 자라갈 때 당연히 예상되는 일이다. 즉 물질세계를 포함한 실체가 궁극적으로 **하나님 나라**이며, 권위와 인격적 관계와 대화가 그 나라의 운행 원리라는 확신 말이다. 물론 우리는 아직도 배워야 할 것이 많다.

우리는 질문하도록 부름받았다

그러나 여기에는 오해의 소지가 많다. 그런 것들을 접하지 못한 삶에 익숙하거나, 그런 것들이 우리의 믿음이나 하나님을 섬기는 삶과 아무런 상관이 없다고 믿고 있다면 특히 심기가 불편할 것이다. 우리가 하나님의 말씀과 능력에 동참함으로써 병자를 고치고 귀신을 쫓아내고 죽은 자를 살릴 수 **있어야 한다**는 개념은 당혹감과 분노와 반항심과 죄책감을 심어 줄 수 있다.

어느 모임에서 기도를 통한 성취에 관해 강연한 적이 있다. 한 여자가 흐느끼면서 몹시 괴로운 모습으로 나를 찾아왔다. 분노가 가득 찬 표정이었다. 그녀는 자신에게 일어나는 사건의 방향이 기도를 통해 바뀔 수 있다고 믿었고 그것을 삶 속에서 경험해 보려고 온갖 노력을 다했다. 그러나 어찌된 일인지 그녀의 시도는 수포로 돌아갔고 그러한 실패는 그녀에게 깊은 상처와 죄책감을 안겨 주었다. 그녀는 스스로를 보호하기 위해 교리를 믿고 교회에서 봉사하며 일반적인 착한 사람이 되는 것으로 최소한 겉으로는 자신의 신앙을 재조정했다. 사실 그것은 신앙에 대한 우리 사회의 통념이기도 하다. 그날 나의 강연은 옛 상처를 들쑤시면서 어렵사리 얻어 낸 그녀의 평안을 뒤흔들어 놓았다. 그 이후로 나는 그녀가 성경이 말하는 하나님 나라의 삶이 자신에게는 실현될 수 없다고 믿는 수많은 선량한 사람의 대표적인 사례임을 알게 되었다.

한번은 '제2의 은혜의 역사'를 받는 것을 강조하는 단체에서 자란 아주 독실한 여자를 만난 적이 있다. 그녀는 이 '더 깊은 삶'을 얻어 믿음의 동지들 틈에서 이류 신자의 신세를 면해 보려고 그야말로 미친 듯이 매달렸다. 결과는 역시 '실패'였다. 다른 교단으로 옮긴 그녀는 예수님에 관한 진리에 단순히 지적으로 동의하고 소속 교회에서 어느 정도 봉사하는 삶으로 물러났다. 그날 내가 가르친 것은 하나님 나라에 들어오라는 예수님의 초청으로 기쁜 삶의 가능성이 새롭게 열렸으며, 예수님의 말씀을 듣던 사람들은 그 초청을 기쁘게 받아들였다는 내용에 지나지 않았다. 그러나 그녀는 성경 전체에서 말하는, 하나님과 교제하는 삶에 대한 내 이야기에 괴로워 어쩔 줄 몰라 했다.

이런 사례에 개입된 주제들을 여기서 충분히 다룰 수는 없지만 이것 하나만은 분명히 말할 수 있고 또 말해야 한다. 하나님 나라의 통치에 참여하는 삶이란 절대 **우리가** 만들어 내야 하는 삶이 아니라, 그 일이 일어나도록 열렬하고도 간절히 바라는 삶이다.

하나님의 말씀과 통치를 인간이 보기에 극적인 방식으로 구현하려 한다면, 언제나 그렇듯 예수님이 우리의 모델이다. 이는 무엇보다 그런 삶에는 억지나 과잉 반응이 전혀 없으며, 우리가 해야 할 일이 무엇이든 하나님이 친히 그 길로 인도해 주심을 믿을 수 있다는 것을 의미한다. 그분은 우리의 삶과 우리에게 주신 소명에 적합한 방식으로 그 일을 하실 것이다.

그 이상에 관해서는, 예수님이 전도 여행에서 돌아온 70명의 친구들에게 주셨던 말씀을 언제나 명심해야 한다. "그러나 귀신들이 너희에게 항복하는 것으로 기뻐하지 말고 너희 이름이 하늘에 기록된 것으로 기뻐하라"(눅 10:20).

이 모든 것을 마음에 깊이 새기며 이제 이번 장에서 마지막 두 가지 질문을 생각해 보려 한다. "하나님의 창조의 능력을 지닌 말씀을 말하는 삶은 마법, 마술, 미신의 삶과 어떻게 다른가?" "성경은 지금까지 우리가 논의한 하나님의 말씀과 어떤 관계가 있는가?"

마법, 마술, 미신

여기서 **마술**이란 손재주나 속임수를 뜻하는 말이 아니다. 인형이나 부적 같은 상징물과 특수한 물체의 조작을 통해 그렇게 **보이기만** 하는 것이 아니라 사건의 **실제 진행 경로**에 영향을 미치려는 시도를 뜻한다. 때로 '흑마술'이라는 용어로 통칭되는 마법과 요술은 서구인에게 가장 친숙한 형태의 마술이다.

사탄 숭배와 귀신 숭배는 실상 마술과 결합될 때도 있지만 작동 원리가 엄연히 다르다. 그것은 하나의 인격체이면서 악한 힘과 교류하는 것이다. 반면 마술과 요술은 미신의 한 형태다. 이것은 모종의 행동이나 물체나 상황이 특정 사건의 경로와 논리적으로나 자연적으로, 심지어 초자연적으로도 아무 관련이 없는데도 '제대로' 접근만 하면 그런 사건의 결과에 영향을 미친다는 신념에 바탕을 둔다. 기도와 하나님과의 대화는 그 작동 원리에서 미신과 신중히 구별되어야 한다.

미신(superstition)은 '위로 서다'(stand over)라는 뜻의 단어로 이루어진 말이다. 불가해한 일을 보고 놀라움과 경이로움을 느끼며 일어서는 것처럼 말이다. 마크 트웨인(Mark Twain)의 소설에 등장하는 아서 왕 궁전의 코네티컷 양키는 무지하고 대체로 미신적인 옛 잉글랜드 사람들을 현혹해서 괴력이 자신의 행동에서 나온 것처럼 믿게 만든다. 사실 본인은 자기가 조작한 사건의 자연적 원인을 알고 있었다. 마르틴 부버(Martin Buber)는 이에 대해 적절한 말을 했다. "마술은 관계에 들어가지 않은 채 효과를 얻으려 하고 공백 상태에서 술수를 쓴다."[8] 이는 무지와 이기적 강박관념으로 인한 공백 상태다.

이렇듯 미신이란 마술을 믿는 것이다. 마술은 연관된 물체의 본성을 통해 실제로 중재되지 않는 근거 없는 인과적 힘에 의존한다. 예를 들어 어떤 사람이 내 인형을 불구로 만들어서 내게 심한 통증을 주거나 나를 죽일 수 있다고 말한다고 하자. 이것은 마법과 또 다른 형태의 요술에서 흔히 행해지는 일로, 미신이나 마술이다. 인형을 핀으로 찌르는 것과 내가 통증을 느끼는 것 사이에는 아무런 사실적 관련성이 없기 때문이다.

분명 상식적 관점에서든 과학적 관점에서든, 우리가 인정하고 싶은 차원보다 그들이 **주장하는 효과**의 현실성이 훨씬 더 높은 경우도 있다고 본다. 예컨대 특정한 정황에서 누군가를 두고 어떤 의식을 행할 경우 그 사람이 정말 통증을 느끼거나 죽는다는 증거가 꽤 있는 것 같다. 그러나 그런 결과를 낳은 것은 인형을 훼손하거나 주문을 외웠기 때문이 아니다. 오히려 효과가 있는 경우, 그 효과는 마법이나 마술적 의식에 대한 특정 신념 체계를 공유하는 사회적 정황에서 마음이나 정신의 영역으로부터 도출된 것이다. 경우에 따라 영적 존재가 개입되는 수도 있다.

그렇다고 그 결과가 환각이라든지 비현실적이라는 말은 아니다. 다만 개입된 사실적 원인이 무엇이든 거기에 **마술적** 요소가 전혀 없다는 것이다. 아무런 인과관계도 없다. 효과에 관한 한, 마법의 과정이란 그 사회에 만연한 사회심리적 질서를 통해 성취되는 전적으로 자연적인 과정이다.[9] 관여된 힘은 의식 자체의 힘이 아니라 인격적 세력의 힘이다. 여기에는 사회적 정황과 아울러 최면 같은 현상이 개입될 때가 많으며 영적 영역에서 사탄도 개입할 수 있다.

기독교 신앙은 미신이 아니다

모세와 예수님과 베드로와 바울이 하나님의 일을 한 방식, 즉 하나님의 말씀으로 말하고 행함으로 그분의 통치를 실행한 것에서는 마술이나 미신의 요소를 전혀 찾아볼 수 없다. 하나님의 말씀을 말하는 신자들이 거둔 놀라운 결과들에 대해서도 똑같이 이야기할 수 있다. 또한 그것은 오늘날 다시금 평범한 그리스도인들의 삶의 일부가 되고 있다.

많은 사람이 하나님의 말씀의 역사가 더 극적으로 나타난 사건들을 쉽게 받아들이지 못한다. 우리가 성경에서 살펴본 사건들이 좋은 예다. 그러나 그런 사람들도 기도의 치유력은 믿는다. 몸의 치유 등 물리적 차원에서 교회가 행하는 일부 의식이나 일부 개인의 능력은 믿는다. **이것이야말로 또 다른 미신이 아닌가?**

여기에 대한 대답은 이것이다. **기독교 신앙은 능력이, 사용된 말이나 의식 자체에 있다고 믿지 않는다.** 그렇게 믿는다면 우리도 미신 행위에 뛰어들 것이다. 대신에 우리는 말과 행동을 그저 사물의 본성 속에 지정된 어떤 방식들로 간주한다. 하나님은 이 방식들을 통해 어떤 사안들을 이루어 나가신다. 이 방식들은 하나님 나라 삶의 일부로서 작용하며 하나님 나라의 인격적 주체들을 통해 나타나며 주어진 목표를 이루어 나간다. 이 방식들은 우리가 원하는 결과를 끌어내기 위해 사용하는 단순한 도구들이 아니다. 우리는 권위 아래 있으며 통제하는 지위에 있지 않다.

하나님의 말씀으로 일하는 사람들에게 임하는 믿음과 사랑과 소망과 지식이라는 결합된 조건은 **그 말씀의 본성 자체**에 들어 있다. 앞으로 일어날 결과는 거기에 연결되어 따라온다. 하나님 나라의 일부로서 이 조건은 필요와 공급 사이에 적절한 경로를 형성한다. 치유의 경우 인간의 몸이나 마음의 본성을 창조와 구속의 성령 하나님과 연결시켜 주는 것이다. 이것은 영향력과 인과관계의 (사실상 초자연적임에도 불구하고) 자연적인 질서를 이룬다.

이 장 첫머리에서 제기했던 문제를 다시 간단히 돌아보면 이 과정이 한결 분명해질 것이다. 거기서 우리는 편재하고 전능하고 전지하신 하나님의 정신에서 나온 말씀에 전반적으로 복종하는 것이 물질세계의 본질이라고 말했다(4장에서도 같은 이야기를 했다). 하나님의 종이 그분을 대신하여 하는 말과, 파도나 반석이나 고침 받을 몸이나 마음 등의 물리적 구조, 그 양쪽을 연결시키는 것이 바로 그분의 정신이다. 모세와 예수님과 베드로와 바울은 마술사가 아니다. 그들이 마법 따위를 일체 행하지 않은 것은 바로 그 때문이다.

우리 속에 몰래 기어드는 미신적 태도

때로 나는 우리 그리스도인들이 말과 의식(儀式)을 정말 미신적으로 사용하고 있음에 우려를 금치 않을 수 없다. 특히 우리의 활동이 신앙과 하나님과의 연합 그리고 자신이 바라는 결과 사이의 연관성을 바로 이해함으로써 나온 것이 아닐 때, 다시 말해 하나님 나라가 우리 가운데 어떻게 작용하는지 잘 모르고 있을 때 그렇게 되는 것 같다.

일례로 수년 전 미국의 많은 그리스도인이 "말하는 만큼 얻는다" 또는 "지목하고 확보하라"는 문구로 대변되는 유행에 사로잡힌 적이 있었다. 아직도 그런 사람들이 있다. 자기가 원하는 것을 단호히 말만 하면 그대로 얻는다고 생각하는 것이다. 뿐만 아니라 원하지 **않는** 것을 말해도, 예컨대 행여 나한테 닥칠까 걱정하는 일을 입 밖에 내면 그 일이 일어난다고 생각한다. 이것이야말로 **미신**이다. 이것은 우리를 예수님이 말씀하신 "말을 많이 하여야 들으실 줄 생각하여" 기도할 때 "이방인과 같이 중언부언하는"(마 6:7) 이들 축에 속하게 하는 미신이다. 소위 믿는다고 하는 많은 그리스도인의 종교 활동이 미신을 **빼고는** 별로 남는 것이 없을 수 있다. 그들은 하나님 나라의 본질과 그분이 특별히 믿음의 권속들 가운데 인간사를 말씀으로 통치하시는 방식을 전혀 모를 수 있다. 이 문제에 관해 각자 자신의 마음을 살펴야 한다. 하나님 나라를 먼저 구한다면 미신적이어서는 안 된다

율법주의는 미신이다

우리의 종교와 문화생활 전반에서 볼 수 있는 율법주의적 성향도 우리를

미신으로 몰아간다. 인간이 외면적 행동 규율에 부합하는 가시적 **행위**를 통해 의롭게 되고 하나님을 기쁘시게 하며 복 받는 자가 된다는 것이 율법주의의 주장이다. 예수님은 율법주의를 "서기관과 바리새인의 의"(마 5:20)라고 부르셨다.

율법주의와 미신과 마술은 사람과 사건에 대한 통제를 강조한다는 점에서 서로 밀접하게 관련되어 있다. 율법주의자들은 미신적 행위에 빠질 수밖에 없다. 율법으로 삶을 통제한다는 목적 아래 삶의 순리적 연결 고리를 외면하기 때문이다. 그들은 마음과 영혼의 실체를 간과하는데, 마음과 영혼이야말로 정작 삶이 흘러나오는 곳이다. 그래서 예수님은 진정 생명에 들어가려면 서기관과 바리새인의 의보다 **나아야** 한다고 우리에게 말씀하신다.

생명이란 율법에 의해 오는 것이 아니다(갈 3:21). 율법은 삶을 제대로 묘사하거나 인도할 수도 없다. 율법은 문자다. "율법 조문은 죽이는 것이요 영은 살리는 것"(고후 3:6)이다. 율법주의자들은 갈수록 한낱 상징적 행동에 더 빠져들 수밖에 없다. 그들은 그 행동이 자신이 바라는 좋은 결과를 가져다주리라고 미신적으로 생각한다. 잘 알려진 바와 같이 마술이나 미신은 매사를 '똑바로' 하는 데 절대적 강조점을 둔다. 이것이 바로 율법주의의 본질이다.

'말씀을 말하는 것'과 마술을 혼동한 성경의 두 가지 사례

그리스도를 의지함으로써 하나님의 능력으로 살고 행하는 것은 율법주의 또는 율법을 통한 구원과 무관한 것처럼, 미신과도 전혀 무관하다. 사도행전에는 무지한 사람들이 하나님의 말씀과 사역을 마술로 **착각한** 사례가 두 차례 나온다.

첫 번째 사례는 사도행전 8장에 나오는 마술사 시몬이다. 베드로와 요한을 통해 다른 사람들에게 성령이 임하면서 표적이 동반되는 것을 본 시몬은 자기도 같은 권능을 받고 싶어 사도들에게 돈을 주었다(18-19절). 시몬이 신자였던 것 같기는 하지만(13절) 베드로는 그 일을 통해 시몬의 마음이 하나님 앞에 바르지 않음을 보았다. 베드로는 "하나님의 선물을 돈 주고 살 줄로"(20절) 생각하였다며 그를 혹독하게 꾸짖었다.

사도행전 19장에는 다소 재미있는 이야기가 나온다. 귀신을 쫓아내며 돌아다니던 유대인 무리인 스게와의 일곱 아들은 하나님이 바울과 그리고 바울이 하나님과 함께 기적을 행하는 것을 보았다. 그들은 바울이 사용한 말을 들으며, 그것을 한 사회나 나라 안에서 이루어지는 이성적이고 합리적인 대화가 아니라 주문인 것으로 착각했다.

그래서 그들은 예수님의 이름을 빌려 어떤 자 속에 든 귀신을 쫓아내려 했다. "내가 바울이 전파하는 예수를 의지하여 너희에게 명하노라"(행 19:13). 그 후의 사건은 성경의 표현이 너무 생생해 그대로 옮길 수밖에 없다. "악귀가 대답하여 이르되 '내가 예수도 알고 바울도 알거니와 너희는 누구냐?' 하며 악귀 들린 사람이 그들에게 뛰어올라 눌러 이기니 그들이 상하여 벗은 몸으로 그 집에서 도망하는지라"(15-16절).

에베소 사람들은 다 이 일을 알고 두려워하며 '주 예수'의 이름을 크게 높였다. 주문과 마술 서적을 사용하던 신자들은 마술 세계와 하나님 나라의 거대한 격차를 깨닫고 그런 일에서 손을 뗐다. 그들은 은 오만에 해당하는 마술 서적을 불태웠고 반면 주의 말씀은 "힘이 있어 흥왕하여 세력을 얻었다"(20절).

그리스도를 따르는 우리는 자신의 뜻을 이루려는 욕심에 젖어 이런 말도 안 되는 일들을 믿거나 행해서는 안 된다. 세상이 그런 일들을 아무리 떠받든다 해도 말이다.

성경과 하나님의 말씀

끝으로, 성경과 방금 본 것처럼 힘이 있어 흥왕하여 에베소 전역에서 세력을 얻은 하나님의 말씀의 관계 그리고 성경과 그 자체로 하나님이시며 세상을 붙들고 있는 말씀(Word)의 관계를 어떻게 이해할 것인가?

성경은 하나님의 말씀하시는 행위의 결과들 중 **하나**다. 그것은 **독특하게** 기록된 하나님의 말씀이다. 성경 원전은 무오하며, 우리를 하나님 나라 안에 있는 그분과의 구원의 관계로 인도한다는 목적 아래 모든 사본과 번역본도 무오하다. 성경이 이렇듯 무오한 것은 하나님이 성경을 절대 홀로 내버려두시지 않기 때문이다.

원전의 무오성이 구속의 목적에서 지금도 효력을 발휘하는 까닭은, 그 본문이 현대의 많은 사본과 번역본을 통해 영원히 살아 계신 말씀 안에 지속적으로 간직되고 있기 때문이다. 무오성 자체는 성경의 영감설로 충분하지 못하다. 모두가 아는 것처럼 우리 손에 들려진 성경은 원전이 아니기 때문이다. 원전의 무오성은 건전하고 정상적인 해석을 보장하지 못하며 무오한 해석은 말할 것도 없다. 성경을 읽을 때 우리는 하나님을 의지해야만 한다. 하나님은 성경과 함께 그리고 그것을 이해하려는 우리의 최선의 노력을 통하여 지금 우리에게 말씀하시는 분이다.

지금까지 한 이야기에 비추어 분명한 사실이 있다. **성경은 기록된 하**

나님의 말씀이지만 하나님의 말씀이 곧 성경은 아니다. 우리는 이 사실을 무엇보다도 **성경 자체가 말하는** 바에 주의를 기울임으로써 알 수 있다.

앞에서 살펴본 본문들이 하나님의 말씀에 대해 설명하는 내용을 자세히 연구해 보면, 하나님의 말씀이 성경을 포함하되 그보다 훨씬 더 크다는 것을 알 수 있다. 성경은 독특한 **기록** 형태로 된 하나님의 말씀이다. 그러나 성경이 **살아 계신** 말씀인 예수 그리스도는 아니다. 성경은 동정녀의 몸에서 태어나 십자가에 달려 죽고 부활하여 아버지의 오른편에 올라가지 않았다.

성경은 시편 기자의 말처럼 영원히 하늘에 굳게 서서(시 119:89) 자연 질서를 드러내는(시 19:1-4) 하나님의 말씀이 아니다. 성경은 사도행전에 기록된 것처럼 널리 퍼져 흥왕하여 더한(행 12:24) 하나님의 말씀도 아니다. 성경은 예수님이 적극적 전파 사역에 의해 뿌려진 씨로 표현하신(마 13장) 그 말씀이 아니다. 그러나 이 모든 것은 하나님의 **말씀**이다. 우리가 **개인적으로 하나님의 음성을 들을 때**도 하나님의 말씀을 듣는 것이다.

이렇듯 성경은 독특하고 무오하고 기록된 하나님의 말씀이지만 하나님의 말씀은 단지 성경만이 아니다. 성경에 관해 잘못 말함으로써, 즉 성경을 하나님의 말씀과 **동일시함**으로써 성경을 높이려 한다면 그것은 성경을 높이는 것이 아니다. 오히려 하나님의 말씀의 본질에 대해 성경 자체가 하는 말을 부인함으로써 그 내용을 저버리는 것이다.

하나님은 그분의 나라 안에서 그분의 말씀을 통해 다스리신다. 그렇게 말씀하시는 것은 그분만이 할 수 있는 일이지만, 그분의 말씀은 그분과 연합하여 일하는 사람들을 통해서도 어느 정도 전달될 수 있다. 성경은 살아 계신 무한한 하나님이 말씀하신 구원의 진리를 유한한 기록 형태에 담은 것으로, 하나님이 인류에게 하실 모든 말씀의 경계를 확실히 정해 준다. 성경에 하나님이 오늘 각 신자들과 개인적으로 나누실 자세한 대화가 나와 있지 않음에도 불구하고 그것은 **원칙적으로** 그 경계를 정해 준다.

구속사에서 성경이 차지하는 역할은 다른 무엇과도 바꿀 수 없는 특별한 것이다. 우리는 열린 마음으로 지식을 따라 정직하게 꾸준히 성경에 다가가기만 하면 하나님이 반드시 성경의 각 지면을 통해 그 사람을 만나 주시며 그 영혼에 평안의 말씀을 하신다는 확신을 가지고 누구에게나 성경을 권할 수 있다. 이것은 영혼 깊은 곳에서 부르짖는 모든 이에게 주어진 약속이다.

성경 너머에 계신 당신을 찾습니다. 주여,
내 영혼이 당신을 갈망합니다. 생명의 말씀이여.[10]

따라서 바울은 제자 디모데에게 이렇게 가르쳤다. "성경은 능히 너로 하여금 그리스도 예수 안에 있는 믿음으로 말미암아 구원에 이르는 지혜가 있게 하느니라. 모든 성경은 하나님의 감동으로 된 것으로 교훈과 책망과 바르게 함과 의로 교육하기에 유익하니 이는 하나님의 사람으로 온전하게 하며 모든 선한 일을 행할 능력을 갖추게 하려 함이니라"(딤후 3:15-17).

성경 **안에** 묘사된 넓은 의미의 하나님의 말씀은 하나님의 기록된 말씀인 성경을 **통해** 모든 사람이 들을 수 있다. 하나님을 발견하고 그분과 화목하게 살려는 불타는 열망을 가지고 겸손하고 꾸준히 성경에 다가감으로써 누구나 살아 계신 말씀(Word)의 음성을 들을 수 있다.

그렇지 않은 사람들에게 성경은 죽음의 덫이 될 수 있다. 그리스도께서 이 땅에 계실 때 그분을 배척하고 자기들에 대한 그분의 주장을 거부하는 데 성경을 사용했던 이들의 경우처럼 말이다(요 5:36-47). 그렇기 때문에 성경은 성경 공부, 특히 바울 서신을 공부하다가 스스로 멸망에 이를 수 있다고 경고한다. "그중에 알기 어려운 것이 더러 있으니 무식한 자들과 굳세지 못한 자들이 다른 성경과 같이 그것도 억지로 풀다가 스스로 멸망에 이르느니라"(벧후 3:16).

성경은 한없이 신기한 보화지만 인간은 성경을 이용하여 자신의 입장을 합리화할 수 있다. 열린 마음으로 성경 앞에 나아가면 말씀이 밝히 보인다. 나는 사람들에게 성경 암송을 권한다. 말씀이 몸에 배어 있으면 자신도 모르게 말과 행동이 거기서 나온다. 판단 기준은 이것이다. 이 말씀은 내가 원하는 것과 하나님이 원하시는 것 중 어느 쪽에 이로운가? 하나님과 대화하면 그분의 말씀을 통제하려는 성향이 무너진다. 하나님과 대화의 관계를 맺으며 살아가려면 그분이나 다른 사람들을 조종하려는 시도를 내려놓아야 한다. 진정한 자기 자신이 되어 성경을 통해 그분이 주시는 말씀을 받아들여야 한다.

성경을 공부할 때 우리를 교만, 두려움, 무지, 조급함에서 지켜 줄 수 있는 유일한 길은 살아 계신 말씀인 주님과 교제하는 것이다. 그분의 백성들은 끊임없는 간구로 그러한 교제를 추구했으며 다음 기도도 그 한 예다.

성령을 내 맘에 보내셔서

내 어둔 영의 눈 밝히시사

말씀에 감추인 참 진리를

깨달아 알도록 하옵소서.[11]

또한 이런 간구도 있다.

주님의 말씀을 밝혀 주소서.

속박된 글자를 죽음의 굴레에서 벗겨 주소서.

우리의 갈 길을 비춰 주소서.

주님 사랑의 큰 자유로 이 세대를 인도하소서.

오, 빛 중의 빛이시여! 우리 안에 거하소서.

우리를 통해 주의 광채를 부어 주소서.

말과 삶으로 주의 진리를 전하게 하시고

영원히 주를 찬양하게 하소서.[12]

묵상을 위한 질문

1. 어떻게 말에 실재에 영향을 미치는 그토록 큰 힘이 있을 수 있는가? 그것은 인격과의 관계를 통해서인가? 그 관계는 어떠한 것인가? 말이란 어떤 면에서 영적인가?

2. 어떻게 하나님의 창조와 우리의 창조에 말이 사용되는가?

3. 어떻게 하나님 나라는 단순한 물리적 실재가 아니라 언어적 실재인가?

4. 자연 법칙은 하나님의 말씀과 어떤 관계가 있는가? (시편 19, 104편을 다시 떠올려

보라.)

5. 하나님의 아들로서의 말씀과 성경으로서의 말씀을 비교해 보라.

6. 로마 백부장이 알았던 것은 정확히 무엇인가? 그것은 예수님에 대한 그의 믿음과 어떤 관계가 있는가?

7. 하나님과 **더불어** 말하는 것과 기도의 관계를 설명해 보라.

8. "그 반석은 곧 그리스도시라." 이 말을 어떻게 생각하는가?(고전 10:4을 보라)

9. 이 장의 내용 중 당신에게 어떤 식으로든 위협적으로 느껴지는 부분이 있는가? 이 장에서 당신에게 격려가 된 부분은 무엇인가?

10. 하나님 말씀의 능력을 믿는 기독교 신앙을 마법과 어떻게 구분할 수 있는가? 특정한 행동이나 말을 '제대로만' 하면 사건의 향방이 바뀐다는 일반적 신념과는 어떻게 구분되는가?

7

하나님의 말씀을 통한 구속

그가 이르시되 네가 나의 종이 되어
야곱의 지파들을 일으키며
이스라엘 중에 보전된 자를 돌아오게 할 것은 매우 쉬운 일이라.
내가 또 너를 이방의 빛으로 삼아
나의 구원을 베풀어서 땅 끝까지 이르게 하리라.
이사야 49:6

너희는 세상의 빛이라.
마태복음 5:14

하나님이 말씀하시는 방식을 이해하려면 먼저 하나님의 말씀이 무엇인지를 어느 정도 이해해야 한다. 앞에서 말했듯이 그리스도의 도 안에서 하나님의 음성을 분별하는 것은 본질상 특정한 차원의 삶, 즉 **영원한 차원의 삶**, 하나님과 대화의 관계 가운데 살아가는 삶(요 17:3)의 **한 가지 측면**에 지나지 않는다.

영원한 생명이 무엇이고, 우리가 어떻게 하나님의 은혜로 그 삶에 참예하며, 특히 하나님의 음성을 듣는 것이 어떻게 그 삶의 일부가 되는지 이해하려면 하나님의 말씀을 공부해야만 한다. 하나님의 말씀, 즉 피조 세계와 구속을 통해 그분이 말씀하시는 것을 바로 알 때에만 하나님의 음성을 듣는 것이 진정 편안하게 느껴질 것이다. 하나님의 음성을 듣는다는 것은 기이한 사건이 아니다.

하나님은 단지 우리와 우리의 목적을 위해서만 말씀하시는 것이 아니며, 주로 우리의 번영과 안전과 만족을 위해 말씀하시는 것도 아니다. 하나님의 말씀 안에서 그분이 주시는 구원과 동행의 은혜를 받은 사람들은 그 사실 자체로 인해 인류에게 어떻게 살아야 할지를 보여 주는 적합한 실제가 되기도 한다. 오직 그들만이 현 상태의 우주 안에서 편안함을 느낀다. 그런 의미에서 그들은 세상의 빛이다. 그들은 변화된 성품으로 말미암아 저절로 이 과제에 합당한 자들이 된다. 따라서 이 과제는 선택 사항이나 사족 같은 것이 아니다. 그들이 비추는 빛은 그들의 행위가 아니라 그들의 **존재** 자체다.

멀리 세상의 사건들과 가깝게는 주변의 개인들을 보면, 인생을 살아가는 방식에 빛이 얼마나 절실한지 알 수 있다. 학자들의 연구와 간행물은 물론 신문, 라디오, 텔레비전 등 대중매체를 보면 새로운 사회 문제와 개인 문제가 끊임없이 등장한다. 우리의 지도자들과 대부분의 세상 사람이 인간의 행복과 불행의 근본 원인에 대하여 혼란과 무지 상태에서 고집을 부리고 있기 때문에 이런 문제들은 풀리지 않고 있다.

근친상간에서 핵전쟁에 이르기까지, 정신질환에서 빈곤과 오염에 이르기까지 인류의 각종 문제에 대한 해답은 결코 쉽거나 간단하지 않다. 그러나 우리가 인간 본성으로 미루어 분명히 알 수 있는 것은 삶의 방식에 대한 통찰이란 직접 본을 보임으로써 앞장설 준비가 되어 있는 사람들을 통해서만 효과적으로 제시될 수 있다는 것이다. 우리는 삶의 방식을 보여 줌으로써만 삶의 방식을 가르칠 수 있다. 우리 안에 있으며 우리를 하나님의 내주하심의 실례가 되게 해주는 것은 **생명**뿐이다. 즉 온 인류에게 하나님의 구속하시는 말씀과의 소통, 성령과의 소통의 기초를 보여 줄 수 있는 길은 오직 우리의 모범뿐이다. 이것이 신약성경의 사도행전과 그 이후 교회사의 여러 시점에서 제시된 모형이다. 예수 그리스도 안에서 그러했듯이 우리 안에서도 이 **생명**이 "사람들의 **빛**"이 된다(요 1:4).

전체로서의 교회는 하나님의 '부르심'을 받은 백성으로서 방황하는 인류 앞에 드러나도록 권능을 부여받는다. 광야를 지나는 동안 이스라엘 백성을 인도했던 낮의 구름 기둥, 밤의 불기둥처럼 말이다(출 13:21-22). 기아와 범죄와 경기 침체와 불황과 질병과 고독과 소외와 전쟁이 닥쳐올 때, 교회는 삶의 방식에 대해 세상이 해답을 구하는 공인된 권위가 되어야 한다. 교회만이 그 역할을 **감당할 수 있기** 때문이다. 하나님의 통치의 자원은 교회의 역할에 달려 있다. "그리스도가 해답이시다!"라고 말할 때마다 우리는 희미하게라도 그 사실을 느끼며 공표하는 것이다. 실제로 이런 문제들을 '질문'으로 생각해 본 적이 없을지 모르지만 거기에는 예수님만이 해결하실 수 있는 삶의 난제들이 들어 있다.

개인적으로 주님과 어깨를 맞대고 일하는 법을 배운 예수님의 제자요 친구들은 하늘과 땅의 접촉점으로 이 세상에 서 있다. 이는 하나님의 천사들이 인간의 삶 속으로 오르락내리락했던 야곱의 사다리와 같은 것이다(창 28:12; 요 1:51). 제자는 하나님 나라가 인간사 구석구석으로 전달되게 하는 대사요 그릇으로 서 있다(눅 10:1-11). 이것이 한나 허나드(Hannah Hurnard)가 아름답게 묘사한 중재자의 역할이다.

중재자란 하나님과 동료 인간들 사이에서 필수적인 관계를 유지하고 있어서 하나님의 구원의 능력과 그 능력이 차단된 죄인들 사이의 간격을 이어 주는, 살아 있는 전선 같은 사람을 말한다. 중재자는 능력의 원천이신 주 예수 그리스도의 생명과 그 능력과 생명을 필요로 하는 대상들을 이어 주는 연결 고리다.[1]

그러나 우리가 "흠이 없고 순전하여 어그러지고 거스르는 세대 가운데서 하나님의 흠 없는 자녀로 세상에서 그들 가운데 빛들로 나타내며 생명의 말씀을 밝히는"(빌 2:15-16) 빛의 자녀들로 온전히 변화될 수 있는 **과정**은 무엇인가? 우리의 현재 삶이 구속되고 빚어져 그 아들의 형상을 본받게(롬 8:29) 되는 지속적 과정을 어떻게 이해할 것인가? 그 과정에는 하나님의 음성을 듣는 일이 포함된다. 그리고 그 과정에서 하나님의 말씀의 역할은 무엇인가? 이런 질문에 답할 때 우리는 하나님의 음성을 듣는 것을 실제적 방식으로 8장과 9장에서 다룰 수 있게 될 것이다.

하나님의 말씀에 의한 추가적 출생

우리는 다음과 같은 성경 말씀을 어떻게 실천할 것인가?

> 너희 안에 이 마음을 품으라. 곧 그리스도 예수의 마음이니. (빌 2:5)

> 이를 위하여 너희가 부르심을 받았나니 그리스도도 너희를 위하여 고난을 받으사 너희에게 본을 끼쳐 그 자취를 따라오게 하려 하셨느니라. 그는 죄를 범하지 아니하시고 그 입에 거짓도 없으시며 욕을 당하시되 대신 욕하지 아니하시고 고난을 당하시되 위협하지 아니하시고 오직 공의로 심판하시는 이에게 부탁하시며. (벧전 2:21-23)

하나님의 말씀에 관한 앞 장의 내용을 바탕으로 이제 우리는 구속 과정에 관한 질문에 명확하고 철저한 답, 즉 단순한 비유적 표현과 시적 언어를 초월하는 답을 제시할 수 있다. 우리가 그리스도의 마음을 품고 그리하여 하나님 나라 안에서 온전한 삶을 살게 되는 것은 **우리를 향한, 우리를 통한 그리고 우리와 함께하는 하나님의 말씀의 역사를 통해서** 이루어진다.

앞에서 살펴본 것처럼 하나님의 말씀은 시간이나 물리적 구속에 제약을 받지 않는 창조와 유지의 실체요 능동적 힘이다. 하나님의 말씀은 하나님 그리고 하나님과 연합된 사람들이 지시하는 방향을 준비하며 이끌어 간다. 하나님의 말씀은 모든 종류의 생명과 존재의 기초를 이룬다.

생명이란 무엇인가? 다양한 차원과 유형을 통틀어 생명이란 **구체적**

인 관계에서 **행동하고 반응하는** 능력을 말한다. 예를 들어 양배추는 특정한 행동 및 반응 능력과 그에 상응하는 차원의 생명을 지니고 있다. 죽은 양배추도 여전히 존재하기는 하지만 살아 있는 양배추와 죽은 양배추는 크게 다르다. 달팽이나 새끼 고양이에 대해서도 똑같이 말할 수 있다.

그러나 살아 있는 양배추는 이를테면 실뭉치에 대해서는 반응을 보일 수 없다. 바로 양배추 안에 있는 생명의 **종류** 때문이다. 비록 양배추로서 살아 있기는 하지만 놀이 영역에서는 **죽어 있는** 셈이다. 마찬가지로 실뭉치를 가지고 노는 새끼 고양이도 숫자나 시에는 반응을 보일 수 없다. 그런 의미에서 새끼 고양이는 산수와 문학 영역에서는 죽어 있다. 살아 있는 양배추는 놀이 영역에서는 죽어 있지만 흙과 햇빛과 비의 다른 영역에서는 살아 있다. 새끼 고양이의 상황도 비슷하다.

인간은 한때 하나님께 살아 있었다. 인간은 하나님께 반응하며 그분과 교제하도록 지음받았다. 아담과 하와는 창조주와 대화를 하는 관계 속에서 살았고 그 관계는 날마다 새로워졌다. 그러나 하나님을 불신하고 그분께 불순종하면서 그들은 영의 영역에서 분리되었다. 그렇게 해서 그들은 영에 관한 한 죽은 존재가 되었다. 새끼 고양이가 산수에 대해 죽은 것과 같은 원리다. 하나님은 금지된 나무에 관해 이렇게 말씀하셨다. "네가 먹는 날에는 반드시 죽으리라"(창 2:17). 정말로 그들은 죽었다.

물론 생물학적으로는 살아 있었다. 하지만 하나님 나라의 우주적 통치에 관련한 반응과 교제가 끝났다. 그들이 다시 하나님께 살아 있는 존재가 되어 그분께 반응하며 영의 영역에서 행동할 수 있으려면 하나님이 그들과 그 후손들에게 "위에서 나는"(요 3:3) 추가적 차원의 생명을 주셔야만 한다.

"물로 난"(요 3:5), 즉 몸으로 태어난 인간은 자연의 생물학적 영역과 심리적, 육체적 영역에서는 살아 있다. 그러나 하나님에 대해서는 "허물과 죄로 죽어 있다"(엡 2:1). 따라서 그들은 "소망이 없고 하나님도 없는"(엡 2:12) 세상을 살아간다. 그러나 그들은 두 번째로, 즉 "거듭날"(요 3:3) 수 있다. 이것은 단지 뭔가를 **반복한다**는 의미에서 거듭나거나 같은 장소에서 새로운 출발을 한다는 의미가 아니다. 그것은 영적인 하나님 나라를 깨닫고 그 속에 들어가는 **추가적** 출생을 말한다. 지극히 정상적인 새끼 고양이가 갑자기 시를 쓰고 감상하기 시작한다고 생각해 보라. 추가적 출생에 담긴 거대한 변화가 이 이미지를 통해 조금 느껴질 것이다.

이런 추가적 출생은 하나님의 말씀과 성령을 통해 이루어지며 그 결과도 영적인 것이다. "육으로 난 것은 육이요 영으로 난 것은 영이니"(요 3:6).

무지했던 선생

유대인의 존경을 받던 한 종교 지도자가 예수님의 모습에 깊은 감명을 받아 그분을 찾아와 이렇게 말했다. "랍비여, 우리가 당신은 하나님께로부터 오신 선생인 줄 아나이다. 하나님이 함께하시지 아니하시면 당신이 행하시는 이 표적을 아무도 할 수 없음이니이다"(요 3:2). 니고데모는 이렇게 예수님을 칭찬했지만 그것은 하나님의 역사를 알아볼 수 있는 훌륭한 안목을 지닌 자신에 대한 칭찬이기도 했다.

예수님은 비록 이해할 만하고 부드러운 방식으로 대답하셨지만 사실 그것은 통렬한 책망이었다. 사실 그분의 말씀은 니고데모가 지금 무슨 뜻인지 전혀 이해하지 못하고 그런 말을 하고 있다는 것과 같았다. 하나님의 역사를 알아볼 수 있다고 주장하며 찾아온 니고데모에게 예수님은 이렇게 말씀하셨다. "사람이 거듭나지 아니하면 하나님의 나라를 볼 수 없느니라"(요 3:3). 이런 거듭남 없이는 하나님의 역사를 알아볼 수 없다. 필요한 조건과 능력을 갖추지 못한 것이다. 이는 새끼 고양이가 시를 묵상하려는 것과 같다.

니고데모는 자신의 이해력의 한계를 적나라하게 드러내 주는 이 단순한 말씀에 즉시 걸려 넘어진다. 그가 생각할 수 있는 것이라고는 고작 육신의 출생뿐이었다. 그래서 그는 어둠 속을 더듬듯 묻는다. "사람이 늙으면 어떻게 날 수 있사옵나이까?" 그러자 예수님은 '물로 난' 육체적 출생과 성령으로 인한 추가적 출생이 없으면 하나님의 통치, 즉 그분의 나라에 들어갈 수 없다고 설명해 주신다.

성령으로 태어난 이들은 다른 종류의 생명을 나타내 보인다. 생명이란 **일정한 범위의 활동과 반응**임을 잊지 말라. 영적으로 태어난 자들에게서 나타나는 생명은 보이지 않는 영적 영역과 그 능력에서 비롯된 것이다. "어디서 와서 어디로 가는지"(요 3:8), 즉 그들에게 어떤 일이 벌어지는지 일반 용어로는 설명할 수 없다. 그러나 흔적을 보고 보이지 않는 바람을 알 듯, 우리는 사람의 내면과 주변에 일어나는 결과를 보고 그 사람 안에 하나님 나라가 임재함을 알 수 있다. 그들이 점차 빛의 자녀로 변화되어 가기 때문이다.

성령과 하나님의 말씀을 통한 출생

앞에서 살펴본 것처럼 예수님의 말씀은 영이며 성령은 곧 말씀이다. 사람을 하나님의 영역에서 태어나게 하는 추가적 출생은 성령(요 3:5-8)과 말씀이 하시는 일이다. 베드로전서 1:23을 보면 하나님께 살아 있는 자들의 "거듭난 것은 썩어질 씨로 된 것이 아니요 썩지 아니할 씨로 된 것이니 살아 있고 항상 있는 하나님의 말씀으로" 되었다고 한다. 야고보서 1:18은 이렇게 말한다. "자기의 뜻을 따라 진리의 말씀으로 우리를 낳으셨느니라."

야고보와 베드로의 이 증거는 하나님의 말씀이 그리스도를 통해 자기들에게 가져다준 결과와, 하나님의 말씀이 자기들과 초대교회를 통해 다른 사람들에게 가져다준 결과에 대한 경험에서 나온 것이다. 바울은 이것을 지극히 사실적으로 표현했다. "그러므로 믿음은 들음에서 나며 들음은 그리스도의 말씀으로 말미암았느니라"(롬 10:17).

하나님의 말씀이 빛과 물질과 생명을 창조해 냈듯이, 그리스도의 복음은 우리가 생물학적으로는 살아 있지만 하나님께는 죽어 있을 때 우리를 찾아온다. 복음은 그 자체의 능력으로 우리에게 힘을 주어 반응을 불러일으킨다. 하나님 나라를 보고 그 속에 들어가 동참할 수 있는 힘을 주는 것이다. 복음은 마음의 문을 열고 심령으로 파고든다. 거기서부터 복음은 서서히 성품 전체를 변화시킨다. 그래서 "뿌리는 자는" 하나님 나라의 "말씀을 뿌린다"(막 4:14). 이 말씀이 심령과 마음에 뿌리 내릴 때 새 생명이 우리의 성품에 들어오고, 우리가 "성령으로 살고"(갈 5:25) "성령을 위하여 심는"(갈 6:8) 법을 배우는 사이 점차 그것이 **우리의** 생명이 된다.

이런 점에서 구속이란 단순히 더 심화된 창조, 즉 새 창조가 진행되는 방향이다. 바울의 말처럼(갈 6:15) 하나님과 관련하여 우리에게 중요한 것은 오직 이 새 창조뿐이다. 그것이 없다면 우리는 진정 **살아 있는** 존재라는 견지에서 하나님과 아무런 관계가 없다. 개인의 영혼에서 이루어지는 하나님의 통치의 점진적 발전은 새 창조에서 시작된다.

스펄전은 그에 대해 이렇게 말했다.

이토록 우리는 하나님의 성령께서 우리 마음에 역사하시는 것을 느꼈고, 인간의 심령을 다스리시는 그분의 능력을 알고 맛보았습니다. 그리고 의식적이고 인격적인 접촉을 자주 가짐으로써 우리는 그분을 알고 있습니다. 심령의 민감함을 통해 영혼의 존재를 지각하게 된 것만큼 혹은 우리의 감각으로 물질의 존재를 확신하는 것만큼 우리는 하나님의 성령의 임재를 확실히 의식하게 되었습니다. 우리는 마음과 물질뿐인 무딘 영역에서 건짐받아 영의 세계인 천국의 광채에 들어선 존재입니다. 영적인 인간으로서 이제 우리는 영적인 일을 분별하고 영의 세계의 주요 힘들을 느끼며 거룩한 영이 계심을 압니다. 그분이 우리의 심령에 역사하시는 것을 느끼기 때문입니다.[2]

우리의 마음에 심긴 하나님의 말씀

예수님의 형제 야고보는 성령으로 추가로 얻은 생명과 우리의 타고난 육체적 생명의 관계를 식물을 심는 비유로 표현한다. 그는 우리에게 "너희 영혼을 능히 구원할 바 마음에 심어진 말씀을 온유함으로 받으라"(약 1:21)고 권한다.

'추가적' 생명이 우리 안에 심긴 뒤로 하나님은 우리의 자연적 힘들이 새 생명과 나란히 길을 가도록 내버려두시지 않는다. 이전의 자연적 힘들은 위로부터 난 생명을 통해 전달되고 거기에 복종해야 한다. 이 모든 것은 인간의 정상적 힘으로 남아 있긴 하지만 영적 목적을 향해 방향이 전환되어 더 높은 뜻을 위해 사용된다.

개인의 독특한 개성은 육체적 생명 본연의 아름답고 선한 모습으로 그대로 남는다. 그러나 육체적 생명은 이제 하나님의 더 크고 높은 힘이 작용하는 영역인 하나님의 성전이 되었기 때문에 아름다운 광채가 그 위에 임하여 그것을 통해 발산된다. 추가로 얻은 영적 생명이 말씀을 통해 찾아오면, 하나님의 말씀은 자연적 생명의 에너지를 소유하여 하나님 나라의 뜻을 이루는 쪽으로 방향을 재조정한다.

하나님의 말씀에 씻음 받다

하나님의 말씀이 우리의 구속에서 감당하는 기능이 에베소서 5:25-27에는 다르게 표현되어 있다. 교회에 관해 말하면서 사도 바울은 그리스도께서 "교회를 사랑하시고 그 교회를 위하여 자신을 주셨다"고 말한다. "이는 곧 물로 씻어 말씀으로 깨끗하게 하사 거룩하게 하시고 자기 앞에 영광스러운 교회로 세우사 티나 주름 잡힌 것이나 이런 것들이 없이 거룩하고 흠이 없게 하려 하심이니라."

여기서 하나님의 말씀이신 그리스도는 우리가 하나님을 떠나 사는 동안 우리의 인격에 배어 있던 불순물과 더러운 것들을 **씻어** 깨끗하게 하시는 분으로 묘사되어 있다. 추가적 출생이 일어났다 해서 그 순간 저절로 없어지지 않는 이 불순하고 지저분한 것들은, 개인의 영적 성장과 그리스도의 제자들에게 주어진 세상의 빛이라는 역할을 제한하고 방해한다.

예수 그리스도는 희생의 죽음과 승리의 부활을 통해 당시 제자들을 전혀 새로운 종류의 사회적 단위인 구속 공동체요 살아 계신 하나님의 살아 있는 성전(엡 2:21-22)으로 연합하는 일을 완수하셨다. 이 공동체는 교회가 흠 없이 훌륭하게 세상의 현장 속에 우뚝 **설 수 있을** 만큼 하나님의 말씀이 풍부하고 강력하게 임하는 환경을 제공했다. 세상의 빛으로서 이 땅의 온 인류의 안식처와 길잡이가 되어야 한다는 교회의 소명은 바로 그렇게 이루어지는 것이다.

더러운 옷을 빨 때 어떤 현상이 일어나는지 잠시 생각해 보라. 물과 세제가 옷감의 올 속으로 스며들어 그 속에 찌든 때를 없앤다. 하나님 앞에 나올 때 우리의 생각과 마음이 바로 그 더러운 옷과 같다. 잘못된 신념과 태도, 해로운 감정, 과거의 행위, 그릇된 계획과 희망과 두려움에 찌들어 있는 것이다.

하나님의 말씀, 즉 애초부터 예수님이 우리를 위해 살고 죽으셨다는 그 나라의 복음은 우리 마음속에 들어와 믿음을 통해 새 생명을 낳는다. 이 새로운 능력에 우리의 모든 삶을 열어 드릴 때 그리고 하나님께 보냄 받은 사람들이 전하는 말씀을 들을 때, 말씀이 우리 성품에 구석구석 파고든다. 마치 물과 세제가 옷감의 올 속으로 침투해 들어가듯 말이다. 하나님의 말씀은 하나님의 뜻에 어긋나는 모든 잘못된 것들을 밀어내고 바꾸는 새 창조를 통해 우리가 이 땅에서 독특한 자리에 서게 해준다.

마음을 새롭게 함으로 변화를 받은 우리는 이제 "하나님의 선하시고 기뻐하시고 온전하신 뜻이 무엇인지 분별할"(롬 12:2) 수 있게 된다. **이렇게 말씀으로 씻음 받아 마음이 변화된 사람에게 하나님의 음성을 듣는 것은 너무나 분명하고 실제적인 일이 된다.**

찌들고 찌든 때

우리 마음에서 얼마나 많은 것이 씻음 받아야 하며 그런 것들이 하나님의 음성을 듣는 데 얼마나 큰 걸림돌이 되는가! 하나님의 능하고 살아 있는 말씀만이 그것들을 제할 수 있다. 예컨대 우리는 사람들을 적당히 깐깐하게 대하면 그들이 우리한테 잘할 것이라고 생각한다. 우리는 위협하고 벌을 줌으로써 사람들을 통제하려 한다. 하지만 그것은 예수님의 방식이 아니다. 그분은 다른 사람들이 가하는 벌을 그냥 당하시며 "내가 땅에서 [십자가 위로] 들리면 모든 사람을 내게로 이끌겠노라"(요 12:32)고 말씀하셨다.

우리는 또 내 이익은 내가 챙겨야지 그렇지 않으면 아무도 알아주지 않는다고 믿는 경향이 있다. 그러나 예수님은 자기 목숨을 구원코자 하면 잃을 수밖에 없다는 것을 아셨다(눅 9:24-25). 우리는 일단 붙잡고 움켜쥐어야 얻는다는 확신에 젖어 있다. 그러나 예수님은 우리에게 "주라 그리하면 너희에게 줄 것이니"(눅 6:38)라고 가르치셨다. 그밖에도 우리의 마음과 삶을 더럽히는 잘못된 생각과 태도는 헤아릴 수 없이 많다. 하나님의 말씀이 들어와 그것을 깨끗이 씻어내야 한다. "주의 말씀을 열면 빛이 비치어 우둔한 사람들을 깨닫게 하나이다"(시 119:130).

그리스도를 따른다고 고백하는 우리 가운데에도 하나님의 음성을 정확히 들으려면 깊은 내면의 변화가 필요한 사람들이 많다. 문제가 생길 때, 예를 들어 차가 고장 나거나 가족이나 직장 동료와 말다툼을 했을 때, 기도로 하나님께 아뢰어야겠다고 생각이 미치는 데까지 시간이 얼마나 걸리는가? 주변에서 사고나 폭력 행위를 보거나 길에서 구급차 사이렌 소리가 들릴 때, 기도로 그 사건과 관련된 사람들을 하나님께 올려 드려야겠다는 생각이 드는가? 어떤 이유로든 사람을 만나러 갈 때, 가능하고 필요한 모든 방식으로 내가 상대를 혹은 상대가 나를 섬길 준비가 되게 해달라고 기도하는 마음을 갖는가? 혼자 있을 때, 하나님이 지금 나와 함께 계심을 끊임없이 의식하는가? 나침반의 바늘이 근처에 자성 물체가 없는 한 정북 방향을 가리키듯이, 우리의 마음은 따로 어떤 일에 깊이 몰두한 상태가 아닌 한 늘 자연스럽게 하나님을 향하는가? 이런 질문에 대답해 보면 우리의 마음이 얼마나 철저히 잘못된 쪽으로 길들여져 있는지 안타까울 만큼 절감하게 된다.

오늘날 고도로 발달된 지식과 기술과 연구가 존재함에도 불구하고 우리가 사는 세상은 그리스도께서 오시기 수세기 전 이사야가 묘사했던 것과 기본적으로 동일한 상황에 처해 있다.

우리가 빛을 바라나 어둠뿐이요
    밝은 것을 바라나 캄캄한 가운데에 행하므로
우리가 맹인같이 담을 더듬으며
    눈 없는 자같이 두루 더듬으며
낮에도 황혼 때같이 넘어지니
    우리는 강장한 자 중에서도 죽은 자 같은지라. (사 59:9-10)

이 모두가 우리 마음, 어쩌면 우리의 두뇌 자체가 씻겨야 할 잘못된 생각과 습관들로 찌들어 있기 때문이다. 씻음 받아야 할 필요성이 얼마나 큰지 우리 마음이 **깨끗하게 되었을 때** 어떤 삶이 펼쳐질지 알 수 없을 정도다. 씻음 받아야 할 필요를 느끼지 못하는 사람들도 많이 있다.

최근 한 정신병원이 내놓은 보고서에 의하면 대기실에 커피를 없앤 후 환자들의 행동이 달라졌다는 내용이 있다. 커피가 있을 때는 환자들 사이는 물론, 환자들과 직원들 사이에도 말다툼이 끊이지 않았고 심할 경우 주먹다짐도 있었다. 그러나 커피를 치워 카페인 자극을 없앤 뒤로는 불미스러운 일이 매주 두세 건밖에 생기지 않았다. 우리 마음에 도사리고 있는 해로운 생각과 신념과 두려움과 정욕과 태도는 카페인처럼 우리를 자신도 모르게 파괴적 행동으로 몰아간다. 그래도 우리는 그런 행위의 출처를 알지 못한다.

앞에서 말이란 근본적으로 생각이나 감정의 표현이라고 말했다. 그리스도는 말씀을 통해 우리 마음과 생각의 구습, 생각과 감정과 행동과 상상과 개념화와 신념과 추론의 낡은 습관을 제거하신다. 그리고 그 자리에 **그분의 생각**, **그분의 태도**, **그분의 믿음**, **그분의** 관점과 해석 방법과 **그분의 말씀**처럼 다른 것을 넣어 주신다. 이것은 **문자 그대로** 진리다. 그분은 우리의 마음을 씻어 주시며 혼돈과 거짓, 감정으로 말하자면 미움과 의심과 두려움의 자리에 명확함과 진실과 사랑과 확신과 희망을 심어 주신다.

따라서 두려움이 있던 곳에 이제 희망이 있다. 의심이 있던 곳에 이제 확신이 있다. 미움이 있던 곳에 이제 사랑이 있다. 모두가 하나님의 말씀을 통해 우리에게 전해진 그분에 대한 새로운 이해에서 비롯된 것이다. 분노의 그릇이 인내와 친절의 그릇이 된다. 탐심과 욕심이 있던 곳에 이제 아량과 공손한 배려가 있다. 조작하고 소유하려는 태도가 있던 곳에 이제 하나님을 향한 신뢰와 다른 사람들의 자유와 개성을 장려하는 태도가 있다. 요컨대 하나님의 음성을 들어야 본래의 **성품**을 갖게 된다는 말이다.

그리스도와의 연합

지금까지 우리는 우리에게 다가와 우리 위에 임하시고 우리를 통해 흘러 나가는 하나님의 말씀을 생각해 보았다. 그러나 하나님의 구속 사역의 진행 과정에서 **대화**는 **교제**로 발전하고 교제는 **연합**으로 발전한다. 그 단계에 이르면 우리는 진심으로 이렇게 고백할 수 있다. "이제는 내가 사는 것이 아니요 오직 내 안에 그리스도께서 사시는 것이라"(갈 2:20). "이제 내게 사는 것이 그리스도니"(빌 1:21).

대화란 대개 일정 거리를 두고 이루어진다. 심지어 대립 가능성이 있는 동안에도 대화할 수 있다. 전쟁 중인 상대와도 대화는 여전히 가능하다. 하나님은 우리가 그분의 원수가 되어 죄로 죽어 있을 때에도 우리와 대화하신다. 두 사람 사이의 대화가 교제 차원으로 발전하면, 두 사람의 개성이 그대로 존재하면서도 각자의 삶을 구성하는 생각과 감정과 목표를 깊이 공유하게 된다. 각자 자신의 생각과 감정을 '내 것'으로 인식하지만, 동시에 상대방도 나와 같은 편에서 생각하고 느낀다는 사실을 알기에 기쁨이 있다.

그러나 교제가 연합으로 발전하면 '내 것', '네 것'의 인식이 없어질 때가 많다. '우리 것'만 있을 뿐이다. 물론 '내 것'은 여전히 내 것을 뜻하지만 '네 것은 아니다'는 의미는 더 이상 없다. 연합의 이러한 조건은 두 배우자가 진정 하나가 되는 결혼 안에서 이루어진다. 그렇기 때문에 결혼은 그리스도와 교회의 관계, 영혼과 하나님의 관계를 보여 주는 구체적인 그림이 될 수 있다.

구원받은 자들은 그리스도의 마음을 가졌다는 말(고전 2:16)과 우리에게 그리스도의 마음을 품으라고 권면하는 말(빌 2:5)을 통해 바울이 이야기하는 것이 바로 교제를 넘어서는 이 연합의 차원이다. 예수님도 신자들이 이와 똑같은 연합을 누리도록 기도하셨다. "이는 우리가 하나가 된 것같이 그들도 하나가 되게 하려 함이니이다. 곧 내가 그들 안에 있고, 아버지께서 내 안에 계셔 그들로 온전함을 이루어 하나가 되게 하려 함은 아버지께서 나를 보내신 것과 또 나를 사랑하심같이 그들도 사랑하신 것을 세상으로 알게 하려 함이로소이다"(요 17:22-23).

구원받은 삶을 통해 그리스도께서 우리에게 주시는 선한 것들이 우리 안에 살아 있는 실체가 되려면, 그리스도께서 우리 **안에** 계시다는 성경 말씀이 **문자 그대로** 사실임을 어떤 시점에서 깨닫기 시작해야 한다. 예수 그리스도는 그분의 교회에 그분 자신을 내어 주신다. 이를 분명히 알려 주려는 첫 번째 시도로 보이는 곳에서 그분은 제자들에게 이렇게 말씀하셨다. "내가 진실로 진실로 너희에게 이르노니 인자의 살을 먹지 아니하고 인자의 피를 마시지 아니하면 너희 속에 생명이 없느니라. 내 살을 먹고 내 피를 마시는 자는 영생을 가졌고 마지막 날에 내가 그를 다시 살리리니 내 살은 참된 양식이요 내 피는 참된 음료로다"(요 6:53-55).

이 말씀을 들은 자들은 예수님이 말씀하시는 살과 피가 가장 구체적인 의미에서 바로 그분 자신을 가리킨다는 것을 몰랐기 때문에 깊은 반감을 가졌다. 그분이 바로 뒤이어 설명해 주신 것처럼 그분의 **영적, 인격적 실재**와 분리된 그분의 육체 자체는 그들에게 전혀 유익을 주지 못한다

(요 6:63). 같은 구절에서 그분은 그분의 **말씀**이야말로 곧 "영이요 생명이라"고 일러 주신다.

그분은 당시 사람들 틈에서 살고 가르치시면서 바로 말씀을 통해서 비유적으로가 아니라 문자 그대로 자신을 내어 주셨다. 그분이 제자들에게 주신 말씀 위에서 갈보리와 부활과 오순절의 강력한 사건은 교제와 나아가 연합을 탄생시켰다. 바울은 나중에 그것을 만세의 위대한 비밀, 곧 "너희 안에 계신 그리스도시니 곧 영광의 소망"이라고 말했다(골 1:27).

그리스도의 믿음이 곧 나의 믿음이 되어야 한다

예수 그리스도께서 실천하셨던 믿음, 곧 하나님과 그분의 나라에 대한 믿음은 그분이 전하신 복음에 나타나 있다. 그 복음은 하나님 나라의 통치가 지금 여기서 인류에게 다가왔다는 기쁜 소식이다. 그분의 제자들은 이 믿음을 가지지 못했다. 그들은 오랫동안 그 믿음을 자기들의 믿음이 아니라 **그분의** 믿음으로만 보았다. 나중에 **그분을** 믿는 믿음이 생긴 뒤에도 그들은 그분의 믿음을 공유하지 못했다.

한번은 갈릴리 바다 한가운데서 제자들이 탄 배가 거의 물결에 휩쓸리게 되었는데 예수님은 태연히 주무시고 있었다. 제자들은 그분을 깨우며 소리쳤다. "주여, 구원하소서. 우리가 죽겠나이다!"(마 8:25) 예수님은 꾸짖으며 답하신다. "어찌하여 무서워하느냐? 믿음이 작은 자들아"(마 8:26). 물론 제자들은 예수님을 굳게 믿었다. 그들은 예수님이 자기들을 구원해 주실 것을 믿고 그분을 불렀다. 그들은 예수님을 굳게 믿었지만 **하나님을 믿는 그분의 큰 믿음을 갖지는 못했다.** 예수님이 그들의 믿음이 작다고 하신 것은 바로 그들에게 **그분의** 믿음이 없었기 때문이다.

어떤 그리스도인들은 보통 '**그리스도를** 믿는다'는 개념과 '**그리스도를** 사랑한다'는 개념을 잘못 생각한다. 그들은 그리스도가 신자의 인격과 **상관없는** 것처럼 행동한다. 우리는 이렇게 약화된 신앙 현실을 정상적인 신앙 상태로 되돌릴 필요가 있다. 그러나 현대의 성경 번역에는 그런 필요가 잘 반영되어 있지 않다는 생각이 든다. 그리스도에 대한 믿음과 사랑을 둘러싼 이런 외면적 개념은 "이제는 내가 사는 것이 아니요 오직 내 안에 그리스도께서 사시는 것이라"(갈 2:20)는 확신에 찬 고백을 이끌어 내기에는 턱없이 부족하다. 거기서는 가지와 포도나무의 연합이 절대 나올 수 없다. 가지 안에 있는 생명은 문자 그대로 포도나무를 통해 흘러드는 생명이요 가지가 붙어 있는 포도나무의 생명 자체다(요 15:1-4).

이런 외면적 개념으로는 절대 서로가 서로 안에 거하는 상태에 이를 수 없다(요 15:5). 우리 가지들은 서로 안에 거하면서 많은 열매를 맺게 되며 그 상태에 이르지 않고서는 아무것도 할 수 없다. 바로 이렇게 그분 안에 거하는 가지로서 우리는 "그의 아들의 죽으심으로 말미암아 하나님과 화목하게 되었은즉 화목하게 된 자로서는 더욱 그의 살아나심으로 말미암아 구원을 받을 것"(롬 5:10)이다.

추가로 얻은 우리의 생명은 여전히 우리의 생명이지만 우리 안에 있는 하나님의 생명이기도 하다. 그분의 말씀과 성령을 통해 모두 **문자적으로** 우리에게 주어져 우리가 공유하게 된 그분의 생각, 그분의 믿음, 그분의 사랑인 것이다.

바울과 구원

우리가 그리스도와 연합하여 동화되었다는 바울의 말을 문자적으로 받아들이지 않는다면 구원에 대한 바울의 가르침의 핵심을 놓치는 것이다. 그것을 받아들이지 않는다면 바울의 글은 상세히 기술된 구원 계획 목록이나 교리적 동의를 위한 '로마의 길'(Roman road)이 되어 버릴 수 있다. 그리하여 예수님과 그분의 사역에 대해 귀신들도 믿는 내용을 그저 믿기만 하면 하나님의 인정을 받는다고 생각하게 되는 것이다. 제임스 스튜어트(James S. Stewart)는 『그리스도 안에 있는 사람』(*A Man in Christ*)이라는 심오한 책에서 바울의 말을 그런 식으로 잘못 해석하는 경향을 지적한 뒤 다음과 같이 강력하게 바로잡는다.

> 우리에게는 신자의 영적 생명 속에 주님의 죽으심과 장사되심을 재생하는 차원을 뛰어넘어 부활하신 그리스도와의 연합이라는 영광스런 사실이 있다. "아버지의 영광으로 말미암아 그리스도를 죽은 자 가운데서 살리심과 같이 우리로 또한 새 생명 가운데서 행하게 하려 함이니라"(롬 6:4). 바울이 구원과 연관시키는 기쁨, 평안, 능력, 성장, 도덕적 승리는 그가 늘 사용하는 '생명'이라는 한 단어에 다 들어 있다. 그리스도를 통하여 하나님과의 생생한 관계에 들어선 자들만이 진정 '살아 있는' 자다.…그러나 바울이 지금 명확히 꿰뚫어보고 있는 것은 우리의 영혼이 회심을 통해 소유하게 된 이 생명이 바로 그리스도 자신의 생명이라는 사실이다. 그분은 자신의 존재 자체를 우리에게 나눠 주셨다.[3]

스튜어트는 바울이 "우리 생명이신 그리스도"(골 3:4)와 "우리 죽을 육체에 나타나게" 될 "예수의 생명"(고후 4:10)에 대해 말하는 대목을 지적한다. 바울이 죄와 사망의 법을 "그리스도 예수 안에 있는 생명의 성령의 법"(롬 8:2)과 대비했다는 사실도 언급한다. 이어 그는 이렇게 강조한다. "그리스도로부터 인간 속으로 흘러드는 이 생명은 순전히 자연적 차원에서 경험하는 것들과는 전혀 다른 것이다. 정도만 다른 것이 아니라 종류 자체가 다르다. 그것은 '카이노테스 조에스'(*kainotēs zōēs*, 롬 6:4), 즉 질적으로 새로운 생명이요 초자연적인 생명이다."[4] 이것이 바로 누구든지 그리스도 **안**에 있으면 새로운 피조물이라고 한(고후 5:17) 바울의 말의 의미다.

이렇듯 중생한 또는 새로 시작된 개인의 추가적 생명과 그리스도의 인격과 삶이 동화됨으로써 신자들은 '천국의 이주민'[모팻(Moffatt)은 빌 3:20을 이렇게 번역했다]이 되며, 세상의 빛으로서의 소명을 이루어 진정 살아 있다는 것이 무엇인지를 세상에 보여 줄 수 있게 된다.

우리가 하나님께 살아 있다는 사실에 초점을 맞추라

하나님 말씀의 창조 사역을 통해 추가적 생명에 들어선 사람은 이제 생명과 능력 면에서 서로 다른 두 세계에 끼여 살아간다. 하나는 자연적 혹은 육신적 세계요 또 하나는 초자연적 혹은 영적 세계다. 죄로 죽어 하나님과 건설적 교제를 나눌 수 없을 때에도 우리는 하나님 없는 자연적 생활의 공허함을 느낄 수 있고, 하나님과 그분을 만날 수 있는 곳에 관한 이 땅의 숱한 소문을 따라다닐 수 있다. 그러나 일단 새 생명이 우리 영혼에 들어오면, 우리에게는 새 생명에 더 온전히 초점을 맞추어 철저히 그쪽을 지향하여 자신의 전 존재를 살아갈 책임과 기회가 주어진다. 그것은 **우리의** 몫이며 하나님이 대신해 주시지 않는다.

그 과정을 로마서 7장에서 살펴볼 수 있다. 여기서 바울은 죄의 영향으로 평생 굳어진 자신의 충동적 성품이 그리스도를 만남으로써 자기 영혼에 들어온 새 생명에 굴복하지 않고 계속 구습을 고집하던 시점에 관해 말하고 있다. 그 상태에서 그는 자신이 "원하는 이것은 행하지 아니하고 도리어 미워하는 그것을 함이라"(7:15)고 고백했다.

이 상태는 수면 위를 지나는 배와 아주 흡사하다. 배는 조타수가 키를 돌린다고 해서 바로 그 순간 원하는 쪽으로 방향을 돌릴 수 있는 물체가 아니다. 엔진이 후진으로 맞춰져 있어도 배는 한동안 계속 앞으로 나갈 수 있다. 조타수는 때로는 자신의 뜻과 무관하게 움직이며 **자신의** 의도에 따라 주지 않는 힘을 다스리도록 배를 조종하는 법을 배워야 한다.

바울은 자신의 새 생명과 동화되기로 결정한다. 그것은 자기 안에서 끝내 선을 고수하는 새 생명, 그것과의 연합을 **인정하고 인식하며 단언하는** 것이다.

> 만일 내가 원하지 아니하는 그것을 행하면 내가 이로써 율법이 선한 것을 시인하노니 이제는 그것을 행하는 자가 내가 아니요 내 속에 거하는 죄니라. 내 속 곧 내 육신에 선한 것이 거하지 아니하는 줄을 아노니 원함은 내게 있으나 선을 행하는 것은 없노라. 내가 원하는 바 선은 행하지 아니하고 도리어 원하지 아니하는 바 악을 행하는도다. 만일 내가 원하지 아니하는 그것을 하면 이를 행하는 자는 내가 아니요 내 속에 거하는 죄니라.
> (롬 7:16-20)

KJV에도 "이것을 행하는 자는 더 이상 내가 아니고 내 안에 거하는 죄다"(롬 7:20)라고 되어 있다.

로마서 7장의 '내가 아니라 죄'라는 개념은 갈라디아서 2:20의 '내가 아니라 그리스도'라는 개념과 결부해서 생각해야 한다. 물론 로마서 7장에서 말하는 내면의 죄성에 대한 책임이나 갈라디아서 2장에서 말하는 죄된 행동에 대한 책임을 면하기 위해 변명의 뜻으로 그렇게 말하는 사람들도 있다. 그러나 바울은 그렇지 않다. 바울은 지금 그리스도 안에서 생명을 얻은 고금의 무수한 남녀들을 대변하고 있다. 그의 말은 변명이나 비난과는 거리가 멀다. 그는 자신의 죄성을 이미 철저히 인정했다. 지금 그의 관심사는 어떻게 풍성한 새 생명을 남김없이 누리느냐 하는 데 있다.

그렇게 되려면 우리는 이 새 생명에 들어선 **자신의 정체성**에 대해 분명한 입장을 취해야 하고, 아직도 자기 속에 거하는 죄를 **거부하고** 자신 안에 있는 그리스도의 **생명**과 동화되어야 하며, 자신이 궁극적으로 어떤 사람이 될 것인가의 문제 앞에서 뜻을 확실히 정해야 한다. 이것이 바로 자신을 "죄에 대하여는 죽은 자요 그리스도 예수 안에서 하나님께 대하여는 살아 있는 자로 여길지어다"(롬 6:11)는 말씀의 뜻이다.

추가적 출생을 경험한 우리는 순전히 자연적(육신적)인 영역과 영적인 영역의 교차로에 서 있다. 토마스 아퀴나스는 이 상태를 표현하기 위해 '템푸스'(*tempus*, 시간)나 '아이테르니타스'(*aeternitas*, 영원)와 구분되는 개념으로 '아이움'(*aevum*)이라는 단어를 만들어 냈다. '아이움'이란 영원과 시간의 중간에 끼여 양자를 모두 공유한 상태를 말한다. 그것은 우리 안에 의식과 능력이라는 두 개의 생명 안에 두 개의 물줄기가 섞여 있는 상태다. 각 사람은 자신이 둘 중 어느 쪽이 될 것인지를 선택해야만 한다.

두 생명 중 어느 쪽과 연합할 것인지는 신학 이론, 신앙생활, 마음 상태 등을 자세히 따진다고 밝힐 수 있는 사안이 아니다. 그것은 **의지의 문제**다. 내 의지는 죄로 죽은 이전의 삶에 거하는가? 아니면 하나님의 말씀의 역사로 내 안에 들어오신 그리스도의 부활의 삶에 거하는가?

후자를 택해도 우리는 여전히 "두렵고 떨림으로 너희 구원을 이루어"가야 한다. "너희 안에서 행하시는 이는 하나님이시니 자기의 기쁘신 뜻을 위하여 너희에게 소원을 두고 행하게 하시나니"(빌 2:12-13). 행하는 것은 **나 자신**이다. 그러나 **내가 아니라** 그리스도다. 우리는 단순히 대화와 교제의 차원을 넘어 그분과의 연합으로 나아간다. 우리 성품의 모든 측면을 점차 그분과 연합시켜 갈 기회가 주어진 것이다. 그리하여 문자 그대로 "내게 사는 것이 그리스도니 죽는 것도 유익하게"(빌 1:21) 된다.

하나님의 음성 듣기 연습

로마서 5:10-11; 6:4, 8-11
이 '영적 독서' 연습에 앞서 잠시 아래 내용을 되짚어 보라.

- '그리스도의 믿음이 곧 나의 믿음이 되어야 한다': 그분의 생각과 믿음과 사랑이 말씀과 성령을 통해 모두 **실제로** 우리에게 부여되고 공유되었다.
- '바울과 구원': 새 생명은 새로운 초자연적인 생명이다. 다른 **종류의** 생명이다.
- '우리가 하나님께 살아 있다는 사실에 초점을 맞추라': 이제 우리는

새 생명 가운데서 자신의 **정체**를 주장하고, 우리 안에 주어진 그리스도의 생명과 **동화**되며, 죄를 **대적**한다. 그 결과 우리 삶의 진행 방향이 바뀐다.

이렇게 우리가 그리스도 안에서 살아 있다는 개념을 이해하면 지식을 바탕으로 성경 본문 속으로 들어갈 수 있다.

본문을 읽으며 하나님의 말씀을 받기 위한, 즉 그분의 음성을 듣기 위한 준비 단계로 잠시 책을 내려놓기를 바란다. 눈을 감고 천천히 숨을 내쉬라. 오늘 성령께서 무엇을 주시든 마음을 열고 들을 수 있게 해달라고 하나님께 기도하라.

읽기(lectio)

본문을 천천히 읽으라.

> 곧 우리가 원수 되었을 때에 그의 아들의 죽으심으로 말미암아 하나님과 화목하게 되었은즉 화목하게 된 자로서는 더욱 그의 살아나심으로 말미암아 구원을 받을 것이니라. 그뿐 아니라 이제 우리로 화목하게 하신 우리 주 예수 그리스도로 말미암아 하나님 안에서 또한 즐거워하느니라…
>
> 그러므로 우리가 그의 죽으심과 합하여 세례를 받음으로 그와 함께 장사되었나니 이는 아버지의 영광으로 말미암아 그리스도를 죽은 자 가운데서 살리심과 같이 우리로 또한 새 생명 가운데서 행하게 하려 함이라…

만일 우리가 그리스도와 함께 죽었으면 또한 그와 함께 살 줄을 믿노니 이는 그리스도께서 죽은 자 가운데서 살아나셨으매 다시 죽지 아니하시고 사망이 다시 그를 주장하지 못할 줄을 앎이로라. 그가 죽으심은 죄에 대하여 단번에 죽으심이요 그가 살아 계심은 하나님께 대하여 살아 계심이니 이와 같이 너희도 너희 자신을 죄에 대하여는 죽은 자요 그리스도 예수 안에서 하나님께 대하여는 살아 있는 자로 여길지어다.

이제 내용을 파악했으니 다시 한 번 읽으라. 아울러 이번에는 이 이야기에서 당신 눈앞에 아른거리거나 눈에 띄는 단어나 문구나 세부 사항을 마음의 귀로 경청하라. 그것을 당신 자신이 고르지 말고 성령께서 주시는 대로 받으라. 설사 당신의 마음에 들지 않더라도 최대한 온유함으로 받으라. 그리고 어떻게 되는지 보라(약 1:21).

묵상(meditatio)

본문을 다시 천천히 읽으라. 읽고 나서 몇 분 동안 당신의 눈에 띄었던 단어나 문구를 묵상하라. 왜 그 단어가 당신의 공감을 불러일으킨다고 생각하는가?

그다음에 하나님께 이렇게 여쭈라. "이것이 오늘 저의 삶과 어떻게 연결됩니까? 제가 알아야 하거나 되어야 하거나 해야 할 것은 무엇입니까?" 몇 분 동안 그렇게 하라.

반응(기도, oratio)

본문을 마지막으로 한 번 더 읽으면서 기도를 준비하라. 성령께서 말쏨하셨다고 생각되는 내용이나 당신에게 와닿았던 내용을 하나님께 말씀드리라.

　인도하시는 방식대로 기도하라. 하나님께 감사나 간구를 올려 드릴 수 있다.

안식(관상, contemplatio)

인도하시는 대로 하라. 하나님을 간절히 바라며 단지 그분과 **함께 거할** 수 있다. 본문에 나타난 그분의 **모습**을 생각해 볼 수도 있다. 본문에 나타난 그리스도의 **모습**은 어떠한가? 그리스도의 생명을 당신 안에 품고 싶거나 적어도 그분과 **함께 있고** 싶은 마음을 불러일으키는 요소가 그분께 있는가? 그 아름다움과 소망 가운데 앉아 있으라.

구속 과정에서 기록된 말씀이 하는 역할

일단 그리스도의 생명이 우리 속에 들어오면 그분과의 동화나 연합의 정도와 깊이를 더하기 위해 우리가 할 수 있는 일들이 많이 있다. 그러나 그리스도와의 온전한 연합을 향한 하나님과의 협력 과정에서 가장 중심이 되는 것은 뭐니 뭐니 해도 **기록된** 말씀을 바로 활용하는 것이다.

　기록된 말씀은 다양한 방식으로 우리에게 다가올 수 있다. 설교를 통해서도, 예술을 통해서도, 가벼운 대화를 통해서도, 연극이나 문학이나 노래를 통해서도 올 수 있다. 이 모두가 중요하다. 유럽인들의 경우, 성경 내용이 웅장한 성당과 교회당의 건축과 예술을 통해 오랜 세월 그들 가까이에 있었다. 성경을 읽어 그 내용을 잘 아는 오늘날의 그리스도인들도 프랑스 샤르트르 대성당 같은 곳의 웅장한 돌과 사방을 둘러싼 멋진 스테인드글라스에 담긴 성경의 내용을 보며 깊은 영향을 받는다.

이 모든 매체가 다 좋고 유익하지만 은혜 안에서 자라길 원하는 사람이라면 늘 **성경책**을 가까이하며 벗 삼아 지내는 것이 단연 가장 현명한 길이다. 성경을 숭배해야 한다는 말은 아니다. 성경은 고유의 신성한 성격 때문에 굳이 과장하거나 역설할 필요가 없다. 마음을 열고 정직하게 읽는 사람 누구에게나 성경의 권위가 스스로 드러나기 때문이다. 하나님께 마음이 열려 있고 갈급한 사람이 있다면 하나님은 그를 자연스럽게 성경으로 이끄신다. 마찬가지로 성경을 진지하게 읽는 사람은 자연스럽고도 구체적으로 하나님의 마음과 그리스도의 인격으로 끌리게 마련이다.

살아 있는 말씀인 예수님과 피조 세계가 비록 방식은 달라도 분명 하나님 마음의 표현인 것처럼, 하나님의 기록된 말씀도 그분 마음의 표현이다. 겸손히 열린 마음으로 바른 지식을 좇아 성경을 읽고 공부할 때 우리는 점점 하나님의 마음을 공유하게 된다.

이러한 성경의 활용은 미신이나 마술이 아니다. 성경의 올바른 사용과 그 이상적 결과인 그리스도와의 연합 사이에는 **당연한 인과관계**가 있기 때문이다. 하나님 자신이 성경의 지면을 통해 우리에게 말씀하시기 때문에 성경에는 하나님의 마음이 나타나 있다. 따라서 성경을 깨달음으로써 우리는 그분의 생각과 태도를 공유하게 된다. 나아가 그분의 말씀을 통해 그분의 생명까지 공유하게 된다. 성경은 **교제**를 확립시켜 주고 **연합**의 길을 열어 주는 하나의 **의사소통** 방식이다. 일단 성경을 경험하기 시작하면 이 모든 과정이 완전히 이해할 수 있는 방식으로 이루어진다.

순종하는 자세로 읽으라. 이 단순한 원리만 따른다면 우리는 성경을 안전하게 활용할 수 있다. 자신의 전 존재, 즉 모든 계획과 의견과 소유와 지위를 내어 드린다는 각오로 읽으라. 가능한 한 모든 수단을 활용하여 최대한 지식을 사용해 성경을 공부하되 단순히 진리를 찾기 위해서나 특히 뭔가를 입증하기 위해 공부해서는 안 된다. 진리를 **찾으려는** 열망을 그대로 **행하고** 실천하려는 열망에 굴복시켜야 한다!

말씀을 듣고 진리를 알기 원하지만 그 동기가 말씀대로 살려는 열망에 있지 않은 경우가 종종 있다. 그런 사람들은 빛을 발견해도 그것이 오히려 자신에게 덫과 정죄가 될 때가 허다하다.

성경으로 '기도'하기

윌리엄 로는 이렇게 말했다. "그러므로 성경은 기도의 자세로만 읽어야 한다. 성령께서 내면의 역사를 통해 성경의 진리를 우리 안에 살아 있는 실체로 만들어 주시도록 그분께 자신을 맡겨야 한다."[5]

훈련을 받았든 받지 못했든 모든 신자가 따를 수 있는 간단한 요령이 하나 있다. 그대로 한다면 성경의 각 지면이 나를 위한 생명의 양식이 되리라 확신할 수 있을 것이다. 이것은 1688년 프랑스 리옹에서 처음 간행된 『짧고 아주 쉬운 기도 방법』(*Short and Very Easy Way of Prayer*)이라는 작은 책에서 귀용 부인(Madame Guyon)이 권한 것과 매우 비슷한 방식이다. 이 책은 일부 수정을 거쳐 『예수 그리스도를 깊이 경험하기』(생명의말씀사)라는 제목으로 다시 출판되어 지금도 구할 수 있다. 이 책의 처음 네 장을 읽으면 내가 여기서 말하려는 내용에 유익한 보충이 될 것이다.

우리가 우리 삶의 온전한 구속을 위해 하나님께 협력하려는 의식적 전략의 일환으로서 성경에 다가갈 때, **계시된 그분의 뜻이 우리에게도 진리여야 한다는 열망을 품어야 한다.** 그다음에 성경 가운데 이미 어느 정도 알고 있는 **부분에서 시작해야 한다.** 시편 23편, 주기도문, 산상수훈, 고린도전서 13장, 로마서 8장 등을 예로 들 수 있다.

대단한 시작이 아니라는 생각이 들 수도 있다. 그러나 우리의 목표는 학자가 되거나 성경 지식으로 남들에게 감동을 주는 것이 아님을 명심해야 한다. 그런 접근 방식은 성경적인 것을 표방하던 많은 단체에 오히려 죽음의 덫이 되었다. 그런 목표는 교만을 조장하고, 변론을 일삼는 편협한 마음의 토대가 될 뿐이다. 외견상으로는 성경을 진지하게 연구하는 것 같은 사람들 속에서 안타깝게도 그런 자세가 비일비재하게 나타난다.

토마스 아 켐피스의 이 말을 기억하는 것이 도움이 될 것이다.

겸손하지 못해 삼위일체 하나님을 슬프게 한다면 삼위일체에 대한 박식한 토론이 무슨 소용이 있는가? 거만한 말은 인간을 의롭고 거룩하게 해주지 못하지만 선한 삶은 인간을 하나님께 소중한 존재가 되게 한다. 나는 회개를 정의할 수 있기보다는 차라리 회개의 마음을 품는 쪽을 택하고 싶다. 성경 전체와 철학자들의 모든 가르침을 외운다 해도 하나님의 은혜와 사랑이 없다면 무슨 소용인가?[6]

당신에게 들려주시는 하나님의 말씀으로 당신 자신의 영혼을 위한 양식을 삼는 것만을 목표로 삼아야 한다. 성경 중에서 이미 알고 있는 부분부터 시작하라. 도움이 될 만한 다른 부분들로 넓혀 가는 것은 이후의 성장과 공부에 맡겨도 좋다.

한꺼번에 많이 읽으려 하지 말라. 귀용 부인은 이렇게 지혜롭게 권한다. "급하게 읽으면 별 유익이 없을 것이다. 그것은 꽃잎의 겉만 스쳐 지나는 벌이나 다를 바 없다. 반대로 이 새로운 방식을 따라 기도하며 읽으면 꽃 속으로 깊이 침을 꽂는 벌과 같이 될 것이다. 속으로 깊이 들어가 가장 진한 꿀을 빨아올리는 것이다."[7]

매년 성경을 한 번씩 통독하면 좋다는 말을 들어 봤을 것이다. 날마다 신구약을 몇 장씩 읽으면 확실히 끝낼 수 있다는 계산도 나와 있다. 그대로 한다면 우리는 매년 성경을 통독하는 사람이라는 평판을 즐기며 자축할 수 있을 것이다. 그렇게 된다면 과연 그리스도를 더 닮게 되며 하나님의 생명으로 충만하게 될까? 약을 먹거나 계획에 따라 운동하듯이 성경을 읽는 사람 상당수가 영적 진보를 보이지 않는다는 것은 입증된 사실이다. 1년 동안 성경의 모든 단어를 눈앞에 스쳐 가게 하는 것보다는 딱 열 구절만이라도 **내 삶의 본질**로 바꾸는 편이 훨씬 낫다. "율법 조문은 죽이는 것이요 영은 살리는 것"(고후 3:6)이라는 사실을 잊지 말라. 우리가 성경을 읽는 것은 성령께 자신을 열어 드리기 위함이다.

하나님과의 거룩한 만남의 장소에 가는 마음으로 선택한 본문을 펼치라. 그중 일부를 조금만 읽고, 그 안에 표현된 실재가 내 마음과 삶 속으로 **온전히** 들어오게 해달라고 성령께 도움을 구하는 마음으로 묵상하라. 언제나 이런 질문을 던지라. "이것이 진리인데 지금 내 삶은 어떤가? 이 말씀으로 인해 나는 어떻게 말하고 행할 것인가?" 본문 말씀을 그대로 찬양이나 간구의 기도로 삼을 수도 있다.

당신이 "하나님은 사랑이시라"는 요한일서 4장의 놀라운 말씀을 읽고 있다고 하자. 거기에 이런 구절이 있다. "사랑 안에 두려움이 없고 온전한 사랑이 두려움을 내쫓나니 두려움에는 형벌이 있음이라. 두려워하는 자는 사랑 안에서 온전히 이루지 못하였느니라"(18절). 이제 당신은 우리를 향한 하나님의 사랑, 그분을 향한 우리의 사랑, 이 땅의 사람들 사이의 사랑이 모든 관계에서 두려움을 내쫓는 모습을 기도하는 마음으로 묵상할 수 있다. 사랑하는 부모의 품에 안겨 두려움을 느끼지 않는 아이를 생각할 수도 있고, 사랑하는 이웃들을 통해 불안을 덜고 확신을 얻는 경우를 생각할 수도 있다. 아들의 죽음을 통해 하나님이 내게 주신 사랑을 확신하기에 이제 나는 절대로 그분의 돌보심 밖에 있을 수 없다는 사실을 묵상할 수도 있다. 그것을 깨닫게 해달라고, 두려움 없는 삶이란 어떤 것인지 보게 해달라고 하나님께 도움을 구할 수도 있다. 그러고는 하나님 나라를 살아가는 자신의 복된 삶을 생각하며 기쁨의 찬양으로 마음을 올려 드릴 수 있다. 이제 하나님의 말씀은 단지 **나에게가** 아니라 **내 속에서** 말씀하신다. 또 **나에게** 성경의 사실을 적용하는 믿음이 그 말씀에서 생겨난다.

또는 당신이 "여호와는 나의 목자시니 내가 부족함이 없으리로다"(시 23:1)라는 말씀을 읽고 있다고 하자. 당신은 제일 먼저 **정보**를 찾을 것이다. 물론 내용을 파악한다고 그것이 자동적으로 내 것이 되는 것은 아니다. 우선 당신은 "시편 기자 다윗에게 이것은 사실이었다"는 말로 시작할 것이다. 그러나 파악된 정보를 기도하는 마음으로 묵상하는 사이 **나도** 그랬으면 좋겠다는 **열망**이 싹틀 수 있다. 이런 말로 표현할 수 있으리라. "여호와가 나의 목자라면 좋겠다. 목자가 양을 돌보듯 위대하신 하나님이 나를 지켜 주시고 돌봐 주셨으면 좋겠다!" 그렇게 시편을 묵상하는 사이 많은 사람에게 그랬듯이 당신에게도 "이렇게 되어야만 한다! 이렇게 되게 하겠다!"라는 **단언**하는 마음이 생길 수 있다. 이어서 "주님, 제게도 그렇게 되게 해주소서"와 같은 **간구**와 과연 **그렇다**는, 즉 말씀이 나에 대한 사실을 기술하고 있다는 분명한 확신을 가지는 적용의 **선포**가 따를 것이다.

서두르지 말라. 영적인 일을 장난처럼 대하지 말라. 각 단계가 마음속을 충분히 거쳐 가도록 시간을 주라. 이것이 당신 혼자 하는 일이 아님을 잊지 말라. **지켜보며** 기도하라.

이번에는 로마서 8장의 위대한 말씀으로 연습해 보자. "우리가 알거니와 하나님을 사랑하는 자 곧 그의 뜻대로 부르심을 입은 자들에게는 모든 것이 합력하여 선을 이루느니라"는 28절 말씀에서 시작하여 무슨 일이 닥쳐도 "우리를 사랑하시는 이로 말미암아 우리가 넉넉히 이기느니라"(37절)고 한 승리의 선언에서 끝내기로 하자. 이번에도 전반적인 전개 과정은 다음과 같다.

1. **정보**
2. **열망**: 나도 그렇게 되기를 바라는 마음
3. **단언**: 그렇게 되어야만 한다는 다짐
4. **간구**: 그렇게 되게 해 달라고 하나님께 구하는 것
5. **적용의 선포**: 하나님의 은혜로 과연 나도 **그렇다**는 고백

마지막 단계는 절대 억지로 하거나 특히 거짓으로 꾸며내서는 안 된다.

하나님이 우리의 삶 속으로 들어오시는 모습을 지켜볼 때 그런 능력이 주어질 것이다.

성경에 표현된 진리와 내 마음 사이에 내적 합의가 있을 때, 우리는 그리스도의 마음의 일부를 **내 안에서 내 것으로** 갖게 되었음을 알게 된다. 성경을 통해 전달된 이 위대한 진리들이 바로 예수님이 믿으셨던 내용이기 때문이다. 그분은 믿음과 소망과 사랑 안에서 사셨으며 그 믿음과 소망과 사랑을 구성하는 내용이 바로 성경의 진리다. 그것이 우리의 믿음이 될 때 그분의 마음은 우리의 마음이 된다. 그럴 때 우리는 현재와 미래의 하나님 나라에서 예수님의 형제자매요 친구이자 하나님의 진정한 동역자로 온전히 준비되어 제 기능을 다하게 된다. 그리고 하나님이 지금 그분의 자녀들에게 말씀하시는 방식을 온전히 알고 이해할 수 있다.

이 책에 소개된 '하나님의 음성 듣기 연습'을 실천하면 기록된 말씀을 헌신된 마음으로 활용하는 면에서 더 깊어질 수 있다. 하나님의 기록된 말씀이 최상의 결실을 맺으려면 이 말씀이 영적인 삶을 위한 전반적인 훈련 계획의 일부가 되어야 한다.[8]

묵상을 위한 질문

1. 이 장에서 구속이란 전인격과 전 생애와 관련된 것으로 나타나 있다. 그것은 단지 죽을 때 천국행 티켓을 보장받기 위해 죄를 용서받는 문제가 아니다. 당신은 이 장에서 말하는 구속에 대한 관점이 성경적으로 여겨지는가? 당신의 신학적 배경으로 이해할 수 있는가?

2. **구속받은 삶**이란 어떤 면에서 자동적으로 세상의 빛인가?

3. 양배추나 새끼 고양이의 경우 생명이란 무엇인가? '거듭난 생명'이 인간의 일상적 실존 가운데 존재한다는 측면에서 당신은 그 생명의 특징을 설명할 수 있는가?

4. 심는 것과 씻는 것은 그리스도인의 추가적 생명과 관련된 두 가지 비유다. 각 비유의 의미를 설명하고 실제적 상황을 예로 들 수 있는가?

5. 순전히 인간적 차원에서 당신의 직간접적 경험으로 볼 때 대화, 교제, 연합의 개념이 의미 있게 다가오는가? 예수님에 대한 당신의 경험으로 볼 때는 어떤가?

6. **그리스도의** 믿음과 **그리스도를** 믿는 믿음은 어떻게 구분되는가? 그 구분은 어떤 차이를 가져오는가? 두 가지 모두는 어떻게 우리에게 도움을 주는가?

7. "너희도 너희 자신을 죄에 대하여는 죽은 자"(롬 6:11)로 여기라는 말은 어떤 의미인가? 그렇게 하지 않을 때 나타날 결과는 무엇인가?

8. 우리 안에 있는 죄의 삶과 그리스도의 삶 중 어느 쪽과 연합할 것인지는 "신학 이론, 신앙생활, 마음 상태 등을 자세히 따진다고 밝힐 수 있는 사안이 아니다. 그것은 의지의 문제다." 이것은 무엇에 대한 이야기인가? 당신은 여기에 동의하는가?

9. 성경으로 기도하는 것을 여러 차례 실험해 보고 각 연습의 결과를 요약해 보라. 그 내용을 친구와 함께 나누라.

하나님의 음성 알아듣기

> 양의 목자라…그가 자기 양의 이름을 각각 불러 인도하여 내느니라…
> 앞서 가면 양들이 그의 음성을 아는 고로 따라오되…나는 선한 목자라.
> 나는 내 양을 알고 양도 나를 아는 것이…내 양은 내 음성을 들으며
> 나는 그들을 알며 그들은 나를 따르느니라.
> 요한복음 10:2-4, 14, 27

> 내면의 빛에 대한 교리가 충분히 교육되지 않고 있다.
> 그리스도와의 관계라는 바로 그 사실로 인해
> 하나님의 성령이 그 안에 거하는 각 신자의 경우,
> 영이신 하나님이 인간의 영혼에 직접 영향력을 행사하면서
> 크고 작은 모든 일에 그분의 뜻을 알려 주신다.
> 우리는 이것을 구하고 기대해야 한다.
> 캠벨 모건, 「하나님의 온전하신 뜻」(*God's Perfect Will*)

다른 사람들, 내면의 음성, 특별한 경험, 성경, 환경 등 무엇을 통해서든 어떤 말이나 생각이 우리에게 다가올 때 그것이 하나님께로부터 온 말씀인지 아닌지 **어떻게** 알 수 있는가? 하나님이 출처임을 알려 주는 요인은 무엇인가? 물론 건전하게 해석된 성경의 가르침과 맥을 같이하여 풀이한 결과, 말의 내용이 성경의 명백한 진술이나 의미와 일치한다면 하나님께로부터 온 것임을 알 수 있다. 예컨대 하나님이 우리를 우상숭배나 탐욕으로 인도하시지 않는다는 것은 언제나 누구든 분명히 알 수 있다.

그러나 그 차원을 넘어선 경우 "이것이 하나님에게서 온 것인지 어떻게 아는가?"라는 질문에 대한 유일한 대답은 **경험으로 안다**는 것이다. 토씨 하나 안 틀리게 인용한 성경 말씀도 얼마든지 인간 자아나 사탄의 메시지로 악용될 수 있다. 성경 구절을 문맥과 상관없이 취하여 미리 정해진 목적에 뜯어 맞추는 이른바 증빙 구절의 위험은 잘 알려져 있다. 성경에서 직접 따온 한마디 문구나 개인에게 적용하여 기도하는 성경 구절들은 하나님의 취지에 **어긋나게** 사용될 수 있다. 즉 그분이 우리를 위해 품고 계신 뜻과 정반대로 사용될 수 있다는 것이다. **오직 성경은 전체로서만** 하나님의 기록된 말씀으로 간주할 수 있는 이유가 바로 이 때문이다.

어쨌든 하나님이 우리에게 무엇을 말씀하시는지 알려면 성경 말씀을 **벗어나서는** 안 되지만 반드시 성경 **이상**의 것도 함께 살펴야 한다. 앞에서 이미 살펴본 것처럼 성경의 가르침은 아무리 철저히 연구하고 확실히 믿는다 해도 결코 그 자체로 우리와 하나님의 인격적 동행을 구성하는 요소는 아니다. 성경 말씀은 각 사람과 개별적 상황에 반드시 **적용되어야** 한다. 그렇지 않으면 우리 삶과 무관할 뿐이다.

자연 세계의 음성 인식

양을 비롯한 가축과 애완동물이 주인의 음성을 실수 없이 인식한다는 것은 놀랄 만한 사실이다. 물론 음성을 처음 들을 때는 누가 말을 하는지 모르지만 동물들은 음성 인식법을 아주 빨리 배운다. 음성 식별 기기나 기타 기계 장치를 통한 과학적 분석을 필요로 하지 않고 그냥 즉시 알아듣는 것이다.

언젠가 나는 텔레비전에서 찰리 프랭크라는 남자와 그의 암코끼리 니타의 이야기를 본 적이 있다. 프랭크는 니타를 태어날 때부터 기르며 서커스 동물로 훈련시켰다. 은퇴하면서 그는 코끼리를 샌디에이고 동물원에 기증했다. 방송국에서 그들의 재회를 녹화할 당시 그들은 15년간 서로 보지 못한 상태였다. 프랭크는 90미터쯤 떨어진 거리에서 니타를 불렀다. 니타는 즉각 프랭크에게 달려왔고 그의 명령에 따라 옛날의 몸동작들을 그대로 해 보였다. 과거의 경험 때문에 그의 음성을 알아들을 수 있었던 것이다. 우리 인간도 순전히 경험을 통해 다양한 채도와 특성을 가진 적색을 알아보는 법과 그것을 청색이나 황색과 식별하는 법을 배운다. 음악가는 경험을 통해 곡조만 듣고 단조와 장조를 구별하는 법을 배운다.

이런 면에서 인간을 동물과 비교하는 내용이 어느 선지서의 주제로 나온다. 이사야는 놀라움을 금치 못한다.

> 소는 그 임자를 알고
> 　나귀는 그 주인의 구유를 알건마는
> 이스라엘은 알지 못하고

나의 백성은 깨닫지 못한다. (사 1:3)

예레미야도 가축이 아닌 동물들에 빗대어 비슷한 탄식을 한다.

공중의 학은
　그 정한 시기를 알고
반구와 제비와 두루미는
　그들이 올 때를 지키거늘
내 백성은
　여호와의 규례를 알지 못하도다. (렘 8:7)

반대로 요한복음 1:9에 의하면 세상에 와서 각 사람에게 비춰는 빛이 있었지만 타락하여 눈먼 인류는 그 빛을 알아보지 못했다. 시편 19:4에 따르면 말씀이 세계 끝까지 이르렀지만 그 역시 쇠귀에 경 읽기가 되고 말았다. 그러나 그리스도의 구속의 메시지를 통해 삶 속에 들어온 추가적인 새 생명을 받은 자들은 하나님이 말씀하실 때 그분의 음성을 듣는 법, 즉 그분의 말씀을 식별하고 확신있게 교제하는 법을 경험을 통해 배울 수 있다.

경험을 통해 안다

이 장 첫머리에 인용한 요한복음 10장은 단지 예수님이 하신 말씀의 기록일 뿐 아니라 자신의 주님이요 친구이신 그리스도에 대한 요한 자신의 경험을 표현한 말이기도 하다. 그는 요한일서 첫머리에서 생명의 말씀을 보고 듣고 만졌다는(요일 1:1, 3) 사실을 강조하는데 그것은 정말 놀라운 일이다. 하지만 요한의 경우, 하나님이 말씀하시는 때를 식별하는 법을 배운 것은 예수님이 볼 수 있고 만질 수 있는 모습으로 함께 계신 상태에서였다.

이후의 경험을 통해 요한은 내면에 거하시는 교사에 대해 깊은 확신을 갖게 되었다. 그는 믿음의 자녀들에게 그들을 미혹시키려는 자들에 관하여 경고하는 대목인데도 내면의 교사인 성령 외에는 다른 존재가 필요 없다고 말하기까지 했다. "너희는 주께 받은 바 기름 부음이 너희 안에 거하나니 아무도 너희를 가르칠 필요가 없고 오직 그의 기름 부음이 모든 것을 너희에게 가르치며 또 참되고 거짓이 없으니 너희를 가르치신 그대로 주 안에 거하라"(요일 2:27).[1]

이렇듯 요한은 자신의 경험을 권위의 근거로 삼아 우리에게 말한다. 아브라함이 이삭의 아내를 찾고자 늙은 종을 미지의 땅으로 보낼 때 그에게 말했던 것처럼(창 24장) 그리고 엘리가 어린 사무엘에게 말했던 것처럼(삼상 3장) 말이다. 우리는 **하나님이** 말씀하시면 굳이 배우지 않아도 그것이 하나님의 말씀이라는 것을 저절로 알 것이라고 생각한다. 그러나 그것은 철저한 착각이며 하나님의 음성을 들으려는 이들에게 가장 해로운 착각 중 하나다. 그런 생각을 버리지 않는다면 하나님의 음성에 대해 여기저기서 주워들은 엉뚱한 말에 끌려다니는 신세가 되고 만다.

우리가 하나님의 음성을 당장 알아듣지 못하는 것은 우리가 타락하여 왜곡된 상태에 있기 때문일 수도 있다. 또는 모든 인격적 관계가 본래 그런 것일 수도 있다. 우리에게 가장 소중하고 친밀한 사람일지라도 그 사람의 목소리를 처음 들을 때는 당연히 알아듣지 못한다. 또는 우리의 하늘 아버지께서 우리에게 말씀하시는 방식이 아주 부드럽기 때문일지도 모른다. 이유야 어떻든 하나님이 말씀하고 계시다는 사실을 처음에는 누군가가 반드시 **알려 주고**, 나아가 그분의 음성을 잘 감지하도록 도와줘야 할 수도 있다. 우리는 나중에 가서야 도움 없이도 자신 있게 그분의 음성을 **그분의** 음성으로 식별하고 구분할 수 있게 된다. 그 능력은 경험을 통해서만 주어지는 것이다.

경험을 통해 이미 하나님의 음성을 알아듣는 사람들의 외적인 도움과 스스로 배우려는 의지와 열린 마음을 가질 때 우리는 큰 어려움 없이 그분의 음성을 알아들을 수 있다. 한편 개인에게 직접 주시는 하나님의 말씀을 무턱대고 신비화하는 것이 사탄의 최대 관심사라는 것을 알아야 한다. 이런 방식으로 우리의 삶을 향한 하나님의 구체적인 말씀은 완전히 능력을 잃거나 꺾일 수 있다. 우리 자신의 배우려는 열망과 협력하겠다는 각오와 함께 작용하는 적합한 도움이 없다면 하나님의 직접적 말씀은 수수께끼 또는 기껏해야 신학적 제스처 게임 상태를 벗어나지 못할 것이 틀림없다. 이야말로 대체로 현대 교회가 처한 상태라고 생각한다. 하나님과 동행하는 삶(미 6:8)의 진정한 의미와 관련하여 이토록 혼란과 어려움이 많은 이유가 바로 거기 있다. 이런 상태를 틈타 악한 충동이 빈자리로 스며들어 우리를 휩쓸어 버릴 수 있다.

세 가지 빛

안에서 하나님이 주시는 감화와 밖에서의 그분의 말씀은 언제나 환경을 통한 그분의 섭리로 확증된다. 우리는 이 세 가지 요소가 한 지점으로 모일 때까지 조용히 기다려야 한다.…마땅히 해야 할 바를 아직 모르거든 알게 될 때까지 가만히 있으라. 행동을 취할 시점이 오면 환경이 반딧불처럼 길을 비춰 줄 것이다. 하나님의 이 세 가지 증거가 합치될 때 우리는 그 길이 옳다는 것을 확신하게 된다. 설사 천사가 나타나 말할지라도 그보다 확실치는 않을 것이다.[2]

하나님의 음성 듣기에 관한 책들을 보면 하나님이 우리에게 원하시는 바를 분별할 때 우리가 고려할 수 있는 세 가지 기준 또는 '세 가지 빛'에 대한 이야기가 많이 나온다.[3] 세 가지란 다음과 같다.

- 환경
- 성령의 감화
- 성경 말씀

이 세 가지가 동일한 방향을 가리킨다면 그것이 곧 하나님이 원하시는 방향이라고 믿어도 좋다.

성경 외에 하나님의 음성 듣기에 관한 책들 중에서 딱 한 부분만 취해야 한다면 나로서는 프레드릭 마이어의 『주님의 인도하심의 비밀』(The Secret of Guidance) 일부를 지나칠 수 없을 것이다. 이 주제에 대해 아주 훌륭하고 유익한 내용을 전한 저자들이 많이 있지만 마이어는 쟁점이 될 만한 문제들을 포괄적이고도 단순한 형태로 종합해 놓았다. 게다가 평소에 늘 그렇듯이 글 속에 담긴 그의 정신이 아주 건전하고 영적이어서 같은 주제의 다른 저자보다 그를 단연 으뜸으로 꼽고 싶다. 마이어는 이렇게 말한다.

> 환경이 성령의 내적 감화와 하나님의 말씀과 합치될 때, 우리의 일상생활 환경은 우리에게 하나님의 뜻에 대한 오점 없는 지표와 같다. 환경이 아무런 변화도 없는 한 기다리라. 행동이 필요한 시점이 되면 환경이 열리면서 바다와 강과 사막과 바위에라도 길이 뚫릴 것이다.[4]

이 값진 권면의 말로 하나님의 음성을 듣는 것에 관한 모든 문제가 완전히 풀린다고 이해할 수도 있다. 하나님의 내적 음성을 식별하는 법을 **이미** 배운 사람들의 경우라면 대체로 그럴 수 있다고 본다. 이것을 마이어 자신보다 더 분명히 안 사람은 없었을 것이다.

그러나 확신과 실천 양면에서 이 음성에 아직 친숙하지 않은 이들은 세 가지 빛을 분별하려다 삽시간에 혼돈의 소용돌이에 빠져 희망을 잃고 표류하거나 영적 재난의 함정에 빠질 수 있다. 이 세 가지 빛은 그리스도의 도에 대한 깊은 경험과 헌신이 없는 사람들에게는 특히 위험하고 실망을 안겨 줄 수 있다. 그린 사람들은 십중팔구 그것을 영적 홍보 장치나 특효약으로 사용하려 들 것이다. 그러다 결국 자신의 뜻을 관철하고 자신의 번영과 안전을 지키려는 욕망에 희생되고 말 것이다. 세 가지 빛을 활용하는 것과 관련하여 몇 가지 문제점을 좀더 자세히 살펴보기로 하자.

세 가지 빛의 상호 의존성

세 가지 빛을 활용하는 일의 **실제적인** 문제는 대부분 그 셋이 **상호 의존적** 관계에 있다는 단순한 사실에서 비롯된다. 다른 두 가지가 하는 말을 이미 알고 있지 못한 상태에서 나머지 한 가지가 하는 말을 안다는 것은 어렵거나 불가능한 일이다.

첫째로, 성경을 구속뿐 아니라 인도에도 유효하게 만드는 것은 성경을 통해 역사하시는 성령이라는 사실은 널리 알려진 바다. 어느 회의에서 성서학자들은 아래와 같이 천명했다. "성경에 영감을 불어넣으신 성령은 오늘도 사람들이 그 메시지를 믿을 수 있도록 성경을 통해 역사하신다.…성령은 신자들이 성경을 자신의 삶에 연결시켜 적용할 수 있게 해주신다." 나아가 회의 참석자들은 "보통사람이 성령의 도움 없이 성경의 메시지를 영적으로 깨달을 수 있다"는 관념을 부인했다.[5]

흔히 복음주의자로 알려진 사람들 중에 성경 공부에서 성령이 하시는 역할에 대해 이보다 강하게 말할 수 있는 사람도 많을 것이다. 윌리엄 로의 다음 말을 생각해 보라.

아무리 똑똑하고 교육을 많이 받은 사람이라 할지라도 지금 이 순간 성령의 조명이 없다면, 하나님의 말씀은 그에게 죽은 글자일 수밖에 없다.…성령께서 성경 기자들에게 영감을 불어넣으셔야 했던 것처럼 오늘날의 독자들에게도 성경의 진리를 밝혀 주시는 것은 필수적인 일이다.… 그러므로 지금 우리가 완결된 성경 전체를 갖고 있다는 이유로 이전처럼 인간에게 주시는 성령의 기적적 영감이 더 이상 필요 없다고 말한다면,

서기관과 바리새인들이 책망을 들었던 만큼이나 우리 역시 심각하게 눈멀었다는 뜻이다. 우리도 그들과 동일한 오류를 피할 수 없다. 지금 이 순간 성령의 영감을 부인한다는 것은 글자만 배운 서기관의 손에 성경을 넘겨주는 것과 같기 때문이다.[6]

하지만 거꾸로 성경의 가르침을 받지 **않는다면**, 심지어 성경을 공부하는 중에도 어떻게 어떤 생각이나 메시지를 성령의 개입으로 인식하거나 확증할 수 있단 말인가?

성경은 예수님을 주님으로(고전 12:3) 또는 하나님의 아들로(요일 4:2-3) 고백하는지 여부로 영적 충동을 시험한다. 하지만 이 시험은 예컨대 누구와 결혼할 것이며 어떤 직장에 들어갈 것인지를 결정할 때는 별 도움이 안 된다. 아울러 성경 자체를 이해하는 데 내적 충동과 메시지 자체에서 오는 영적 도움이 반드시 필요하다면, 아무리 성경의 가르침을 끌어온다 해도 일반적으로 영적, 정신적 충동이나 메시지를 제대로 시험할 수 없다.

끝으로, 열리고 닫히는 환경의 문도 다른 두 가지 빛이나 기타 부가적 요인과 별도로 그 자체만으로는 제 기능을 다할 수 없다. 문을 보는 것만으로는 열고 닫는 주체가 누구인지, 즉 하나님인지 사탄인지 다른 인간인지 알 수 없기 때문이다. 사실 일단 행동하기 전에는 문이 열렸는지 닫혔는지 알 수 없을 때도 많다. 그러므로 환경의 문이 열리고 닫히는 것을 결정 기준으로 삼는 것은 실제로 불가능하다. 문이 열렸는지 닫혔는지 구별하려면 성경과 내면의 감화를 반드시 함께 고려해야 한다.

물론 세 가지 빛 공식이 별 탈 없이 작동할 수 있다고 생각하는 사람들은 이런 문제들을 제기하는 것이 못마땅할 수도 있다. 내 경험을 보면 다른 사람의 도움 없이도 실제 상황 속에서 하나님의 음성을 들을 수 있는 사람들은 이것을 얼마든지 공식으로 삼아도 괜찮다. 사실 흔히 그렇게 제시되고 있다. 그러나 도움이 꼭 필요한 사람들은 그것을 공식으로 사용하려다 곁길로 빠지는 경우가 허다하다. **거슬러 올라가서** 세 가지 빛이 비추는 어렴풋한 방향에 따라 특정한 길을 택하여 결과가 좋으면 공식이 효력을 발휘했다고 해석하는 경우도 많다. 하지만 결과가 나온 단계라면 그런 확신은 더 이상 필요하지 않다.

그러므로 환경의 메시지, 성경의 메시지, 성령의 메시지를 각각 따로 읽을 수 있다는 것은 완전히 틀린 생각이다. 각기 따로 도는 세 가지 시계를 보면 시간을 좀더 정확하게 알 수 있다는 식으로 세 빛 중 하나를 다른 두 빛에 기계적으로 맞춰 보면서 하나님의 뜻을 확인한다는 것 역시 말이 안 된다. 또한 세 가지 빛은 대개 인도하심으로 제한되며 대화를 이해하는 데는 도움이 되지 않는 경향이 있다.

책임 있는 판단의 조건

그러나 그리스도의 도에 대해 충분히 경험한 사람이라면 하나님이 개인에게 하시는 말씀을 들으려 할 때 환경과 성경과 성령의 내적 감화를 살피는 것이 아무튼 **옳다**는 것을 누구나 안다. 이 세 가지가 **어떻게든** 서로 바로잡아 주는 역할을 한다는 것도 누구나 안다. 프레드릭 마이어의 말이 참으로 소중한 까닭이 거기에 있다. 그의 말에는 결정을 위한 공식이나 기제가 전혀 없지만 그렇다고 그의 말을 저버려서는 안 된다. 하나님의 음성을 듣는 일에서 그의 말이 기여하는 바를 어떻게 이해할 것인가? 이 질문에 대한 답은 두 가지로 나누어 생각할 수 있다.

첫째, 하나님의 말씀을 들으며 사는 삶은 우리 자신의 판단을 배제하지 않는 삶이다. 하나님의 음성을 듣는다고 해서 우리의 결정 과정이 필요 없는 것은 아니다. 결정을 내리는 주체는 여전히 우리 자신이다. 즉 하나님의 음성의 영향 아래 있는 사람이다. 그 점에 대해서는 이미 앞에서 살펴본 바 있으며, 다음 장에서도 그것의 새롭고 아주 중요한 측면을 살펴볼 것이다. 세 가지 **빛**이란 한마디로 **마땅히 행할 바에 대한 책임 있는 판단과 결정 과정에서 우리가 반드시 고려해야 할 요인이다**. 판단과 행동을 책임 있게 하려면 이 요인들을 충분하고 겸손하게 고려해야 한다.

둘째, 한 빛을 별도로 취하든 세 빛을 통틀어 취하든 그 빛 자체가 우리에게 하나님의 말씀을 주는 것은 아니지만, 각 빛이나 세 빛 전체는 하나님의 직접적 말씀이 우리에게 주어지는 **기회**가 될 수 있고 대개 실제로 그렇다. 하나님의 말씀은 대부분 이렇게 주어진다.

하나님의 음성은 세 빛 중 하나도 아니며 세 빛 전체도 아니다. 그러나 요한이 요한일서에서 말하는 내적 가르침은 **대개** 고루 어우러져 찾아온다. 성경의 사건들 속에 되풀이하여 나타난 바와 같이 아래와 같은 것들을 통해 개인에게 하나님의 음성이 주어진다.

- 책임 있는 성경 공부와 묵상
- 마음속에서 일어나는 성령의 다양한 역사에 대한 경험
- 닥쳐오는 환경에 대한 민감한 이해

원칙에 예외가 있기는 하지만 일반적으로 하나님의 지시하시는 음성은 갑자기 허공에서 들려오지 않는다. 이것은 실제적 측면에서 중요하다. **이 사실을 알기 때문에 우리는 하나님의 뜻을 알고자 할 때 정말 도움이 될 만한 구체적이고 현실적인 일들을 할 수 있다.** 우리가 하는 그 일들, 즉 세 가지 빛을 살피는 것이 결국 책임 있는 판단으로 연결되는 요소다. 주변 환경과 성령의 감화와 성경 말씀을 살피는 것이 곧 하나님의 음성을 듣는 것이기도 하다. 하지만 그분이 말씀하실 때 우리가 그 음성을 **그분의** 음성으로 알아듣는 것은 그 음성에 **친숙해서** 마땅히 그렇게 알아들을 수 있기 때문이다. 그분의 지시가 주어지는 기회인 세 가지 빛이 어떻게 서로 합치되고 합치되지 않는지에 대해 추측을 잘해서 그 음성을 알아듣는 것이 아니다.

음성의 세 가지 요소

나의 사랑하는 자의 목소리로구나!
   보라, 그가
산에서 달리고 작은 산을
   빨리 넘어오는구나. (아 2:8)

내가 잘지라도 마음은 깨었는데
나의 사랑하는 자의 소리가 들리는구나. (아 5:2)

하나님의 음성을 듣는 법을 경험을 통해 배운다고 했지만 그것이 우리가 할 수 있거나 해야만 하는 말의 전부는 아니다. 한 사람의 목소리를 다른 사람의 목소리와 구별할 수 있는 것처럼 하나님의 음성에도 구별되는 요소들이 있다.

인간의 목소리는 그 자체만으로도 거기에 익숙한 사람들에게 누구의 목소리인지 충분히 말해 줄 수 있다. 인간 음성의 가장 직접적 요인은 일정한 **음질**에 있다. 이것은 주로 어떤 **음조**가 생성되고 그 음조가 어떻게 조절되는가의 문제다. 인간의 음질에는 **말투**도 포함된다. 예컨대 말이 느린가 빠른가? 매끄러운가 흐름이 끊기는가? 간접적인가 직선적인가?

음질 외에도 인간의 음성에는 특정한 **정신**이 배어 있다. 목소리는 열정적일 수도 있고 냉담할 수도 있다. 불평조일 수도 있고 요구조일 수도 있다. 흐리멍덩할 수도 있고 자신감이 넘칠 수도 있다. 살살 구슬릴 수도 있고 지시할 수도 있다. 물론 이것은 비단 소리만의 문제가 아니라 목소리에 확실히 담겨 있는 태도나 개인적 특성의 문제이기도 하다.

끝으로, 전달되는 **내용** 혹은 정보의 문제가 있다. 이것은 화자가 누구인가에 대한 가장 직접적인 증거는 아니지만, 결국은 가장 결정적인 특징이다. 화자의 이력과 의식적 경험이 말의 내용 속에 드러나기 때문이다. 음질과 정신이 아무리 달라도 구체적 정보를 통해 화자를 결정적으로 알아낼 수 있는 경우가 있다. 예를 들면 어떤 말은 다른 사람의 입에서 나와도 다른 사람이 글을 대독하는 경우처럼 그 말의 진짜 화자를 알아낼 수 있다. 기록된 말을 저자가 직접 읽어 주지 않고 우리가 독서하는 경우도 마찬가지다.

음성의 복합성이 **음질**, **정신**, **내용**이라는 이 세 가지 요소로 전부 규명되는 것은 결코 아니다. 현대 과학과 언어학은 음성 속에서 광활한 이론적, 실제적 연구 분야를 찾아내고 있다. 철학적 관점에서도 할 이야기가 많다.[7] 그러나 여기서는 이 정도로 충분하다. 그것을 바탕으로 이제 우리 마음속에 들려오는 하나님의 음성의 특징을 살펴보고자 한다.

권위의 무게

이제 질문은 이것이다. 하나님의 음성을 하나님의 음성으로 알아들을 수 있게 하는 요소는 무엇인가? 이 경우 역시 우리가 친숙해질 수 있는 뚜렷한 특징이 있다. 그러나 엄밀히 말해 그 특징이 인간의 목소리처럼 음질에 있는 것이 아니다. 5장에서 하나님의 음성은 항상 그런 것은 아니지만 대개 우리 마음속에 들어오는 특정한 **생각**이나 **지각**의 형태를 취한다고 말한 바 있다. 그것은 분명 소리는 아니다.

하나님의 음성은 오히려 우리의 의식에 감화를 일으키는 **무게** 또는 **영향력**과 관련된다는 특징이 있다. 하나님의 의사소통은 안정되고 차분한 힘으로 우리의 가장 깊은 존재인 영혼에 영향을 미친다. 그 힘이 우리로 하여금 그분의 말씀에 동의하고 더 나아가 적극적으로 순종하고 싶은 마음을 일으킨다. 그 내용을 완전히 파악하기 전부터 동의나 순종의 마음이 생기는 경우가 많다. 적어도 내 경우는 그런데 다른 사람들도 마찬가지일 것이다.

우리는 또한 내면에서 하나님의 음성의 직접적 **능력**을 느낀다. 일단 그것을 경험하고 나면, 성경 이야기에서 자연과 영들이 하나님의 음성에 반응하던 방식이 더 이상 이상하게 느껴지지 않는다. 예수님은 자연과 인간과 귀신들에게 명백한 권위로 말씀하셨는데 그 권위는 하나님의 말씀의 이런 특징이 극명히 나타난 예에 지나지 않는다.

하나님의 음성을 우리 자신의 무의식에서 나온 음성과 어떻게 구분할 수 있는가라는 물음에 스탠리 존스는 이렇게 답했다.

> 대략적인 차이는 다음과 같다. 무의식의 음성은 나와 논쟁하며 나를 설득하려 하지만 내면에 들려오는 하나님의 음성은 논쟁하지 않으며 나를 설득하려 하지 않는다. 그저 말할 뿐이며 스스로 진짜임을 증명한다. 그 안에 하나님의 음성이라는 느낌이 담겨 있는 것이다.[8]

예수님이 말씀하실 때 그 말씀에는 권위의 무게가 있어 듣는 사람들의 마음을 열어 깨닫게 하고 믿음이 생기게 했다. "이는 그 가르치시는 것이 권위 있는 자와 같고 그들의 서기관들과 같지 아니함일러라"(마 7:29).

서기관이나 학자의 권위는 자신이 아닌 다른 사람, 제대로 안다고 여기는 사람의 말을 인용하고 각주를 달면서부터 생겨난다. 반면 하나님의 말씀은 자체 내에 잔잔한 권위의 무게를 지니고 찾아온다. 예수님의 말씀을 듣고 가는 사람들의 머리와 가슴속에는 하나님의 음성의 능력과 그분이 말씀을 통해 심어 주신 생각과 확신으로 가득했다.

존 웨슬리는 첫 설교 "성령의 증거"에서 하나님의 음성의 직접적인 질적 특성을 역설한다. 거기서 그는 이런 질문을 던진다. "자기 내면에 진정한 증거를 지닌 사람은 어떻게 그것을 단순한 추측과 구분할 수 있습니까?" 그리고 이렇게 답한다.

여러분은 낮과 밤을 어떻게 구별합니까? 빛과 어두움을 그리고 별빛이나 희미한 촛불과 한낮의 햇빛을 어떻게 구별합니까? 양쪽 사이에 **내재적이고 분명하며 본질적인** 차이가 있지 않습니까? 그리고 감각을 바로 쓰기만 한다면 그 차이를 즉시 직접 인식하지 않습니까? 이와 마찬가지로 영적인 빛과 영적인 어두움, 의의 햇빛 되신 하나님이 우리 심령에 비추시는 빛과 '우리 자신의 불쏘시개의 불씨'에서 생기는 희미한 빛 사이에도 내재적이고 본질적인 차이가 있습니다. 그리고 우리의 영적 감각을 바로 쓰기만 한다면 이 차이 역시 즉시 직접 인식되는 것입니다.

양쪽의 구분 방식에 대해 그리고 하나님의 음성을 아는 기준이나 본질적 특징에 대해 더 세밀하고 철학적인 설명을 요한다면 그것은 절대 대답할 수 없는 것을 요구하는 것입니다. 하나님을 가장 깊이 알고 있는 사람도 그것을 말해 줄 수는 없습니다.⁹

나 자신과 주변 사람들에게 미치는 영향으로 내 안에서 일어나는 것이 하나님의 말씀임을 나는 경험으로 처음 깨달았다. 하나님을 위한 나의 주된 업무는 가르치는 일이었는데 이따금씩 깨달음을 얻었다. 그 자체로는 별로 중요하지 않을지 모르지만 나 자신에게는 문자 그대로 몸이 휘청거릴 정도로 큰 깨달음이었다. 점차 그런 통찰이 **하나님의** 말씀임을 인식하고 그렇게 믿기 시작하면서 나는 웨슬리가 강조한 질적 차이를 즉각 느끼기 시작했다. 그리고 다른 사람들도 그 차이가 정확히 무엇인지 경험을 통해 알게 되었다는 사실을 깨달았다.

애들러 로저스 세인트 존(Adela Rogers St. John)은 이렇게 말했다. 다소 과신일 수도 있지만 핵심을 지적하고 있다. "처음 인도를 받는 순간 우리는 그 차이를 알게 된다. 모조 다이아몬드를 진품으로 착각할 수는 있지만 진짜 다이아몬드를 모조품으로 착각할 수는 없는 법이다."[10]

하나님의 음성에 담긴 정신

우리의 영혼 속으로 들려오는 하나님의 음성에도 특유의 **정신**이 배어 있다. 그것은 바로 지고한 평안과 확신, 기쁨, 순리에 맞는 즐거움, 선의 등이다. 한마디로 예수님의 정신이다. 여기서 예수님의 정신이란 그분의 전 생애의 전반적인 특색과 내면의 동력을 뜻한다.

예수님을 본 사람들은 진정 아버지를 보았다. 두 분은 같은 정신을 가지신다. 우리 마음속에 들려오는 하나님의 음성은 바로 이 정신으로 구별된다. 반대되는 정신이 담긴 말은 단 한 마디도 하나님의 음성이 아니다. 그분의 음성은 자체 내에 권위가 담겨 있기 때문에 소리가 크거나 고조될 필요가 없다.

밥 멈퍼드는 이 점에 대해 생생한 간증을 들려준다. 남미의 콜롬비아에 있던 어느 날 그에게 하나님의 음성이 들려왔다. 그 음성은 또박또박 이렇게 말했다. "다시 학교로 돌아가라." 이 경험에 대한 그의 묘사 속에 하나님의 음성의 특징과 정신이 잘 나타나 있다.

내 아내가 바로 옆에서 나한테 말했다 해도 그보다 또렷하지는 않았을 것이다. 말씀이 내 영혼 속으로 똑바로 강하게 들려왔다. 서두르며 다그치는 목소리가 아니었다. 그랬다면 주님이 아닌 다른 사람이나 다른 것으로부터 온 것으로 금방 의심했을 것이다. 목소리는 온화하면서도 단호한 느낌이었다. 그것이 주님의 음성이란 걸 알았다."[11]

하나님의 음성의 부드럽고 차분한 정신은 그 음성과 대화하며 사는 자들의 삶에도 그대로 확산된다. "오직 위로부터 난 지혜는 첫째 성결하고 다음에 화평하고 관용하고 양순하며 긍휼과 선한 열매가 가득하고 편견과 거짓이 없나니"(약 3:17). 이 말씀에만 주의를 기울여도 우리는 누가 하나님을 대언하고 누가 그렇지 않은지 늘 분명히 알 수 있다.

내용

끝으로, 하나님의 음성을 특징짓는 **내용**이 있다. 이는 그 음성이 우리에게 전달하는 정보와 관련된다. 어쩌면 내용의 **차원**이라고 말하는 편이 옳을 것이다. 하나님이 각 사람에게 주시는 말씀의 구체적 내용만 보아서는 그것이 하나님께로부터 왔는지 쉽게 식별하지 못할 수도 있기 때문이다. 진정 하나님께로부터 온 말씀의 내용은 성경에 분명히 나타난다. 그것은 하나님의 성품과 그분의 나라에 관한 진리에 부합하며 일치하게 되어 있다. 성경 내용에 부합하지 **않는** 내용이나 주장은 하나님께로부터 온 말씀이 아니다. 더 이상 말이 필요 없다! 찰스 스탠리(Charles Stanley)가 말한 것처럼 "하나님의 음성은 절대 우리에게 성경에 어긋나는 활동이나 관계에 참여할 것을 명하지 않는다."[12]

에번 로버츠(Evan Roberts)는 목회를 준비하며 대학에서 공부하던 시절, 그 학교를 방문했던 세스 조슈아(Seth Joshua)의 설교에 깊은 감명을 받았다.

그 후 로버츠는 공부에 집중할 수 없어 다니던 학교 학장을 찾아가 이렇게 말했다. "고향에 내려가 교회 청년들에게 말씀을 전하라는 음성이 들려옵니다. 필립스 학장님, 이것이 사탄의 음성입니까 성령의 음성입니까?" 필립스는 아주 지혜롭게 이렇게 답했다. "사탄은 그런 일을 명하는 법이 없다네. 일주일간 휴가를 갖도록 하게."[13]

이 대답이 약간 과장처럼 들릴지 모르지만 기본적으로 옳은 말이다. 그 후로 로버츠에게 일어난 일들이 그가 진정 주님의 인도를 받았음을 강하게 확증해 주었다.

중요한 것은 원리다

어떤 생각이나 지각이나 기타 경험이 하나님의 음성의 자격을 갖추려면 반드시 성경의 원리, 즉 기본 진리에 부합해야 한다. 여기서 중요한 것은 성경의 지엽적 사건이 아니라 **원리**다. 성경을 공부해 보면 절대적이고 근본적이며 예외 없는 부분들이 있음을 분명히 알 수 있다. 성경에 어떤 말이 한 번만 나오거든 눈여겨보되 그것을 근본 원리로 간주하지는 말라. 두 번 나오거든 두 번 생각하라. 여러 번 반복되거든 그것을 깊이 생각하며 이해하도록 노력하라. 성경을 볼 때는 전체 메시지를 믿어야 하며 그것을 기준 삼아 주변 본문을 해석해야 한다. 성경의 전체 내용에 익숙해지면 그런 원리들이 분명히 드러난다.

성경의 주변적 메시지와 본질적 메시지를 구분해야 한다. 하나님의 음성을 해석할 때는 원리를 고수하라. 예컨대 고린도전서 11장에 보면 여자는 머리를 짧지 않게 하는 것이 좋고 남자는 오히려 머리가 긴 것이 욕이 된다는 내용이 나온다. 이런 말씀은 분명 **지엽적인** 것이다.

마가복음 10장에는 좀더 심각한 문제가 나온다. 예수님은 자신을 찾아온 아주 훌륭한 청년에게 가진 것을 다 팔아 그 돈을 가난한 자들에게 줘야 한다고 말씀하신다. 많은 사람들이 생각해 온 것과는 반대로 이 **말씀 역시 대부분의 사람들에게는 지엽적인** 것이다(예수님이 누구를 만나든 무조건 그렇게 요구하신 것은 아니기 때문이다). 물론 그 청년의 경우 예수님의 지시는 재물에 관한 그의 특수한 문제의 핵심을 찔렀다. 그러나 그것은 모든 사람이 따라야 할 원리는 아니다. 그 이유는 무엇인가? 성경 전체에 일관되게 나타나는 가르침이 아니기 때문이다. 좀더 깊은 생각이나 인도하심 없이 무조건 본문을 자신이나 다른 사람을 향한 하나님의 말씀으로 취해서는 안 된다.

한편 사도 요한의 글을 읽으면 우리는 "하나님은 빛이시라. 그에게는 어둠이 조금도 없으시다"(요일 1:5)는 사실을 알게 된다. 이것은 성경 전체와 역사를 통틀어 하나님의 사람들의 경험에 일관되게 나타나는 **원리다**.

가장 으뜸 되는 두 계명에 대한 예수님의 말씀을 들을 때도 우리는 한 가지 원리를 발견하게 된다. "첫째는 이것이니…네 마음을 다하고 목숨을 다하고 뜻을 다하고 힘을 다하여 주 너의 하나님을 사랑하라 하신 것이요. 둘째는 이것이니 네 이웃을 네 자신과 같이 사랑하라 하신 것이라"(막 12:29-31). 또한 "누구든지 자기 목숨을 구원하고자 하면 잃을 것이요. 누구든지 나와 복음을 위하여 자기 목숨을 잃으면 구원하리라"(막 8:35) 하신 선언도 원리를 제시하는 것이며 "다만 너희는 그의 나라를 구하라. 그리하면 이런 것들을 너희에게 더하시리라"(눅 12:31)는 말씀도 마찬가지다. 하나님으로부터 오는 모든 구체적 말씀은 절대 이런 원리와 모순될 수 없다. 이런 원리는 **하나님의 음성으로 주어질 수 있는 내용에 철통같은 제약을 가한다.**

성경의 원리는 무엇보다도 예수님의 행동과 정신과 명시적 말씀을 통해 파악되어야 한다. 그분 전체를 우리가 뒤따를 모범으로 삼을 때(사실 그분을 믿는다는 것이 그런 뜻이 아니고 무엇이겠는가?) 우리는 하나님이 내면에 들려주시는 음성의 내용을 안전하게 파악할 수 있다. "나를 따르는 자는 어둠에 다니지 아니하고 생명의 빛을 얻으리라"(요 8:12)고 하셨기 때문이다. 이 점을 바로 인식할 때, 하나님이 우리 안에서 그리고 우리를 통해서 하시려 하는 새롭고 특별한 일에 자발적으로 마음을 열게 된다. 하나님을 직접 대면하는 경험에서 나오는 능력과 권위를 자발적으로 키워 갈 수 있는 것이다. 그것은 그리스도의 삶과 가르침의 모범 안에 있기에 **자유롭고 안전하다.**

영적 만병통치약을 조심하라

음성의 내용과 관련해서 부정적인 측면도 짚고 넘어가야 한다. 고난과 실패를 완전히 면제해 주겠다고 약속하는 음성은 볼 것도 없이 하나님의 음성이 아니다. 최근 들어 무수히 많은 하나님의 대변자가 하나님과 성경을 건강과 성공과 부의 보증수표로 이용할 수 있는 길들을 제시해 왔다. 성경은 서구 세계에서 말하는 성공적 삶의 규범이자 방법론 서적으로 간주되었다. 그대로 따르기만 하면 경제적으로 번성하고, 암이나 심지어 감기에 걸리지 않으며, 교회가 분열하는 일도 절대 없고, 성공하는 사역자와 프로그램도 끊이지 않는다는 것이다. 옛 찬송가에 이런 질문이 있다.

> 뭇 성도 피를 흘리며 큰 싸움 하는데
> 나 어찌 편히 누워서 상 받기 바랄까?[14]

그런 사람들은 이 반문에 큰소리로 답한다. "당연히 나는 그러길 바랍니다!"

그러나 고금을 통해 그리스도의 도를 충실히 따라 살았던 사람들을 살펴보면 그들은 큰 환난을 겪고 평생을 시련 속에 살다 죽어간 경우가 많다는 것을 알게 된다. 하나님의 말씀은 단지 우리를 문제에서 건져 주거나 모든 것이 내 뜻대로 편하게 잘된다는 확신을 주려고 찾아오는 것이 아니다. 물론 그런 경우도 있기는 하지만 말이다. 그분의 말씀이 우리를 모든 어려움에서 벗어나게 해준다는 말을 들을 때마다 우리는 다음과 같은 예수님과 베드로의 대화를 기억해야 한다. 예수님은 자기가 예루살렘으로 올라가 사람들에게 죽임을 당할 것이라고 말씀하셨다. 그러자 베드로는 이렇게 대답했다. "주여, 그리 마옵소서. 이 일이 결코 주에게 미치지 아니하리이다." 그가 이런 말을 한 것은 답을 **알았기** 때문이다. 베드로는 자신이 그런 일을 당할 생각이 전혀 없었다. 그래서 그것은 자신의 메시아요, 자기가 편승한 스타인 예수님이 갈 길도 아니라고 보았다. 그러나 예수님은 그에게 "사탄아 내 뒤로 물러가라. 너는 나를 넘어지게 하는 자로다. 네가 하나님의 일을 생각하지 아니하고 도리어 사람의 일을 생각하는도다"(마 16:23)라고 말씀하셨다.

자신의 바람에 이끌려 잘못된 길로 빠져서는 안 된다. 우리 역시 다른 모든 사람과 마찬가지로 삶의 시련을 겪을 것이다. 예수님의 제자인 우리가 남들과 다른 것은 평범한 사람들에게 닥치는 평범한 시련들이 면제되기 때문이 아니라 더 높은 생명 또는 추가적 생명, 즉 질이 다른 생명, 영적 생명, 영원한 생명을 **함께** 지니고 있기 때문이다. "의인은 고난이 많으나 여호와께서 그 모든 고난에서 건지시는도다"(시 34:19).

이제 요약하면, 마음속에서 하나님의 음성을 알아듣는 법을 배울 때 우리가 분별해야 하는 것은 우리를 향한 하나님의 의사소통으로 찾아오는 자신의 생각 속에 담긴 어떤 **무게**나 **힘**, 어떤 **정신**, 어떤 **내용**이다. 이 셋이 결합하여 하나님의 음성의 특징을 이룬다. 이러한 세 가지 기준은 그리스도의 도에 숙련된 사람들이 하나님 나라에서 날마다 그리스도의 친구요 하나님의 동역자로 살아갈 때 커다란 확신과 정확성을 제공한다.

사탄의 음성

'영적 음성'에는 다른 것들도 있다. 우리의 적인 사탄의 음성은 지금까지 묘사한 음성과 확연한 대조를 이루는 것으로 보아 그 정체를 알 수 있다. 우리가 더 이상 자신의 손아귀에 붙들려 있지 않다는 것을 아는 순간 사탄도 분명 우리 마음속에 말을 걸어온다. 이 목소리를 함께 식별하는 법을 배울 때에만 우리는 사건의 원인을 무턱대고 사탄의 탓으로 돌리는("내가 그렇게 된 것은 사탄 때문이야!") 어리석은 태도에서 벗어날 수 있다. 또 그럴 때에만 사탄을 정확히 식별하고 단호히 대적하여 우리에게서 달아나게 만들 수 있다(벧전 5:9; 엡 6:11).

사탄은 앙상한 날개가 달린 박쥐 모양으로 뱀처럼 쉿 소리를 내며 우리에게 다가오지 않는다. 사탄이 어떤 식으로든 외적 형태를 취하는 경우는 극히 드물다. 오히려 사탄은 하나님처럼 대체로 우리의 생각과 지각을 통해 다가온다. 우리는 하나님의 음성의 무게와 정신과 내용에 어긋나는 모든 음성을 경계해야 한다. 자신이 미묘한 공격을 당하고 있다는 신호일 수 있기 때문이다.

마태복음 4장에 나오는 예수님의 시험이 그 점을 잘 보여 준다. 박쥐 같은 동물이 예수님께 돌을 떡으로 바꾸라고 했다면 식욕이 대번에 싹 가셨으리라는 것은 조금만 생각해도 알 수 있다. 그렇다면 시험하는 자는 그분께 어떻게 다가왔을까?(3절) 사실 그가 다가온 방법은 성경 본문에 전혀 나와 있지 않다.

단지 상상이지만, 예수님은 굶주림이 극에 달하자 주변의 돌들을 보며 어머니가 만들어 주시던 빵이 생각났을 것이다. 돌이 빵처럼 **보였을지도** 모른다. 서서히 **냄새**가 느껴지면서 자신이 마음만 먹으면 얼마든지 그 돌들을 버터 바른 빵으로 만들 수 있다는 데 생각이 미쳤을 수도 있다. 그러나 그때 그분은 그런 환상과, 하나님의 말씀이 먹을 양식이요 고기라는(요 4:32) 위대한 진리가 상충하는 것을 보았다. 그분은 하나님의 말씀이 자신의 모든 필요의 해결책으로 충분하다는 진리를 저버리는 길을 거부하셨다. 인간이란 하나님의 입에서 나오는 모든 말씀으로 사는 존재다(신 8:3). 유혹의 음성은 정신과 내용 면에서 하나님의 말씀과 명백히 어긋났다. 그렇게 예수님은 사탄을 식별하셨고, 이번 유혹과 이후의 다른 유혹에서 그를 보기 좋게 대적하셨다.

마찬가지로 그리스도의 제자들도 하나님의 음성을 이해하고 식별할 수 있다는 믿음을 갖도록 해야 한다. 그들은 자신의 생각과 지각에서 인간들의 말이나 문자의 의사소통에 나타나는 특징인 특이한 음질과 정신과 내용만 찾으면 된다.

우리가 하나님으로부터 받게 될 모든 말씀은 내적으로나 외적으로 무엇이 수반되든 **궁극적으로 우리 자신의 생각과 지각의 형태를 통과하게** 되어 있다. 우리는 자신의 생각과 지각 속에서 우리가 "그를 힘입어 살며 기동하며 있는" 하나님의 음성을 찾는 법을 배워야 한다.

무오성

그러나 이렇게 물을 사람들도 있을 것이다. 설사 내가 하나님의 음성을 성공적으로 듣고 이해한 경험이 많은 사람이라 해도 하나님이 내게 말씀하신다는 것과 그 말씀의 내용을 확신하는 부분에서 **여전히 실수할 수 있지 않은가?** 물론이다. 우리는 여전히 **틀릴 수 있다.** 하나님은 자신과 우리의 대화의 관계를 통해 우리를 오류 없는 존재로 만드실 뜻이 없다. 별 탈 없이 인생의 기초로 삼고 살아가는 믿음에 대해서도 우리는 틀릴 수 있다. 하지만 대개는 옳다. 내 자동차의 연료 눈금이 작동 중이고, 내 거래 은행이 확실히 믿을 만하며, 내가 먹는 음식에 독이 없다는 우리의 믿음은 틀릴 수 있다. 그것이 인생이다. 주님과 동행한다고 해서 오류 가능성이 배제되는 것은 아니다. 하나님의 음성의 내용을 경험으로 분별할 때도 다를 바 없다.

하나님의 음성을 들었다고 해서 우리가 오류에 빠지지 않는 것은 아니다. 들은 내용을 나눌 때는 조심해야 한다. 그 내용이 적절할 때도 있으나 모든 문제의 해법은 아니며 본래 그래서도 안 된다. 무오성, 특히 하나님의 마음을 분별하는 부분에서의 무오성은 인간의 상황에 들어맞지 않는다. 하나님과의 관계에서 그것을 바라거나 기대해서는 안 된다.

성경의 중심성(다시 한 번)

개인적으로 나는 오류에 부딪힐 때마다 성경과 가까운 관계를 유지함으로써 큰 위안과 힘을 얻는다. 이 책에서 나는 하나님의 음성을 듣는 데 기록된 말씀의 중심성을 여러 차례 강조했다. 하나님의 말씀을 만날 수 있는 영원한 장소가 성경이라는 사실은 아무리 강조해도 지나치지 않다. 내게 들려온 하나님의 말씀은 성경 공부나 성경의 가르침과 결부된 때가 가장 많다. 프레드릭 마이어의 말처럼 "마음이 잠잠해지고 시선이 집중된다면, [기록된] 말씀은 하나님의 음성을 우리에게 확실히 전달해 주는 전선과 같다."[15]

성인들의 생애에 대해 읽어 보면 그 사실이 그대로 확인된다. 실례가 얼마든지 많이 있지만 그중 존 버니언(John Bunyan)의 말을 일부 뽑아 보았다.

어느 날 시골을 지나면서 내 악한 마음과 하나님에 대한 불경함을 묵상하고 하나님에 대한 내 안의 적의를 생각하던 중에 이 성경 구절이 마음에 떠올랐다. "그의 십자가의 피로 화평을 이루사"(골 1:20). 이 말씀을 통해 나는 하나님과 내 영혼이 그 피로 말미암아 친구가 되었음을 다시 보았다. 하나님의 공의와 내 죄 많은 영혼이 그의 피를 통해 서로 끌어안고 입 맞출 수 있음을 보았다. 참 좋은 하루였다. 영영 잊지 않았으면 좋겠다.

다른 날, 우리 집 난롯가에 앉아 내 초라한 모습을 생각하고 있는데 주님은 그것도 소중한 말씀으로 바꿔 주셨다. "자녀들은 혈과 육에 속하였으매 그도 또한 같은 모양으로 혈과 육을 함께 지니심은 죽음을 통하여 죽음의 세력을 잡은 자 곧 마귀를 멸하시며 또 죽기를 무서워하므로 한평생 매여 종노릇 하는 모든 자들을 놓아 주려 하심이니"(히 2:14-15). 이 말씀의 영광이 내게 어찌나 무겁게 덮쳐 오던지 앉은 채로 두어 차례 기절하는 줄 알았다. 슬픔과 고민 때문이 아니라 흔들리지 않는 기쁨과 평안 때문이었다.[16]

성경을 읽다가 하나님의 말씀에 붙잡히는 경험과 단순히 활자로 적힌 말씀을 내가 붙잡는 경험은 천양지차다. 성경 연구 과정에서 그것이 아무리 흥미로울지라도 말이다. 많은 사람들이 **경험을 통해서** 그 사실을 알게 되었다. 전자의 경우, 나는 하나님이 내게 말씀하셨다는 사실을 알게 된다. 나라는 구체적 존재의 모든 개성이 나 아닌 그분께 완전히 붙잡히는 것이다. 하나님은 독특하게 인격적인 방식으로 내게 다가오신다. 이것은 기독교 공동체와 역사를 통틀어 광범위하게 고백된 간증이다. 우리에게 오류를 범할 가능성이 계속 남아 있을지라도 성경은 확신을 주는 힘을 행사한다. 그것은 말씀 앞에 붙들리는 감각이 이렇게 널리 공유된 방식으로 존재하기 때문이다. 우리는 하나님의 말씀을 들은 사람들의 공동체 안에 있다.

성경의 경험에서든 환경이나 자기 내면의 생각과 충동, 역사나 전기를 읽는 것 같은 다른 경험에서든, 하나님의 말씀은 **들리는** 음성의 경험과 적어도 비슷한 방식으로 찾아올 때가 많다. 그리스도인들의 경험을 잘

조사해 보면 이 현상이 흔히 생각하는 것보다 훨씬 더 보편적임을 알 수 있다. 그러나 가청성(audibility)은 하나님의 음성에서 전혀 본질적인 요소가 아니며 하나님의 음성을 경험하는 데 신빙성을 더해 주지도 않는다. 거듭 말하지만 본질적 요소는 어디까지나 특유의 무게와 정신과 내용이다. 우리는 경험을 통해 그런 특성과 하나님의 인격적 임재를 연관 짓는 법을 배워 나간다.

성경 분야든 일반 분야든, 학식도 개인과 교회 전체에 분명 중요하다. 그것은 하나님 앞에서 책임감 있게 살아가기 위해 우리 쪽에서 필요한 것 중 하나다. 그러나 학식이 하나님의 살아 있는 음성을 경험하는 것을 결코 대신할 수 없다. 우리의 오류를 해결해 주거나 없애 줄 수도 없다.

일반적으로 하나님을 아는 구원의 지식과 살아 있는 지식을 얻기 위해 성서학자나 일반 학자의 학식에 전적으로 의존하는 사람은 아무도 없다. 하나님이 우리에게 주시는 구원과 인도의 말씀을 받기 위해서는 그분의 기록된 말씀 앞에 겸손히 마음을 여는 것으로 충분하다. 하나님의 말씀에 **관해 모든 것을 아는** 사람들도 그 말씀을 **듣거나** 알아들은 적이 한 번도 없을 수 있다. 반면 말씀을 들은 적이 있고 금방 알아들을 줄 아는 사람들이라 해도 그것에 **관해** 할 말이 그리 많지 않을 수 있다. 그러나 하나님의 말씀이 신자들의 공동체와 세상에 더 잘 전달되고 믿음으로 잘 받아들여지기 위해서는, 그분의 음성을 알면서 그에 관해 말할 수 있는 사람들이 많이 필요하다. 그런 방식을 통해서만 하나님의 백성은 그분의 음성을 더 잘 따르는 법을 배우게 될 것이다.

삶의 실제적 결과

하나님의 음성을 알고 우리의 마음과 생각 속에 들려오는 그 음성을 **실제적으로 이해하는 것**은 하나님의 사람들에게 사치가 아니다. 그것은 영적으로 특별한 능력이 있는 자들만을 위한 경험이 아니다. 하나님 나라에서 생명력 있는 삶을 누리기 위해 이 사실을 이해하는 일이 왜 중요한지 네 가지 측면으로 살펴보겠다.[17]

모든 신자가 하나님과 그분의 나라를 날마다 직접 경험할 수 있다
무엇보다 교회의 머리 되신 그리스도와의 이런 직접적 교제가 없다면 우리 삶을 통해 하나님의 통치가 확장되지 않을 것이다. 우리의 삶을 통해 하나님 나라를 넓히는 일은 우리의 당연한 사명이자 실제로 가능한 일이다. 하나님의 음성을 이해하는 일은 그리스도와 교회의 관계에 본질적인 것이다. **그분은 교회에 말씀하신다.** 이는 그분의 말씀이 교회 안에 살아 있다는 말이 뜻하는 바의 핵심 부분이다.

 그리스도의 나라에 연합하여 하나님 가족의 일원이 될 때 우리는 그 나라의 전초 기지가 된다. 정확히 들어맞는 비유가 아닐 수도 있지만 임시로 전화가 설치된 상태로 볼 수 있다. 우리는 그 전화로 천국의 지시를 받아 하나님 나라 사업을 해 나가며 각종 결정에 동참한다. 우리에게는 컴퓨터 단말기가 설치되어 있다. 그것을 통해 하나님과 대화하고 교제하고 같이 움직이며 그분의 일을 해 나간다. 중요한 것은 우리가 해야 할 일에 대해 하나님의 명령과 지시가 제대로 접수되어야 한다는 것이다. 요점을 되풀이하자면, 성경만으로 또는 주관적 경험만으로 또는 상황에 대한 해석만으로 우리에게 필요한 지시를 얻을 수 있다는 생각은 완전히 잘못된 것이다. 그것은 하나님의 본래 의도가 아니다. 우리는 하나님의 말씀을 듣되, 그분이 택하시는 통로를 통해 그분이 원하시는 분량으로 생각과 행동에서 구체적이고 현실적인 인도를 받아야 한다. 그러한 인도하심의 의미를 밝히는 것이 바로 내가 이 책에서 시도한 일이다.

확신과 위로와 평안이 있다

그러나 각 사람에게는 확신과 평안도 필요하다. 그런 확신과 평안은 우리가 진정 하나님과 의사소통하고 있음을 알 때에야 찾아온다.

하나님의 백성을 향한 모세의 축복이 담긴 민수기 6:24-25의 축도를 생각해 보라. "여호와는 네게 복을 주시고 너를 지키시기를 원하며." 무슨 말인가? "여호와는 그의 얼굴을 네게 비추사." 이것은 또 무슨 말인가? 이렇게 풀어쓸 수 있다. "여호와는 우리를 똑바로 쳐다보시며." 하나님은 바로 이를 위해 우리를 지으셨다. 그분의 임재를 누리도록 지으셨다는 말이다. 하나님은 우리를 찾으신다. 하나님의 기본적인 속성은 사랑의 공동체다. 그런 하나님께 우리는 어떻게 반응할 것인가? 하나님이 우리에게 "내 얼굴을 찾으라" 하실 때에 우리는 "여호와여, 내가 주의 얼굴을 찾으리이다"라고 반응한다(시 27:8).

아버지를 사랑하는 어린아이에게 아버지가 자신의 얼굴을 비추지 **않**는 경우를 본 적이 있는가? 혹 자신이 그런 아이였던 적이 있는가? 아버지나 어머니가 화가 나서 나를 **외면하고** 눈길을 돌릴 때, 부모님이 얼굴을 비추시기는커녕 나를 보고 찌푸리거나 아예 무시할 때, 심정이 어떠했는지 기억하는가? 대화가 단절된다. 아이는 몹시 괴로운 나머지 결국 마음을 무디게 하는 법을 터득한다. 이와 유사하게 하나님의 자녀에게 걸맞은 확신과 평안을 누리려면 일정한 대화가 반드시 필요하다.

한 아이의 어머니가 세상을 떠났다. 아이는 충분한 위로를 받지 못한 채 계속 불안에 시달린다. 특히 밤에 불안감이 극에 달해 아이는 매번 아버지 방으로 들어와 같이 자겠다고 한다. 아이는 자기가 아버지와 함께 있을 뿐 아니라 아버지의 얼굴이 자기를 향해 있음을 알기 전에는 절대 안정을 얻지 못한다. 아이가 매번 어둠 속에서 묻는다. "아빠, 지금 날 보고 있어요?" 그것을 확신한 뒤에야 아이는 안심하고 잠들 수 있다.

삶이란 얼마나 외로운 것인가! 우리는 말씀하시지 않는 하나님과도 얼마든지 그럭저럭 살아갈 수 있다. 자신이 그렇게 살고 있다고 생각하는 사람들도 많다. 그러나 그것은 진정한 삶이라 할 수 없다. 하나님이 우리에게 의도하신 삶이나 예수 그리스도가 우리에게 주시려 했던 **풍성한 삶**은 분명 아니다. 하나님과의 실제적인 의사소통이 없다면 그분의 피조 세계를 얼마나 멋있게 생각하든 우리의 세계관은 지극히 비인격적인 것이다. 단지 이 세상이 우리 아버지의 것이라거나 하나님이 우리의 영원한 구속을 위해 마련하신 것이라는 믿음과, 어두운 밤이든 밝은 대낮이든 아버지의 얼굴이 나를 향해 비추며 아버지가 나와 개인적으로 대화하신다는 **경험**에 기초한 **확신**은 천양지차다.

사이비 광신자와 율법주의에서 우리를 지켜 준다

연습과 경험을 바탕으로 하나님이 말씀하시는 방식을 아는 일은, 우리 자신과 우리가 관심을 갖는 다른 사람들을 보호하기 위해서도 중요하다.

우리 모두가 아는 바와 같이 "하나님의 말씀을 받았다"는 주장에는 때로 극히 우매한 일이 뒤따른다. 사실 사람들의 입에서 그런 말이 나올 때 우매한 일 정도가 아니라 엄청난 비극도 일어날 수 있다는 것을 우리 모두 알고 있다. 우리 자신뿐 아니라 성도의 공동체 안에 있는 주변 사람들을 보호하려면, 하나님의 음성이 무엇이고 그것이 어떻게 찾아오며 그 내용은 어떤 것인지 반드시 알 필요가 있다. 그렇지 않으면 우리는 악의를 품은 자들이나 자신도 모르게 하나님을 거스르는 음성에 휩쓸리는 자들의 생각에 놀아나게 된다.

힘이나 권위를 가진 사람들이 권위를 악용하면서까지 이치에 어긋난 이야기를 하거나 악에게 이끌릴 때, 우리는 그것을 식별할 수 있어야 한다. 이것은 대단히 중요한 일이다. 우리는 자신은 물론 우리가 사랑하는 이들을 보호하기 위해 그리고 교회 전체의 발전을 위해 하나님의 음성이 역사하는 방식을 이해할 필요가 있다. 따라서 하나님의 음성을 듣는 것을 미신이나 단순한 짐작의 영역에서 끄집어내어 그것을 이해할 마음이 있는 사람 누구나 이해할 수 있는 용어로 표현해야 한다.

하나님의 음성의 정신과 내용에 관해 지금까지 이야기한 바를 이해하고 하나님의 지도자들의 올바른 특성을 이해한다면 우리는 사이비 종교 지도자들을 언제나 분명히 밝혀낼 수 있을 것이다. 예를 들어 1978년에 발생한 짐 존스(Jim Jones)와 존스타운의 비극은 그가 끌어 모은 사람들 중 극히 일부라도 하나님을 대변한다는 그의 주장을 꿰뚫어볼 수 있었다면 얼마든지 막을 수 있는 사태였다. 알다시피 이 비극은 가이아나에서 900여 명의 집단 자살 사건이 일어나기 오래전부터 미국 전역의 많은 도시에서 평범한 시민들 사이에 시작되었다. 그러나 그들은 하나님의 음성을 실제적이고 경험에 관한 문제로 다룰 만한 능력이 전혀 없었다.

결국 그 음성을 신비화한 '영적' 폭력을 통해 문자 그대로 살육으로 치닫고 말았다.

몇 해 간격으로 똑같은 비극이 새로운 옷을 입고 되풀이되고 있다. 파괴의 정도는 덜할지라도 지금 이 순간에도 지구촌 곳곳에서 기독교란 이름으로 수백, 수천 가지 존스타운 사기극이 계속되고 있다. 이런 문제에 대해 이해력을 갖추고 긍휼과 강직함을 겸비한 개인들은 사람들을 자신의 '지도' 아래 두려는 지도자들을 면밀히 살펴야 한다. 그 지도자들이 누군가 자기들을 살피고 있다는 사실만 알아도 사회 전체는 말할 것도 없고 교회 전반과 그 안의 개인들의 상황은 훨씬 더 나아질 것이다.

그러나 위험은 종교의 광신적인 측면에서만 오는 것이 아니다. 위험은 존경받을 만한 쪽에서도 올 수 있다. 요한복음 9장을 보면 예수님이 안식일에 소경을 고쳐 주신다. 모세의 제자라는 자부심이 대단하던(28절) 백성의 지도자들은 예수님이 하나님께로부터 온 자일 수 없다는 것을 '알았다.' 그분이 안식일 노동에 관한 자기들의 규정을 지키지 않았기 때문이다(16절). 그들은 이 사람 예수가 죄인이라는 것을 그냥 '알았다.' 자기들은 성경을 '아는' 자였기 때문이다. 그들은 성경에 의거해 예수님이 안식일에 해서는 안 될 일을 하고 있다는 것을 '알았다.' 따라서 예수님은 죄인이었다.

그들은 세상이 돌아가야 하는 방식에 대해 선하고 믿을 만한 일반 지식을 갖고 있었다. 고침받은 당사자는 고작 이렇게 보고할 수밖에 없었다. "그(예수)가 죄인인지 내가 알지 못하나 한 가지 아는 것은 내가 맹인으로 있다가 지금 보는 그것이니이다"(요 9:25). 그러나 **판단 기준**은 성경이나 율법에 있지 않았다. 지도자들은 자기들 나름의 인도 기준이 있었고 그것으로 족한 줄 알았다. 하지만 그 기준은 **훌륭한** 것이기는 했지만 충분하지는 않았다. 그것이 그들로 하여금 예수님 안에 있는 능력과 사랑의 역사를 정죄하게 만들었기 때문이다. "하나님이 모세에게는 말씀하신 줄을 우리가 알거니와 이 사람은 어디서 왔는지 알지 못하노라"(29절). "우리가 알지 못하노라!" 이것이야말로 그들의 입에서 나올 수 있었던 가장 심한 자기 저주가 아닐까? 예수님이 하시는 일을 보고도 기껏 한다는 말이 이것이라니! "우리는 이 사람이 무슨 일을 하고 있는지 모른다. 우리는 이 사람이 어디서 왔는지 모른다. 우리는 이 사람이 하나님이라는 것을 모른다." 왜 몰랐단 말인가?

그들의 고백은 사실상 하나님이 누구시며 그분이 하시는 일이 무엇인지 모른다는 말이나 마찬가지다. 하나님 나라를 볼 수 없었던 니고데모의 문제를 그들도 갖고 있었다. 물론 자기들이야 정말 알고 있다고 믿었지만 말이다. 오늘날에도 비슷한 사람들이 많다. 그들은 사랑과 의로 행해지는 놀라운 일들을 보면서도 그 일들이 성경이나 교회의 가르침에 대한 자신들의 율법주의적 개념에 부합하지 않거나 자기들의 주관적 경험으로 확인된 기준에 일치하지 않으면 눈 하나 깜짝하지 않고 그 일들을 정죄하며 이렇게 말한다. "우리는 이것이 틀렸다는 것을 **안다**!" 우리 모두는 이런 지식에서 구원을 받아야 한다!

하나님이 그리스도 안에서 자신의 영혼을 인격적으로 직접 만나 주시는 것을 경험으로 알고 있는 형제자매들의 공동체 내에서 안전하게 보호받으며, 하나님의 음성을 **직접적으로** 들은 경험이 없다면 우리는 사이비 광신자나 맹목적인 율법주의자 앞에서 의지할 것이 없고 설 자리도 잃고 만다.[18]

성경이 말하는 풍성한 삶을 현실로 맛보게 한다

끝으로, 하나님의 음성을 경험하고 이해할 때에만 성경의 사건들은 우리에게 현실이 될 수 있다. 또한 그럴 때에야 진리에 대한 우리의 믿음이, 그것이 **사실이어야만 한다**는 단순한 추상적 신념의 차원을 벗어날 수 있다. 이것은 이미 여러 번 언급한 주제이지만 무척이나 중요하기 때문에 다시 한 번 이야기할 가치가 있다.

예를 들어 사무엘상 16:1-13에 기록된 사건을 생각해 보라. 이는 다윗이 이스라엘 왕으로 뽑히는 기사다. 성경의 많은 부분이 그러하듯 본문도 "여호와께서 이르시되"로 가득 차 있다. 이 경우 하나님은 사무엘에게 말씀하시고 있다.

> 여호와께서 사무엘에게 이르시되 "내가 이미 사울을 버려 이스라엘 왕이 되지 못하게 하였거늘 네가 그를 위하여 언제까지 슬퍼하겠느냐? 너는 뿔에 기름을 채워 가지고 가라. 내가 너를 베들레헴 사람 이새에게로 보내리니 이는 내가 그의 아들 중에서 한 왕을 보았느니라." 사무엘이 이르되 "내가 어찌 갈 수 있으리이까? 사울이 들으면 나를 죽이리이다." 여호와께서 이르시되 "너는 암송아지를 끌고 가서 말하기를 '내가 여호와께 제사를 드리러 왔다' 하고 이새를 제사에 청하라. 내가 네게 행할 일을 가르치리니 내가 네게 알게 하는 자에게 나를 위하여 기름을 부을지니라."
> (삼상 16:1-3)

이새의 아들들이 사무엘 앞으로 왔다. 맏아들은 엘리압이었다. 사무엘이 "여호와의 기름 부으실 자가 과연 주님 앞에 있도다"(6절)라고 한 것으로 보아 엘리압은 용모가 수려한 사람이었던 것 같다. 그러나 하나님은 사무엘에게 우리가 영영 잊지 말아야 할 말씀을 들려주셨다. "그 용모와 키를 보지 말라. 내가 이미 그를 버렸노라. 내가 보는 것은 사람과 같지 아니하니 사람은 외모를 보거니와 나 여호와는 중심을 보느니라"(7절).

이어 그 자리에 없던 다윗만 빼고 아비나답과 삼마를 비롯해 이새의 다른 아들들이 모두 사무엘 앞을 지나갔으나 결과는 같았다. 드디어 들판에서 양을 지키던 다윗이 불려왔다. 다윗이 사무엘 앞에 오자 "여호와께서 이르시되 '이가 그니 일어나 기름을 부으라' 하시는지라. 사무엘이 기름 뿔병을 가져다가 그의 형제 중에서 그에게 부었더니 이 날 이후로 다윗이 여호와의 영에게 크게 감동되니라"(12-13절).

여기 우리의 믿음이 굳건해지는 데 절대적으로 중요한 사실이 있다. 사무엘의 경험을 그가 이새의 가족들 한가운데서 행한 **하나님과의 대화**로 알아볼 줄 아는 안목이 있어야 한다는 것이다. 내면의 음성의 성격에 대해 지금까지 한 이야기가 그것을 알아보는 데 도움이 되었기를 바란다.

단지 인상만이 아니었다

다윗 왕이 하나님과 주고받은 대화들도 성경 곳곳에 많이 기록되어 있지만 그중에서도 역대상 14장처럼 생생한 곳은 없다. 다윗이 이스라엘 왕위에 오르자 블레셋이 그에게 전쟁을 걸어 왔다. 다윗은 자신이 해야 할 바를 "하나님께 물었다"(10절). 아마 하나님의 언약궤 앞에 서서 물었을 것이다. 일찍이 이스라엘 역사에서 언약궤는 그렇게 묻는 용도로 사용되곤 했으며 마침 얼마 전 다윗은 자기가 수도로 택한 도시인 예루살렘에 두려고 언약궤를 옮긴 바 있었다(참고. 대상 13장). "다윗이 하나님께 물어 이르되 '내가 블레셋 사람들을 치러 올라가리이까? 주께서 그들을 내 손에 넘기시겠나이까?' 여호와께서 그에게 이르시되 '올라가라. 내가 그들을 네 손에 넘기리라' 하신지라"(10절).

정말로 말씀대로 되었다. 그러자 블레셋은 편대를 정비하여 얼마 후 다시 같은 골짜기에 진을 쳤다. "다윗이 또 하나님께 묻자온대 하나님이 이르시되 '마주 올라가지 말고 그들 뒤로 돌아 뽕나무 수풀 맞은편에서 그들을 기습하되 뽕나무 꼭대기에서 걸음 걷는 소리가 들리거든 곧 나가서 싸우라. 너보다 하나님이 앞서 나아가서 블레셋 사람들의 군대를 치리라' 하신지라"(14-15절). 이번에도 하나님이 말씀하신 대로 되었다.

이 경우와 그밖의 많은 유사한 사건들이 성경 본문에 나타난다. 재미있는 사실은, 하나님의 역사를 통해 사무엘과 다윗의 마음속에 구체적인 정보와 명확하고 세세한 인지적 내용이 주어졌다는 것이다. 흔히 하나님이 우리와 대화하실 때 인상이나 충동 혹은 느낌을 사용하신다고 생각하지만 여기 우리 앞에 있는 것은 단순히 그런 것들이 아니다. 오히려 그것은 사안이 무엇이고 취해야 할 조치가 무엇이며 결과가 무엇인지에 대한 자세하고 충분한 인지적 혹은 명제적 내용이다.

다윗과 사무엘은 이렇게 저렇게 하고 싶은 자신의 충동이나 이쪽저쪽으로 끌리는 자신의 느낌이 무엇을 뜻하는지 파악하려 고민할 필요가 없었다. 충동이나 느낌을 성경 말씀이나 상황에 맞춰 볼 필요도 없었다. 그저 말씀이 들려왔을 뿐이다. 다윗은 "뽕나무 꼭대기에서 걸음 걷는 소리"(15절)의 의미를 어렵게 해석할 필요가 없었다. **들려주신** 말이 곧 그 의미였던 것이다.

하나님의 음성 듣기 연습

역대상 14:8-17

이 '영적 독서'의 연습에 앞서 이 본문에 대해 소제목 '단지 인상만이 아니었다' 아래 제시된 내용을 다시 살펴보라. 그러면 지식을 바탕으로 생생하게 본문 속으로 들어갈 수 있다.

 본문을 읽으며 하나님의 말씀을 받기 위한 준비 단계로 잠시 책을 내려놓기 바란다. 눈을 감고 천천히 숨을 내쉬라. 오늘 성령께서 무엇을 주시든 마음을 열고 들을 수 있게 해달라고 하나님께 기도하라.

읽기(lectio)

성경 읽기가 "하나님 자신을 만나거나 그분의 음성을 듣기" 위한 초대임을 생각하며 본문을 천천히 읽으라.

 다윗이 기름 부음을 받아 온 이스라엘의 왕이 되었다 함을 블레셋 사람들이 듣고 모든 블레셋 사람들이 다윗을 찾으러 올라오매 다윗이 듣고 대항하러 나갔으나 블레셋 사람들이 이미 이르러 르바임 골짜기로 쳐들어온지라. 다윗이 하나님께 물어 이르되 "내가 블레셋 사람들을 치러 올라가리이까. 주께서 그들을 내 손에 넘기시겠나이까" 하니 여호와께서 그에게 이르시되 "올라가라. 내가 그들을 네 손에 넘기리라" 하신지라. 이에 무리가 바알브라심으로 올라갔더니 다윗이 거기서 그들을 치고 다윗이 이르되 "하나님이 물을 쪼갬 같이 내 손으로 내 대적을 흩으셨다" 하므로 그곳 이름을 바알브라심이라 부르니라.

블레셋 사람이 그들의 우상을 그곳에 버렸으므로 다윗이 명령하여 불에 사르니라.

　블레셋 사람들이 다시 골짜기를 침범한지라. 다윗이 또 하나님께 문자온대 하나님이 이르시되 "마주 올라가지 말고 그들 뒤로 돌아 뽕나무 수풀 맞은편에서 그들을 기습하되 뽕나무 꼭대기에서 걸음 걷는 소리가 들리거든 곧 나가서 싸우라. 너보다 하나님이 앞서 나아가서 블레셋 사람들의 군대를 치리라" 하신지라. 이에 다윗이 하나님의 명령대로 행하여 블레셋 사람들의 군대를 쳐서 기브온에서부터 게셀까지 이르렀더니 다윗의 명성이 온 세상에 퍼졌고 여호와께서 모든 이방 민족으로 그를 두려워하게 하셨더라.

이제 내용을 파악했으니 다시 한 번 읽으라. 우리도 그들의 입장에 있었다면 그들의 심정과 아주 비슷했으리라는 점을 기억하라.
　아울러 마음의 귀로 다음 내용을 경청하라.
- 이 이야기에서 당신에게 아른거리거나 눈에 띄는 단어나 문구나 세부 사항.
- 본문에서 당신이 동화되는 대상: 여호와의 언약궤 앞에 섰을 다윗, 뽕나무 꼭대기로 행진하시는 하나님의 소리를 듣고자 기다리던 이스라엘 군사들, 이스라엘 군사에게 나중에 이야기를 전해들은 그의 가족, 다윗이 제대로 들었는지 의아해하는 이스라엘의 지휘관, 소리를 듣고 무슨 일인지 어리둥절해하는 블레셋 군사 등일 수 있다. 또는 나무 같은 물체에 동화될 수도 있다. 이상하거나 특이한 게 아니니 그냥 그대로 있으면 된다.

　어느 경우든 그것을 당신 자신이 고르지 말고 성령께서 주시는 대로 받으라. 설사 당신의 마음에 들지 않더라도 최대한 온유함으로 받으라. 그리고 어떻게 되는지 보라(약 1:21).

묵상(meditatio)

본문을 다시 천천히 읽으라. 읽는 동안 그리고 읽고 나서 몇 분 동안 다음을 묵상하라.

- 눈에 띄었던 단어나 문구는 무엇인가? 왜 그 단어가 당신의 공감을 불러일으킨다고 생각하는가?
- 본문에서 당신이 동화되었던 대상은 무엇인가? 그 사람이나 물체가 되는 기분이 어떤가? 본문의 상황에 대해 당신은 어떻게 생각하는가? 하나님에 대해 어떤 생각을 하는가? 그분이 사람들과 교류하시는 방식에 대해서는 어떻게 생각하는가?
- 이렇게 저렇게 하고 싶은 자신의 충동이나 이쪽저쪽으로 끌리는 자신의 느낌이 무엇을 뜻하는지 파악하려 고민할 필요가 없는 사람, 그런 사람이 된다는 것은 어떤 의미인가?

몇 분 동안 그렇게 하라.

그다음에 하나님께 이렇게 여쭈라. "이것이 오늘 저의 삶과 어떻게 연결됩니까? 제가 알아야 하거나 되어야 하거나 해야 할 것은 무엇입니까?"

반응(기도, oratio)

본문을 마지막으로 한 번 더 읽으면서 기도를 준비하라. 성령께서 말씀하셨다고 생각되는 내용이나 당신에게 와닿았던 내용을 하나님께 말씀드리면 된다.

인도하시는 방식대로 기도하라. 하나님께 감사나 간구를 올려드릴 수 있다. 성경이 말하는 풍성한 삶을 우리도 누릴 수 있음을 믿게 해달라고 도움을 청할 수도 있다.

안식(관상, contemplatio)

인도하시는 대로 하라. 하나님을 간절히 바라며 그저 그분과 **함께 거할** 수도 있다. 하나님께 주목하며, 특히 인간과 이토록 명료하게 소통하기 원하시는 하나님은 도대체 어떤 분이신지 생각해 볼 수도 있다. 하나님이 당신에게 그분을 예배하거나 적어도 그분과 **함께 있고** 싶은 마음을 주실 수 있다. 앉아서 하나님과 교제를 나누라. 그분은 당신을 찾으시는 분이다.

알기 쉬운 대화

하나님의 성품 자체에 의문을 가질 정도로 신비로운 감정, 신기한 환경, 성경 말씀의 특별한 어조 차원에서 하나님의 음성을 듣는 것에 대하여 이야기할 수도 있다. 그러나 우리는 **하나님이 뜻 모를 말을 웅얼거리는 사기꾼이 아니라**는 사실을 강조함으로써 그런 경향에 대응해야만 한다.

반대로, 그리스도 안에 계시된 하나님을 생각할 때 우리가 마땅히 기대해야 할 것은 이것이다. 하나님은 우리가 무언가를 꼭 알기를 원하실 때 그것을 우리에게 **알기 쉽게** 말해 주실 능력도 있고, 기꺼이 그럴 마음도 있다는 것이다. 우리의 마음이 열려 있고 그동안의 경험을 통해 듣고 순종할 준비만 되어 있다면 말이다. 방금 우리가 살펴본 성경 인물들의 삶 속에서 바로 이런 일이 일어났다.

우리는 "예언은 언제든지 사람의 뜻으로 낸 것이 아니요 오직 성령의 감동하심을 받은 사람들이 하나님께 받아 말한 것"(벧후 1:21)임을 확신

해도 좋다. 극히 예외적인 경우를 빼고는 이런 감동하심이 실제로 나타난 형태는 독특한 특성을 지닌 내면의 생각과 깨달음에 지나지 않았다. 그들은 경험을 통해 그것을 자신의 영혼에 주시는 하나님의 음성으로 알아들을 수 있었다. 생각과 깨달음은 여전히 **그들의** 생각과 깨달음이었다. 달리 해석할 수가 없다. 그러나 그 생각과 깨달음 속에는 신적 특성과 정신과 의도와 기원을 **틀림없이 증거하는 도장**이 찍혀 있었다.

그래서 바울은 주님이 자기를 통해 주신 말씀과 자기 스스로 하는 말을 분명히 구분하고 있다(예를 들어, 고전 7:12). 그렇다고 바울이 하나님의 영감을 받아 서신을 작성할 때 생각을 중단하거나 자신의 깨달음과 감정을 도외시한 채 의식 없이 기록하거나 이성 없이 목소리만 낸 것은 아니다. 그의 생각과 깨달음은 그의 것이었지만 동시에 **하나님의 것이기도 했다**. 바울은 생각과 깨달음의 독특한 특성을 보아 그것이 하나님의 것임을 식별했다. 그는 그 특성을 익히 알았고 넘치는 확신 속에 그 특성을 따라 일했다.

경험을 통해 우리 영혼 가운데 임하는 하나님의 음성을 알아듣는 법을 배워 갈 때 비로소 성경 인물들의 삶은 우리에게 현실이 된다. 그리고 우리는 그들 속에 사신 하나님의 삶을 발견하는 데 이른다. 우리의 믿음은 이를 통해 견고해지며, 우리는 전 역사에 걸쳐 이 땅과 천국에서 모든 역사에 걸쳐 그분의 백성 안에서 이루어지는 하나님의 통합된 통치 가운데 자신의 역할을 감당할 수 있게 된다.

묵상을 위한 질문

1. 양들이 자기를 보살펴 주는 사람의 음성을 알아듣고 반응한다는 것은 자연의 사실이다(요 10:3-4). 예수님은 자신의 음성과 자기 백성들 사이의 상호작용을 이 비유를 통해 설명하신다(요 10:14-27). 당신은 이에 대해 어떻게 생각하는가?
2. 이 장에서 말하는 '세 가지 빛'은 무엇이며 그것들의 상호 의존성으로 인해 생겨나는 문제들은 무엇인가?
3. 이 장에 언급된 '음성의 세 가지 요소'인 음질, 정신, 내용을 당신 자신의 말로 설명해 보라. 그 셋 중 다른 것보다 특히 더 중요하다고 생각되는 것이 있는가? 있다면 그 이유는 무엇인가?
4. 책 전반부에 말한 것처럼 하나님이 인간을 통해 그리고 인간과 **더불어** 우리에게 말씀하실 때를 제외하고는 하나님의 음성이나 말씀은 대체로 물리적 음파를 통해 주어지지 않는다. 이렇게 귀로 들리지 않는다고 해서 그분의 음성 경험의 신빙성이 떨어지는가?
5. "고난과 실패를 완전히 면제해 주겠다고 약속하는 음성은 볼 것도 없이 하나님의 음성이 **아니다**." 당신은 이 주장을 어떻게 생각하는가? 사람들이 걸핏하면 성경을 방법론 서적이나 성공하는 인생 매뉴얼로 축소시키는 이유가 무엇이라고 보는가?
6. 당신에게 들려오는 말이 사탄이나 당신 자신에게서 온 것이라는 증거로는 무엇이 있겠는가? (그런 말의 내용이 개인마다 아주 다르며, 선하거나 성경적인 것처럼 보일 수도 있음을 잊지 말라.)
7. 하나님의 음성을 식별할 수 있는 우리의 능력은 광신적인 쪽과 존경받을 만한 쪽 모두의 종교 지도자들로부터 우리를 보호해 주는 역할을 한다. 이와 관련하여 당신이 겪었거나 들었던 사례에 대해 토의하거나 묵상해 보라.

8. 다음은 하나님의 음성을 들을 때 우리 삶 속에 나타나는 실제적 결과다. 그중 최근에 당신이 가장 사모해 온 것은 무엇인가?

   - 모든 신자가 하나님과 그분의 나라를 직접 경험할 수 있다
   - 확신과 위로와 평안이 있다
   - 사이비 광신자와 율법주의에서 우리를 지켜 준다
   - 성경이 말하는 풍성한 삶을 현실로 맛보게 한다

9

인도하심 그 이상의 삶

영혼의 파멸인 죄에서 영혼을 건져내어 영혼의 건강과 평안인
거룩에 이르게 하는 것이 하나님이 자녀들을 다루시는 목표다.
그런데 그분은 강요할 수 없고 우리 스스로 그것을 얻도록 힘을 주셔야만 한다.
그래서 우리가 진정 그분의 자녀로 자유를 얻어야 한다면
그분은 멀고 험한 길을 가셔야만 한다.
존 우드 오만(John Wood Oman), 『은혜와 성품』(*Grace and Personality*)

지식을 불러 구하며 명철을 얻으려고 소리를 높이며 은을 구하는 것같이
그것을 구하며 감추어진 보배를 찾는 것같이 그것을 찾으면
여호와 경외하기를 깨달으며 하나님을 알게 되니.
잠언 2:3-5

지금까지 우리는 하나님이 자신의 자녀들에게 개별적으로 말씀하시는 방식의 다양한 측면을 살펴보았다. 그 내용이 때로는 비현실적이거나 현학적이거나 그저 철학적인 것처럼 들렸을지 모른다. 그러나 **인생의 어느 영역에서든 우리가 이해하거나 이해하지 못하는 것이 우리가 믿을 수 있거나 믿을 수 없는 것을 결정하며, 그리하여 그것이 우리의 실생활과 행동을 냉엄하게 지배한다**는 것은 피할 수 없는 사실이다. 흐릿하거나 텅 빈 것을 믿을 수는 없는 노릇이다. 우리의 이해력 속에 있는 빈칸은 사려 깊은 가르침과 냉철한 사고를 통해서만 채워질 수 있다. 그것은 누가 대신해 주는 일이 아니다.

우리 문화에서 많은 사람이 하는 말과는 반대로 그 일은 종교 생활의 영역에 들어선다고 끝나는 것이 **아니다**. 언젠가 『게으른 사람이 부자가 되는 길』이라는 제목의 책이 팔리는 것을 본 적이 있다. 믿음과 은혜를 오해하면 기독교의 복음을 **게으른 사람이 죽을 때 천국에 가는 길** 혹은 **소극적인 사람이 낙원에 이르는 길** 정도로 생각하게 된다. 물론 이는 사실이 아니다.

믿음이란 지식의 반대가 아니라 보는 것의 반대다. 은혜란 노력의 반대가 아니라 대가로 얻는 것의 반대다. 헌신을 유지시켜 주는 것은 혼돈이 아니라 깨달음이다. 마땅히 알아야 할 것을 모르거나 혼란스런 상태에 있는 사람은 행동과 사고와 감정이 불안정하고 취약해질 수밖에 없다.

하나님에 대한 그리고 그분과 피조물 사이의 의사소통에 대한 오해와 정신적 혼돈과 잘못된 신념은 그분과의 군건한 동행을 불가능하게 만든다. 하나님의 음성을 듣는 삶의 여부와 상관없이 말이다. 하나님이 우리를 대하시는 방식들에 대해 깊이 신중하게 생각하기를 거부하고, 그분의 방식에 대해 주변에서 얻는 엉뚱한 개념과 편견에 의지할 때는 전혀 예상 밖의 결과가 따른다. 나는 때로 비극적인 사례들을 통해 이 사실을 거듭 확인해 왔다. 이는 우리의 건강과 평안을 심각하게 위협하는 태도다.

하나님이 인간을 대하시는 방식을 이해하려고 노력하지 않고 그런 이해에 도움이 될 만한 성경 공부나 그밖의 공부를 외면하는 것은 사실 하나님의 명시적인 뜻에 반항하는 것이다. 하나님은 우리에게 마음을 다하고 목숨을 다하고 힘을 다할 뿐 아니라 **뜻을 다하여** 그분을 사랑하라고 명하시기 때문이다(막 12:30; 참고. 잠 1-8장). 그러므로 성경을 근거로 우리를 향한 하나님의 의사소통 방식을 **공부하는** 것이 하나님의 직접적이고 포괄적인 뜻이라고 말할 수 있다. 신중하고 주의 깊은 공부를 의식적으로 거부하는 것은 믿음이 아니다. 그것은 믿음에서 비롯된 것이 아니며, 하나님이 자신이 정하신 목표를 위해 스스로 정하신 수단을 거부하는 것이다.

우리는 지금껏 그 공부를 해왔다. 하나님의 음성을 듣는 일 전반과 그것에 대해 성경에 제시된 내용을 신중하고 깊이 있게 생각하는 수고를 감수해 왔다. 그리스도를 따르는 진지한 제자라면 누구나 하루하루 의식적으로 살아가는 삶으로 이제 공부의 결과를 옮겨야 할 시점이 되었다. 8장까지의 내용이 제대로 전달되었다면 그리고 진정 하나님의 음성을 듣고 자신을 향한 그분의 뜻을 알 마음이 있다면, 주님의 얼굴이 과연 자신을 향해 비치고 있음을 확실히 깨달아 평안과 확신의 자리에 이르게 될 것이다.

그러므로 이 마지막 장에서 우리가 다룰 질문은 본질상 방법의 문제다.

- 우리는 삶 속에 임재하시며 우리와 대화하시는 하나님과 어떻게 확신 있고 분별 있게 함께 살아갈 것인가?

이것은 다음과 같은 부수적인 질문으로 이어진다.

- 하나님의 음성을 듣는 것을 얼마나 믿을 수 있는가?
- 그분의 음성을 듣지 못한다는 것은 무엇을 의미하는가?
- 그럴 때 우리는 어떻게 해야 하는가?

우리의 대답의 틀

지금까지 이 책이 제시한 기본 핵심을 간략히 요약함으로써 위 질문들에 대한 답을 찾기 시작해 보자. 습관적인 종교 행위와 사고방식 안에는 하나님의 음성 듣는 일에 대한 끈질긴 구습과 오해가 깊이 뿌리 내리고 있다. 그런 구습과 잘못된 생각은 올바른 내용을 반복해서 공부할 때 위력을 잃는다.

    하나님의 의사소통은 다양한 종류의 경험을 통해 주어지지만, 세부적인 내용이나 의미는 언제나 내면의 음성 형태를 띤다. 즉 독특한 사고나 깨달음의 형태를 취한다. 그것이 없다면 수반되는 사건(환경)이나 내적 감화나 성경 본문이 수수께끼와 신비로 남아 결국 추측의 대상이 될 뿐이다.

    물론 하나님은 우리에게 말씀하시는 것과 우리 자신의 이해와 선택을 통해 인도하심 **없이** 기계적으로 우리에게 지시하실 수 있다. 우리가 자동차를 운전하는 것처럼 그분도 말씀 없이 우리를 **인도하실 수 있다**. 그러나 우리가 그분의 친구요 동역자로서 의식적으로 협력할 때 그분은 우리를 인도하시며 그때마다 말씀을 들려주신다. 즉 우리에게 하나님으로부터 온 것임을 알 수 있는 표시가 담긴 생각과 깨달음을 주신다.

성경을 활용할 수 있는 경우라면 하나님의 말씀은 그분의 기록된 말씀인 성경을 공부하거나 묵상할 때 주어지는 것이 가장 일반적이다. 그보다는 드물지만 그래도 종종 사용되는 통로로 인간의 말을 꼽을 수 있다. 나아가 하나님의 말씀은 그분이 택하시는 어떤 방법을 통해서도 주어질 수 있다.

하나님이 우리 영혼에 들려주시는 음성을 알아듣고 그것을 실제 상황에서 다른 경쟁하는 소리들과 확실히 구분할 수 있는 능력은 하나님 쪽과 우리 쪽 모두의 노력과 실험을 통해 얻어진다. 하나님의 강요와 명령에 의해 저절로 주어지는 것이 아니다.

진정 하나님의 인도하심을 받으며 살기 원하는 사람들과 적절한 가르침이나 그밖의 하나님의 특별한 공급을 통해 그분이 나에게 말씀하실 것이며 혹 지금 말씀하고 계실 수도 있다고 확신하게 된 사람들이 있을 것이다. 그들은 이제 하나님의 음성이 지닌 독특한 무게와 정신과 내용을 경험을 통해 배울 준비가 된 셈이다. 그리하여 그들은 하나님의 음성을 구별하고 이해하게 된다. 그들의 분별력에도 오류가 없지는 않겠지만, 자신과 친밀한 다른 인간의 음성을 분별하는 것만큼이나 분명하고 정확하게 그분의 음성을 구별하게 될 것이다.

그렇다고 그들이 하나님의 말씀의 내용을 언제나 정확히 이해하거나 나아가 그분의 메시지를 오류 없이 쉽게 받을 수 있다는 뜻은 아니라는 점을 재차 강조한다. 혼돈의 주요한 한 가지 원인은 무오성을 하나님의 음성을 듣는 일의 조건으로 삼는 데 있다. 하나님의 말씀은 **대화**이며 대화란 무오성이 전혀 문제가 안 되는 정황 속에서 이루어진다. 이 사실을 이해하는 것이 도움이 되리라 믿고 또 그러기를 바란다.

하나님이 화자인 경우, **화자**의 무오성은 **듣는** 자의 무오성을 보장하지도 않으며 그럴 필요도 없다. 그러나 다행히도 우리 모두가 아는 바와 같이, 완전함과는 거리가 먼 화자들도 믿을 수 있는 방식으로 꾸준히 대화한다. 나는 내 자녀들의 목소리를 잘 알며 거의 모든 상황에서 그들의 목소리를 식별할 수 있다. 나는 아이들이 하는 말을 대체로 이해한다. 설사 말의 내용을 이해하지 못할지라도 내 아이가 하는 말이라는 것은 알 것이다. (사실 그런 일이 많이 있었다!)

대인관계를 자세히 살펴보면, 특정한 음성을 알아듣기 때문에 오히려 그것을 구실로 듣기를 **중단하거나** 심지어 당사자들 관계의 구체적 특성에 따라 메시지를 특정한 방식으로 곡해하는 경우가 많다는 것을 알 수 있다. 하나님과 인간의 대화에서도 이런 일이 많이 일어나고 있다고 확신한다. 하나님이 은근히 반항하는 자들에게 말씀하실 때 거의 언제나 그런 일이 벌어진다.

듣는 방식에 주목한다

예수님의 가장 깊이 있는 가르침 중 하나는 듣는 **방식**에 관한 것이다. 이것은 아무리 강조해도 지나치지 않을 정도로 중요하다. 구체적으로, 예수님은 듣는 사람들에게 그들이 귀를 단순히 듣는 데 사용하지 않고 다른 목적으로도 사용할 수 있다는 사실을 경고하셨다. 이를테면 자신의 삶과 뜻에 잘 들어맞도록 메시지를 걸러 내고 조작할 수 있다는 것이다. "들을 귀 있는 자는 들으라. 또 이르시되 너희가 무엇을 듣는가 스스로 삼가라. 너희의 헤아리는 그 헤아림으로 너희가 헤아림을 받을 것이며 더 받으리니 있는 자는 받을 것이요 없는 자는 그 있는 것까지도 빼앗기리라"(막 4:23-25). 듣기란 화자가 의도한 메시지를 고르거나 빼거나 형태를 바꿀 수 있는 **적극적** 과정이다. 다른 인지 방식들과 마찬가지로 듣기에도 우리의 성격과 우리의 자유와 우리가 얽매인 것이 근본적으로 드러나게 되어 있다.

하나님이 하시려는 말씀을 진정 들을 마음이 **없는** 사람들은 말로는 아무리 그렇지 않다 할지라도 하나님 앞에서 스스로 이러한 상태에 처하게 된다.

> 보기는 보아도 알지 못하며 듣기는 들어도 깨닫지 못하게 하여 돌이켜 죄 사함을 얻지 못하게 하는. (막 4:12)

우리가 스스로 택한 습관적 방식에서 돌이킬 마음이 없다면, 즉 하나님의 간섭 없이 내 인생을 내 맘대로 살기 원한다면 우리의 인지 체계 자체가 그분의 음성을 걸러 내거나 그것을 내 뜻에 맞춰 왜곡하게 되어 있다.

하나님을 원하지 않는 사람들

하나님이 자신에게 주시려는 말씀을 구체적으로 듣기 원하는 사람들이 극히 드물다는 것은 서글픈 현실이다. 어려움이 있거나 힘든 결정을 내려야 할 경우가 아니면 그분의 음성을 거의 들으려 하지 않는 것만 보아도 알 수 있다. 반면 하나님의 음성을 이해하며 간절히 듣고 싶어 하는 사람들은 문제나 중대한 결정을 내려야 하는 경우 못지않게 삶이 평탄할 때에도 그 음성을 진심으로 들으려 한다. 하나님의 말씀을 찾으려 할 때 우리 모두가 점검해야 할 테스트가 하나 있다. '나는 상황이 힘들 때에만 하나님의 말씀을 찾으려 하는가?' 거기에 대한 우리의 답이 다음 사실을 잘 보여 줄 것이다. 즉 우리가 정작 하나님의 음성을 듣고 싶을 때 듣지 못하는 것은 **평소에는** 들을 마음이 없다가 필요하다고 생각할 때에만 들으려 하기 때문이다.

어려울 때 하나님의 말씀을 듣기 원하는 사람들은 대개 그것을 찾을 수 없다. 아니면 적어도 찾았다는 확신이 없다. 이는 무엇보다도 그들이 평소 삶 속에서 하나님의 말씀을 들을 마음이 없기 때문이라고 본다. 그들의 관심은 오로지 문제에서 벗어나는 것이나 자기에게 가장 실속 있는 결정을 내리는 데 있다. 하나님과의 대화를 기껏 문제를 피하는 데 도움이 되는 길로만 생각하는 사람들을 나는 많이 만나 보았다.

게다가 주로 문제가 있을 때만 하나님을 찾는 사람들은 대개 최선의 삶의 길인 하나님의 말씀을 있는 그대로 받아들이려는 마음이 별로 없다. 그것은 성경의 명백한 지시를 무시하게 마련이다. 성적 부도덕을 멀리하는 거룩한 삶(살전 4:3)과 항상 감사하는 마음(살전 5:18)은 만인을 향한 하나님의 일반 지침에 명백히 제시된 많은 구체적 사안의 일부다. 이러한 명백한 지침을 **무시하면서** 자신이 원할 때 하나님의 특별한 메시지를 듣기를 바라는 것은 지혜롭지 못한 행동이다.

그렇다고 자비하신 하나님이 자신이 주신 일반 지침인 성경을 떠나 사는 사람들에게는 절대 말씀과 가르침을 주시지 않는 것은 아니다. 예수님께 고침받은 소경이 좋은 뜻으로 했던 말(요 9:31)과는 반대로 하나님은 "죄인의 말을 들으실" 때도 있으며 자기 뜻대로 살아가는 사람들에게도 말씀하신다. 그러나 그것을 **하나님과 대화의 관계를 누리는 삶을 위한 평범하고 정상적인 계획**의 일부로 볼 수는 없다. 성경의 일반 지침을 거부하는 것은 사실상 하나님의 인도를 받지 않겠다는 뜻이다. 따라서 그런 사람은 구체적인 상황에 부딪힐 때 하나님의 지시를 입력받아 어려움이 해결될 거라고 기대할 수 없다.

그러나 하나님의 말씀을 솔직한 마음으로 원하는 사람들도 많다. 말씀 자체가 옳기도 하고 자신에게 가장 좋은 길을 하나님이 아시기 때문이기도 하다. 이런 신자들은 하나님과 화목하게 살기 위한 계획의 일부로써 성경의 일반 지침을 삶의 틀로 받아들인다. 그 틀 안에서 그들은 그분이 날마다 주시는 은혜를 맛보게 된다. 이런 사람들은 내면의 음성을 통해 하나님의 구체적이고 의식적인 말씀을 가장 확신 있게 받는다. 그것은 그들이 그리스도를 닮아 가도록 돕는 데 참으로 적합한 말씀이 될 것이다. 물론 그런 인도하심에도 한계가 **있다**. 거기에 대해서는 나중에 다시 말할 것이다. 그러나 "하나님의 음성을 기다리는 마음이 있는 곳마다 그 음성이 들려온다"[1]고 한 캠벨 모건의 말은 일반적으로 사실이다.

지금까지 배운 내용을 이 정도로 요약하고, 마지막으로 몇 가지 실제적 질문을 다루고자 한다.

하나님의 음성을 듣는 법

하나님의 뜻을 진정으로 찾기 원하며 그에 대한 기본적인 바른 관점을 지닌 사람은 구체적으로 어떻게 그 뜻을 찾을 것인가? 이에 대해 제임스 돕슨(James Dobson)은 내가 들어 본 조언 가운데 가장 실제적인 충고를 한다. 그는 자신의 방법을 설명하며 이렇게 말한다. "나는 무릎을 꿇고 앉아 이렇게 아룁니다. '주님, 이 상황에서 제가 어떻게 하기를 원하시는지 알고 싶습니다. 듣고 있사오니 제 친구들, 제가 읽는 책과 잡지들 그리고 환경을 통해 제게 말씀해 주십시오.'"[2]

이 말이 단순하다는 오해는 금물이다. 하나님과의 관계가 올바르고 원활히 이루어지고 있다면, 이것이야말로 정확히 우리가 할 일이다. 그러고는 돕슨의 말처럼 **귀기울여야 한다**. 우리 내면에서 일어나는 일과 주변 환경에서 벌어지는 일에 특별한 관심을 기울여야 한다는 뜻이다.

지금 실용적 방법을 이야기하고 있는 만큼, 인도하심을 구하는 돕슨의 간단한 기도가 하나의 습관이 될 때까지 그것을 종이에 써서 화장실 거울처럼 자주 볼 수 있는 곳에 붙여 놓는 것도 좋다. 더불어 자신의 특별한 관심사에 관해 **꾸준히 귀기울이는 시간**을 갖는 것도 중요하다.

프레드릭 마이어의 말은 이 실제적 차원에서도 도움이 된다.

날마다 잠깐 동안 하나님 앞에 앉아 묵상하며 가만히 있으라. 그리스도의 내주하심의 진리를 깨닫게 해달라고 성령께 구하라. 이 비밀의 영광의 풍성한 것(골 1:27)이 무엇인지를 기쁜 마음으로 가르쳐 달라고 하나님께 기도하라.[3]

이 일반적 습관을 지킨다면 하나님의 특별한 말씀이 필요하다고 느낄 때 훨씬 더 강한 인내와 확신으로 훨씬 더 정확하게 그분의 음성을 들을 수 있다.

하나님의 음성을 듣고 싶으면 나는 그분께 말씀해 달라고 구한다. 그러고 나서 일상적으로 살아가면서 삶에 대해 내가 이해할 수 있도록 돕는 그 음성, 즉 그분께로부터 오는 생각에 귀를 기울인다. 놀랍게도 우리는 필요한 게 있어도 구하지 않을 때가 많다. 하지만 구하면 그것을 기대하며 주의 깊게 살피게 된다. 내 경우는 대개 다른 일을 하는 도중에 응답이 온다.

하나님께 말씀해 달라고 그런 식으로 구한 뒤, 나는 그것이 가장 잘 통하는 방법임을 깨달았다. 하나님께 말씀해 달라고 간구한 다음 한두 시간 동안 어떤 활동에 임한다. 그 활동은 다른 일들에 주의력을 쏟아부을 필요가 없고, 기도 중인 문제에만 한사코 매달리지 못하게 하는 것이어야 한다. 집안 일, 잔디 손질, 차를 몰고 근처에 심부름을 다녀오는 것, 공과금 납부 같은 일들이다. 나는 이 방법이 효과가 있을지에 대해서 염려하지 않는 법을 배웠다. 반드시 효과가 있어야 하는 것은 아니다. 그러면서도 하나님 편에서 정말 내가 알거나 행하기를 원하시는 일이 있다면 꼭 **결과가 있으리라**는 확신이 있다. 궁극적으로 **하나님이 참으로 크고 선하신 분임**을 확신하기 때문이다.

대개 한두 시간이 지나면 내 의식 속에 특유의 무게와 정신과 내용을 지닌 개념이나 생각이 떠오른다. 내 경험상 그것은 언제나 하나님의 음성과 연결된다. 그 경우 좀더 깊이 살펴보기 위해 그것을 종이에 적어 둘 때도 있다. 그 문제를 다른 사람들과 의논할 때도 있는데 대개 "하나님이 내게 말씀하셨다"라는 이야기는 하지 않는다. 혹 얼마간 시간이 지난 후 같은 과정을 되풀이하여 그 문제를 다시 생각해 보기로 결정할 수도 있다. 당신 자신의 생각인지 하나님의 음성인지 확신이 서지 않거든 기드온이 그랬듯이 더 확인을 구하라(삿 6:11-40). "저에게 다시 말씀해 주십시오"라든가 "주님, 더 분명히 알려 주십시오"라고 아뢰면 된다. 이것은 사람을 대할 때도 자연스러운 방법이다. 우리는 정확한 내용을 물어본다. 대개 나는 이 과정을 2-3일로 제한한다.

확신이 서지 않는다고 해서 당신이 듣지 못한 것은 아니다. 과학자들이 재실험을 통해 결과를 확인한다는 사실도 잊지 말라. 우리는 그만큼 겸손해야 한다.

한편 한두 시간이 지난 후 아무것도 떠오르지 않아도 나는 놀라지 않는다. 그 문제를 계속 하나님 앞에 올려 드리면서 업무도 보고 자신 있게 일상을 살아간다. 물론 계속 듣는 데 주력한다. 대부분의 경우 하루가 지나기 전에 무슨 일이 생기면서 하나님의 음성이 분명하게 들려온다.

아무것도 주어지지 않으면 나는 다음 단계로 이렇게 아뢴다. "이 문제에 대해 주님이 저에게 분명히 말씀하시는 것을 방해하는 뭔가가 제 안에 있습니까? 제 태도에 문제가 있다면 알려 주십시오." 이에 대한 응답은 여러 가지 방식으로 올 수 있다. 내가 믿기로 하나님은 우리의 사고를 흐트러뜨리는 분이 아니다. 그분은 비열하지 않으시며 내게 뭔가 하실 말씀이 있으면 말씀하신다.

하루가 지났는데도 그분의 음성이 들리지 않으면 그 문제에 대한 하나님의 구체적인 말씀을 더 이상 구하지 않게 된다. **전반적으로** 듣는 태도는 유지한다. 그러나 대체로 나는 실망하지도 않고 놀라지도 않는다.

걱정은 말할 것도 없다. 그 이유는 뒤에서 설명할 것이다(지금 나는 기도 전반에 대해 말하고 있지 않다. 그 경우는 접근 방식이 다르며 인내와 끈기가 좀 더 요구될 때가 많다).

나는 하나님의 음성을 듣는 이 단순한 방법을 대학의 교육과 연구와 행정, 가정과 사업상의 용무, 집필, 회의와 세미나 인도 등 여러 상황에서 따라해 왔다. 내게 이 방법은 율법주의나 요식행위와는 전혀 거리가 멀다. 하나님이 내게 다가오셔서 내가 이런 방식으로 구하지 않은 말씀들을 들려주실 때도 많다. 일반적으로 항상 하나님께 나아가 구체적 지침을 구하기보다는 **언제라도 들을 수 있는 조용한 내면의 공간**을 가꾸는 것이 훨씬 중요하다.

이렇듯 나 자신의 경험과 하나님의 음성을 생생히 들으며 살아가는 다른 사람들 그리고 성경의 교훈을 통해 내가 얻은 결론은 이것이다. 성숙한 제자들에게는 언제나 인도하심이 주어진다는 것이다. 인도하심을 받지 않는다면 문제에 처한 사람이나 그리스도의 영광에 심각한 해가 임할 것이다.

내 말이 맞다면 하나님의 일에 성숙하여 경청하고 순종하는 마음을 지닌 사람들은 방금 이야기한 경우에 처할 때, 그분의 음성이 명백하고 메시지가 분명함을 알게 될 것이다. 성경에 기록된 하나님의 친구들처럼 말이다. 이 주장은 경험으로 검증될 수 있다. 그런 상황을 맞닥뜨릴 마음이 있고 성공뿐 아니라 실수를 통해서도 배울 의향이 있는 사람이라면 누구나 이 시험에 도전할 수 있다. 모든 교회 공동체에는 하나님과 대화하는 삶에 관해 만인 앞에서 명시적으로 배우고 가르치는 사람들의 무리가 필요하다.

이것은 요령이 아니다

방금 설명한 것같이 우리 쪽에서 우리 개인을 향한 하나님의 말씀을 찾으려는 절차를 시작하지 않아도 하나님은 종종 말씀하신다. 우리는 하나님을 졸라 자신이 알고 싶은 것을 얻어 낼 수 있는 기술이 있다는 착각에 빠져서도 안 된다. 하나님께 드려진 삶, 내 생각과 소원에 어긋날지라도 그분의 인도에 따르려는 겸손하고 열린 마음, 그분의 말씀이 우리에게 찾아오는 방식에 대한 경험, 인도하심을 구하는 간절하면서도 참을성 있는 기도, 이런 것들을 하나님한테서 응답을 얻어 내는 **수단**으로 전락시켜서는 안 된다.

하나님의 음성을 듣는 것은 요령이나 수법이 아니기 때문이다. 여기서 방법을 논한다는 것은 엄격히 말해 언어도단이다. 물론 일반적이고 실제적인 지침을 제시하는 것은 가능하고 유익하지만 말이다. 하나님 앞에서 어떤 행동이 더 합당하고 덜 합당할 수는 있지만, 궁극적으로 하나님은 우리가 어떤 결과를 위해 '조종하는' 분이 아니다. 무엇보다 하나님께 말씀해 달라 **강요하지** 않도록 조심해야 한다. 우리가 그분과 화목한 연합을 이루지 않고 있을 때 특히 그러기 쉽다.

이스라엘 초대 왕 사울의 생애에 나오는 한 장면은 그런 시도가 얼마나 우매한지 따끔하게 지적해 준다. 사울은 분명 하나님을 섬기지 않고 자기 뜻을 성취하는 데 최고의 우선순위를 두었다. 그는 제사장 사무엘이 오기를 마땅히 기다려야 함에도 불구하고 블레셋 군대 앞에서 자기 군대에 대한 통제권을 잃지 않기 위해 직접 제사를 드렸다. 자기 역할이 아닌데도 제멋대로 밀어붙여 화목제와 번제를 드린 것이다(삼상 13:5-10).

마침내 사무엘이 도착하여 사울에게 왜 단독으로 제사를 드렸느냐고 묻는다. 사울의 대답에서 그의 성품이 그대로 드러난다.

백성은 내게서 흩어지고 당신은 정한 날 안에 오지 아니하고 블레셋 사람은 믹마스에 모였음을 내가 보았으므로 이에 내가 이르기를 블레셋 사람들이 나를 치러 길갈로 내려오겠거늘 내가 여호와께 은혜를 간구하지 못하였다 하고 부득이하여 번제를 드렸나이다. (삼상 13:11-12)

사무엘은 즉각 사울이 왕위를 잃을 것을 선포한다(삼상 13:13-14). 사울이 매사에 제 힘으로 제 뜻을 관철시킬 뿐 아니라 거기에 대해 '그럴듯한 구실'까지 둘러대는 사람임을 분명히 보았기 때문이다. 사무엘은 하나님이 그런 사람을 돕지 않으신다는 것을 알았다.

얼마 후 사울은 또다시 불순종한다. 아말렉을 진멸하지 않은 것이다(삼상 15장). 그는 이번에도 '그럴듯한 구실'을 찾았다. 심지어 순종한 척 사무엘을 속이려 하다가(13절) 속임수가 들통나자 다시 자신의 불순종을 백성 탓으로 돌렸다(24절). 이번에도 사무엘은 그가 왕위를 잃을 것이라 선언한다(26절).

결국 사울은 죽음을 직면하는 처지가 된다(삼상 28장). 사무엘이 세상을 떠난 뒤였다. 사울은 여호와께 묻지만 "여호와께서 꿈으로도, 우림으로도, 선지자로도 그에게 대답하지 아니하셨다"(6절). 이번에도 사울은 평소대로 자신이 원하는 지식을 얻고자 억지를 쓰려 했다. 자기가 이스라엘에서 신접한 자들과의 접촉을 금해 놓고서도 앞으로 어떻게 행할지 알기 위해 직접 신접한 여인을 찾아가 사무엘의 영을 불러 올리게 만든 것이다(7-11절). 사무엘은 "땅에서 올라와"(13절) 사울에게 이렇게 말했다. "네가 어찌하여 나를 불러 올려서 나를 성가시게 하느냐?"(15절).

사울은 딱한 사정을 늘어놓는다. "나는 심히 다급하니이다. 블레셋 사람들은 나를 향하여 군대를 일으켰고 하나님은 나를 떠나서 다시는 선지자로도, 꿈으로도 내게 대답하지 아니하시기로 **내가 행할 일을 알아 보려고** 당신을 불러 올렸나이다"(15절, 저자 강조). 하나님과 그분의 인도하심에 대한 인간의 생각을 얼마나 전형적으로 보여 주는 말인가! 우리는 그분을 하나님을 떠나 아예 그분을 대적하는 삶의 고질적 성향 때문에 생긴 두통을 고쳐 줄 천상의 아스피린으로 여긴다. 우리가 어질러 놓은 것을 치우는 우주의 하인으로 대하는 것이다. 그분이 우리를 섬기도록 만들기 위해서 우리는 우상들에게나 어울리는 요령과 술수를 찾는다.

그러자 사무엘은 사울의 말을 되받아 말한다. "여호와께서 너를 떠나 네 대적이 되셨거늘 네가 어찌하여 내게 묻느냐?…여호와께서 이스라엘을 너와 함께 블레셋 사람들의 손에 넘기시리니 내일 너와 네 아들들이 나와 함께 있으리라"(16, 19절). 배고픔과 두려움에 힘이 빠져 있던 사울은 이 말에 결국 그대로 바닥에 쓰러지고 만다. 이 얼마나 비참한 말로인가. 하나님은 그에게 계속 이용당하는 것을 거부하셨다.

스스로 알아서 내리는 결정

이제 우리는 다음 주제로 넘어간다. 이것이야말로 하나님의 말씀을 받으려는 경건한 사람에게 진정 가장 중요한 문제 중 하나다. 우리가 하나님께 불순종하지 않을지라도, 우리의 마음이 그분의 뜻에 맞춰져 있을지라도, 하나님이 따로 특별한 말씀을 보내시지 않을 때가 많이 있다. 그럴 때는 어떻게 해야 되는가?

하나님이 특별한 문제에 대해 말씀하시지 않으면 무조건 내가 그분께 뭔가를 잘못하고 있기 때문이라고 생각해서는 안 된다. 물론 얼마든지 가능한 일이며 언제나 이 점을 염두에 두어야 하지만, 만일 그런 경우라면 그것을 알 길이 얼마든지 있다. 우리가 알려고만 한다면 그것을 얼마든지 밝혀내 명확히 알 수 있다. 자신의 삶에 대한 정직한 성찰, 그리스도인 친구들이나 사역자들과의 상담, 실상을 알려 달라는 기도 등을 통해서 말이다.

하나님은 우리와 시시한 숨바꼭질 놀이나 하는 분이 아님을 절대 잊어서는 안 된다. 앞에서 강조한 것처럼 하나님을 예수님이 계시해 주신 모습 그대로 믿는 것이 매우 중요하다. 우리가 진실하게 마음을 열고 기도하며 알려고만 한다면 그분은 마땅히 우리에게 문제가 있는지, 있다면 무엇인지 보여 주실 것이다. 그분은 비열하거나 표리부동한 분이 아니다. 그분은 우리를 약 올리거나 고문하시는 분도 아니다. 하나님과의 관계 가운데 그분이 우리에게 주시는 말씀을 받는 과정에는 이상한 함정도 없고 풀어야 할 수수께끼도 없고 똑바로 외우기만 하면 되는 주문도 없다. 이런 것들은 우리 주 예수 그리스도의 하나님이시요 아버지이신 그분과는 무관하다! 인간들 중에는 할 일을 가르쳐 주지 않아 우리를 은근히 골탕 먹이는 것을 낙으로 삼는 사람(친척, 상관, 권력자 등)이 있었을 수 있다. 그러나 우리는 하나님을 그런 사람으로 생각하지 않도록 조심해야 한다.

특별한 상황에서 구체적인 말씀이 주어지지 않는 이유로는 우리가 하나님 속을 썩인 것 외에도 다른 이유들이 있다. 주된 이유 중 하나는 일반적으로 **삶의 행로를 정할 때 대부분 우리 자신이 알아서 하는 것이 하나님의 뜻**이라는 것이다. 그렇다고 그분이 우리와 함께하시지 않는다는 말이 아니다. 천만의 말씀이다. 하나님은 우리에게 결정권을 맡김으로써 우리의 성품을 **계발하시기도** 하고 우리의 유익을 위해 그것을 **시험하시기도** 한다. 그분은 우리를 그분의 나라의 책임감 있는 시민으로 부르신다. 그래서 가능한 한 자주 혹은 실제로 이렇게 말씀하신다. "**이러한 경우 너를 향한 나의 뜻은 너 스스로 알아서 결정하는 것이다.**" 하나님은 주도적인 삶을 살도록 늘 우리를 준비시키신다. 그래서 나는 하나님이 내게 어떻게 하라고 말씀해 주지 않으실 때도 그분이 나와 함께 계심을 안다. 그분이 원하시는 일을 명확히 보여 주지 않으시는 경우에도 다른 방식들로 그분의 임재를 알 수 있다.

존 우드 오만은 "하나님의 뜻"이라는 제목의 심오한 글에서 이 점에 대해 탁월하게 이야기했다.

> 우리의 영혼이 절대적으로 독립하는 정도만큼 하나님께 절대적으로 의존할 수 있으며, 하나님께 절대적으로 의존하는 정도만큼 우리의 영혼도 절대적으로 독립할 수 있다. 다시 말해서 구원받은 영혼은 자신에게 충실한 영혼이다. 마음이 자신에게 있지 않고 하나님의 사랑의 뜻에 있다 보니 그 무엇에도 요동하거나 낙심하지 않고 하나님의 세계에 서 있기 때문이다. 그야말로 경건한 만큼 자유롭고 자유로운 만큼 경건한 영혼이다.⁴

이 당당하고 강력한 고백의 온전한 의미는 사도 바울과 고금의 성도

들을 통해서도 울려 퍼진다. "나는 산다! 그러나 내가 아니라 내 안에 그리스도께서 사신다!"(참고. 갈 2:20, KJV) 이런 식으로 인간의 개성은 소멸되는 것이 아니라 오히려 가장 충만하게 표출된다.

지금 우리는 하나님이 처음부터 정해 두신 인간 성품의 본질을 논하고 있다. 아이가 언제나 지시를 듣고 행해야만 한다면 그 아이는 책임감 있고 유능한 인간으로 자랄 수 없다. 성품과 개성이란 본질상 내면 지향적인 것이다. 이러한 내면 지향성은 구속을 통해 완성된다. 오만의 말의 요지가 바로 그것이다. 나아가 아이에게 자기가 원하는 대로 할 수 있는 여지를 주지 않는 한 아이의 성품을 자기 자신조차 알 길이 없다. 사람의 됨됨이를 드러내고 형성하는 것은 바로 그 사람이 무엇을 원하며 그것을 어떻게 다루느냐 하는 것이다.

하나님의 말씀이 주어지지 않을 때 또는 그분께 완전히 몰입하여 내면에 들려오는 그분의 음성이 내 생각이나 인식과 구별되지 않을 때, 그때 우리가 원하는 것, 우리가 생각하는 것, 우리가 결정하는 것이 **우리의** 실상을 보여 준다. 우리가 어떤 사람인가 하는 것을 드러내 준다. 우리는 하나님의 성숙한 자녀요 친구요 동역자일 수도 있고 또는 그 이하일 수도 있다.

영적 건강 염려증

믿음도 없고 책임감도 없이 영적인 노이로제에 걸린 것처럼 하나님의 뜻을 구하는 경우도 있다. 이런 상태에 있는 사람들은 하나님과 다른 사람들을 사랑하고 선을 행하며 기뻐하는 것보다는 오로지 의롭게 되는 것에만 관심이 있다. 우리는 얼마든지 지나치게 의인이 될 수 있다(전 7:16).

인간은 **안전**을 얻으려는 전략으로 **의롭게** 되어야 한다는 강박관념 때문에 혹은 두려움 속에 살다 보니 하나님께 길을 가르쳐 달라고 졸라댈 수 있다. 그러나 자신을 향한 하나님의 은혜롭고 선하신 뜻을 진심으로 믿지 못하기 때문에 그럴 수도 있다. 만일 그렇다면 우리는 그리스도를 닮은 사람으로 자라갈 필요가 있다. 거기에 이르지 못한다면 우리의 문제는 어느 것으로도 풀리지 않는다. 설사 하나님의 말씀을 더 많이 받는다 해도 말이다.

마음속 깊은 곳에서 우리는 하나님이 비열한 폭군이 아닌가 생각할지 모른다. 그래서 그분의 지시 없이는 한 발짝을 떼는 것도 두려운지 모른다. 어떻게든 하나님의 입만 열게 할 수 있다면 그 결정은 더 이상 내 책임이 아니라는 생각마저 할 수도 있다. 이런 태도는 하나님을 높이기는커녕 그분을 모독하고 우상 취급하는 것이다. 그런 태도로는 절대 하나님과의 대화의 관계, 즉 명확히 드러나고 확실히 이해할 수 있으며 지각할 수 있는 말씀이 적절하게 주어지는 관계로 들어갈 수 없다. 당신이라면 당신을 그 정도로밖에 생각하지 않는 사람과 어떤 관계를 맺고 싶겠는가?

우리는 별 생각 없이 하나님에 대해 말만 그럴듯하게 늘어놓을 때가 많다. 수십 년 전 버드 로빈슨(Bud Robinson)이라는 유명한 미국 목사가 얼마 전 남편을 사별한 한 교인으로부터 전화를 받았다. 부인은 하나님이 자기에게 남편이 입던 옷들을 목사에게 주라고 말씀하셨다고 말했다. 그러면서 옷이 맞는지 한번 입어 보러 오면 좋겠다고 했다. 로빈슨 목사는 당연하다는 듯 이렇게 대답했다. "하나님이 그 옷들을 저에게 주라고 말씀하셨다면 맞을 겁니다." 능력의 하나님을 실제로 믿는 사람의 말은 얼마나 신선한가!

하나님의 온전하신 뜻

비굴한 로봇이나 굽실거리며 움츠러드는 아첨꾼이면서 **동시에 하나님의 자녀**일 수는 없다! 그런 존재들에게는 절대 하나님의 가족을 닮은 모습이 결코 나타날 수 없다. 아들이나 딸은 아버지의 아첨꾼이 아니다. 아첨이란 겸손에서 나온 것도 아니고 예수 그리스도의 하나님이시요 아버지이신 그분을 예배하는 마음에서 나온 것도 아니다. 만약 그렇게 생각한다면 반기독교적이고 불건전한 하나님관을 갖고 살아가는 것이다. "책망을 피하거나 은혜를 얻어 내려고 아첨하는 겸손은 심각하게 비도덕적인 만큼 비기독교적이다."[5]

이런 맥락에서 하나님의 **온전하신** 뜻 가운데 있다는 것에 관해 꼭 해야 할 말이 있다. 기록된 말씀이 전체적으로 우리에게 주어진 것처럼, 우리의 삶이 자기 백성을 향한 하나님의 일반적 뜻에 부합된다면, 우리는 하나님의 도덕적 뜻과 일반적 뜻 안에 온전히 있는 것이다. 아울러 특별한 문제와 관련하여 하나님이 우리에게 주신 구체적인 말씀을 받아 거기에 순종했다면, 우리는 그 문제에 관한 하나님의 **구체적인** 뜻 안에 **온전히** 있는 것이다.

그러나 어느 학교에 들어갈 것인가, 어느 곳에 살 것인가, 직장을 옮겨야 할 것인가와 같은 우리 삶에 굉장히 중요한 문제에 관해 그런 구체적인 말씀이 전혀 주어지지 않았다는 점을 생각해 보라. 이것은 당면 문제에서 우리가 하나님의 온전하신 뜻 가운데 있을 수 **없다**는 뜻인가? 하나님의 의중을 알아맞혀야 하는 불안하기 짝이 없는 게임을 하다 어쩌다 우연으로만 그분의 뜻 안에 있을 수 있다는 말인가?

단언컨대 절대 그렇지 않다! 우리는 하나님의 말씀이 주어지지 않는 것을 무조건 자신의 잘못 탓으로 돌리려는 성향을 단호히 배격해야 한다. 그분의 말씀이 들리지 않는다는 것은 내가 궤도를 벗어나 하나님의 온전하신 뜻에 미치지 못하는 삶을 살고 있는 증거라는 생각도 배격해야 한다. 자신을 향한 하나님의 뜻을 성취하는 데 정말 헌신하여 살고 있다면, 예수 그리스도를 통해 우리를 찾아오신 하나님이 당신이 원하시는 특별한 일에 관해 모호하게 중얼거리시거나 우리를 놀리시거나 속이시지 않으리라는 것을 확신해도 좋다. 이것은 아무리 강조해도 지나치지 않다. 다른 쪽으로 생각하는 성향이 우리 안에 워낙 깊이 뿌리 내리고 있기 때문이다.

이런 식으로 생각해 보라. 정상적인 부모라면 자식들에게 자신의 의도를 모호하게 밝힐 부모는 아무도 없다. 우리를 향하신 하나님의 행동을 해석하는 일반 원리가 예수님의 이 말씀 속에 들어 있다. "너희가 악할지라도 좋은 것을 자식에게 줄 줄 알거든 하물며 너희 하늘 아버지께서 구하는 자에게 성령을 주시지 않겠느냐"(눅 11:13). 하물며 우리 하늘 아버지께서 간절히 구하는 자에게 주셔야 할 말씀이 있다면 명확한 말씀을 주시지 않겠는가? 주셔야 할 말씀이 없다면 주시지 않는 것이 최선의 길이기 때문에 그렇다고 믿어도 좋다. 그럴 때는 그분의 도덕적 뜻 안에 있으면서 믿음으로 행할 수 있는 일이라면 뭐든지 **그분의 온전하신 뜻이다.** 그분이 구체적으로 지시해 주시지 않았다고 해서 결코 덜 온전한 것이 아니다. 실은 그분이 보시기에 명확한 지시가 필요 없었기 때문에 오히려 더 온전할지도 모른다. 그분은 우리가 선택할 것을 기대하시고 그 선택을 믿어 주시며 우리와 동행해 주신다.

그렇다면 하나의 주어진 상황 속에서 각기 다른 행동 경로가 모두 하나님의 온전하신 뜻에 부합할 수 있다. 우리가 그분의 일반적 뜻 안에서 행하고 있고, 그분의 음성을 듣는 데 숙련되어 있으며, 구체적인 말씀을 구했으나 주어지지 않았다면, 어느 경우든 하나님의 온전하신 뜻으로 **여겨야 한다**. 이런 경우에는 하나님이 특별한 길을 지적하시지 않을지라도 그분을 기쁘시게 할 수 있는 길이 대개 여럿 있다. 그분이 보시기에 특별히 더 좋은 길이 없기 때문에 모든 길이 온전히 그분의 뜻 안에 있으며 모든 길이 선하다. 그분은 우리가 택하는 것이 아닌 다른 것을 시키실 마음이 없다(물론 그분의 온전하신 뜻 가운데 있다는 것이 우리가 조금도 흠이 없다는 이야기는 아니다! 우리는 완전한 인간이 되지 않고도 그분의 온전하신 뜻 가운데 거할 수 있다).

게리 프리슨(Garry Friesen)은 『나의 결정과 하나님의 뜻』(*Decision Making and the Will of God*, 생명의말씀사)이라는 책에서 하나님은 항상 주어진 상황에서 내가 가야 할 한 가지 길을 정해 놓으셨다는 관점을 훌륭하게 비판한다. 올바른 결정이란 내가 그 길을 찾아내는 데 달려 있으며, 만약 못 찾아낼 경우 나는 고작해야 하나님의 허용하시는 뜻 안에 있으면서 하나님 나라의 이류 시민에 머물 것이라고 말하는 극도로 해로운 이 관점을 반박하면서 이렇게 말한다.

주된 요점은 이것이다. 하나님께는 각 신자를 위해 마련된 이상적이고 세부적인 삶의 계획, 올바른 결정을 내리기 위해 찾아내야만 하는 계획이란 게 없다. (그런 견지에서라면) '하나님의 개별적 뜻'은 이성으로나 경험으로나 성경의 예로나 성경의 가르침으로 확립될 수 없는 개념이다.[6]

이렇듯 하나님의 온전하신 뜻은 특정 개인에게 다양한 대안을 허용할 수 있다. 예를 들면, 대부분의 사람들에게 배우자(혹은 결혼하지 않는 것)와 직업, 교육 기관, 거주지 선택은 다양한 길 중 어느 쪽을 가든 똑같이 하나님의 온전하신 뜻일 수 있다. 하나님이 원하시는 궁극적 결과에 비추어 볼 때 그중 어느 길도 그 자체로 더 낫거나 그분이 선호하시는 것이 아니다.

하나님의 뜻을 진지하게 추구하는 사람은 적절한 기간 내에 관련 문제에 대한 구체적 말씀이 주어지지 않을 경우, 현실을 있는 그대로 받아들이고 하나님을 믿는 믿음으로 앞으로 나아가야 한다. 이 모든 것은 **때로는 우리를 향한 하나님의 뜻에 온전히 부합되는 길이 오직 한 가지일 때도 있다**는 사실과 전혀 모순되지 않는다. 하나님을 의지하며 하루하루 살아가는 것이 인생인 것처럼, 선택할 때도 사안에 따라 접근 방법이 달라야 한다.

허용되는 분위기에서 자신이 원하는 대로 할 수 있거나 그렇게 하는 것이 요구될 때에만 인격이 드러나는 것처럼, 우리 믿음의 정도와 성숙 여부도 구체적 지시가 주어지지 않는 경우에만 밝혀지는 법이다. 단순히 지시대로만 하는 것은 크고 성숙한 믿음이 아니다. 크고 성숙한 믿음이란 개척 선교사로 인도에 갔던 윌리엄 캐리(William Carey)의 표현으로 "하나님을 위해 위대한 일을 시도하고 하나님으로부터 위대한 일을 기대하는" 믿음이다. 그런 믿음은 아버지와 아들과 성령의 자상하신 동행을 확신하는 가운데 마땅히 해야 할 일과 살아야 할 삶을 시도한다. 인간의 주도권이란 하나님이 우리를 구속하심으로써 취소되는 것이 아니라 하나님의 삶의 흐름에 합류함으로 오히려 강화된다. 하나님에 대한 관점이 성숙하고 그분의 길에 대한 경험이 풍부한 자들은 매번 옳은 길을 가야 한다는 강박관념에 시달릴 필요가 없다. 대개 그들은 어느 길이 옳은지를 단순히 **알게** 될 것이다. 그러나 궁극적으로 그들의 확신은 주님께로부터 오는 말씀에 있는 것이 아니라 우리와 함께하시는 주님 자체에 있다.

우주의 싸움에 갇힌 자

우리에게 하나님의 구체적 말씀이 들리지 않는 이유가 그분이 우리 쪽에 결정을 맡기셨기 때문이 아닌 경우도 있다. 우주 속에 우리와 나란히 거하고 있는 어둠의 권세와 정면으로 부딪칠 때 그러하다. 삶에 이런저런 고난이 닥쳐올 때 **자신이** 어떤 잘못을 했는지 찾으려 발버둥치는 사람들이 많은데, 실제로는 아무 잘못이 없거나 설사 잘못한 일이 있다 해도 그것이 문제의 원인이 아닐 때가 많다.

우리가 살고 있는 이 우주에서 싸움이 계속되고 있다. 우리가 이 우주 속에 살면서 하나님의 창조와 구속 사역에 동참할 때 반드시 혼자가 되는 순간들이 생긴다. 예수님은 그것이 무엇인지 잘 아셨다. 우리는 누가복음 22:53에서 예수님이 **자신의** 때가 곧 오리라 말씀하신 것을 알고 있다. 그때는 어둠의 때, 악의 권세의 때였다. 그때가 오자 그분은 이렇게 부르짖으셨다. "나의 하나님, 나의 하나님, 어찌하여 나를 버리셨나이까?"(마 27:46).

당신과 내게도 그런 때가 찾아올 것이다. **실제로** 그분이 절대 우리를 버리거나 혼자 놓아두시지 않음에도 말이다. 위대한 작은 거인 존 웨슬리가 죽을 때 한 말처럼 "가장 좋은 것은 하나님이 우리와 함께하신다는 것이다!" 그러나 우리가 그분의 음성을 아무리 잘 알고 있을지라도 하나님의 말씀은 우리를 슬픔과 고통의 때에서 구해 주지 않을 것이다. 예수님을 구해 주지 않으신 것처럼 말이다. 그러나 우리는 하나님을 사랑하는 자, 곧 그 뜻대로 부르심을 입은 자들에게는 그런 시간까지도 "합력하여 선을 이룬다"(롬 8:28)는 사실을 믿는다. 우리는 그 사실 안에서 안심할 수 있으며 의심과 비난으로 스스로를 괴롭히지 않을 수 있다.

하나님의 말씀이 주어졌고 거기에 대해 확신도 있지만 정작 말씀하신 일들이 일어나지 않을 때에도 상황은 비슷하다. 다른 사람들이 개입되어 있고 **그들이** 하나님의 뜻을 모르거나 행하지 않을 수 있는 것이다. 그리고 하나님이 그들을 억지로 바꾸시지 않을 수 있다. 우리의 세상은 영혼을 빚는 시련의 장이며 우리는 그 안에서도 '넉넉히 이기는' 필연적 승리를 확신할 수 있다. **우리에게** 명백히 밝혀진 하나님의 뜻이 때로 **다른 사람들의** 선택 때문에 실현되지 않을 수도 있다. 그것 때문에 하나님이 인도하시는 말씀에 대한 믿음을 잃어서는 안 된다.

하나님의 말씀보다 더 큰 것

행해야 할 옳은 일을 항상 알고 하나님의 임재의 손길에 지도받는 것보다 더 중요한 것이 있다. 바울은 고린도전서 13장에서 그것을 아주 분명히 밝혔다. 본문에서 그는 지식, 예언 등 우리가 사모할 만한 다른 많은 좋은 것에 대해 이야기한다. 그러나 그는 그 모든 것이 부분적이고 불완전한 선에 지나지 않는다고 말한다. 가장 중요한 세 가지로서 제대로 이해한다면 절대 서로 분리할 수 없는 것이 있다. 바로 믿음과 소망과 사랑이다.

믿음과 소망과 사랑, 이 세 가지는 어둠의 시간에도 그리스도께 남아 있었다. 우리에게도 남아 있을 것이다. 그리스도의 제자로서 우리가 다다를 성장의 절정은 항상 하나님의 음성을 듣는 것이 아니라, **설사 하나님의 말씀이 한 마디도 들려오지 않는다 해도** 주어진 시간과 장소에서 믿음과 소망과 사랑 안에 설 수 있을 만큼 그분의 손길 아래서 훈련되어 있는 것이다. 그 안에는 말씀하시고 인도하시는 하나님의 음성 듣는 일도 포함된다. "모든 일을 행한 후에 서기 위함이라"(엡 6:13).

우리는 영적 성숙을 향한 과정의 어느 시점에서든 "나를 보내신 이가 나와 함께하시고…나를 혼자 두지 아니하신"(요 8:29) 것을 확신할 수 있다. 은혜를 힘입어 하나님의 동행하심과 도우심을 믿고 안식할 수 있는 지점에 이르는 것이 그리스도의 모든 제자의 소망이자 **계획**이 되어야 한다. 그럴 때 우리는 로렌스 수사의 충고처럼 "늘 일정한 형태의 특정한 규칙이나 헌신에 용의주도하게 자신을 얽어매려 하지 않고 사랑과 겸손으로 하나님에 대한 전반적 믿음 안에서 행하게" 될 것이다. 우리는 "그리스도께서 우리를 자유롭게 하려고 자유를 주셨으니 그러므로 굳세게 설"(갈 5:1) 것이다. 자유란 육체를 탐닉하는 기회가 아니라 "사랑으로 서로 종 노릇 하는"(갈 5:13) 통로가 되어야 한다. 바로 "나를 보내신 이가 나와 함께하시기" 때문이다. 이렇듯 가지는 포도나무 안에 거한다. 가지와 포도나무는 같은 생명을 공유하며 하나님을 위해 함께 풍성한 열매를 맺게 된다(요 15:1-8).

모험으로 사는 인생

성숙을 향해 개인적으로 발전하기 위해서는 담대한 모험이 반드시 필요하다. **성품은 모험을 통해서만 빚어지기** 때문이다. 이 진리는 하나님과의 동행에 이르면 더 진가를 발한다. 이 문제에 관한 한 A. T. 피어슨 같은 일부 현명한 사람들의 말에 동의하지 않는다. 그들은 하나님의 인도하심이 모험을 **배제한다**고 본다.

> 진정 하나님의 구름 기둥과 불기둥의 인도를 받기 원하는 모든 사람에게는 한 가지 큰 법칙이 있다. 그것은 천국의 인도의 분명한 역사가 없거나 자기 의지의 지시에만 따라서는 단 한 발짝도 움직여서는 안 된다는 것이다. 방향이 새롭고 걸어가는 길에 어려움이 많아 보여도 하나님의 인도만 받고 있다면 절대 모험이 있을 수 없다. 새로운 걸음마다 별도로 하나님의 특별한 권위가 필요하며 어제의 인도하심은 오늘의 삶에 충분하지 않다.[8]

모험에 대해 말하는 듯한 부분만 **빼고는** 아름답고 유익한 말이다. 그러한 관점에서 하나님의 말씀과 더불어 인생을 살아간다는 것의 의미를 아주 정확하게 설명한 말이 아니다. 오늘날 많은 그리스도인이 미성숙한 까닭은 이 말에 표현된 모험에 대한 태도를 하나님의 음성을 듣는 일에 관한 **완전한** 진리로 받아들이는 데 있다.

이 태도를 받아들이면 우리는 하나님의 음성을 듣는 우리의 능력을, 모험 없는 삶을 보장하는 장치로 **사용하게** 된다. 그러다 효력이 없으면, 분명 그렇게 되겠지만 그 실패에 대해 자기 자신이나 다른 사람이나 심지어 하나님을 비난하기 시작한다. 그런 반응은 하나님이 인류를 가장 실망시키는 존재로 남아 있는 이유를 일부 설명해 준다. 사실 하나님께 불만이 없는 사람이 있겠는가? 우리는 애써 모험을 구할 필요는 없지만 절대 모험 없이는 살아갈 수 없는 존재다. 적어도 이 세상에서는 그렇다. 또한 그런 삶을 추구해서도 안 된다.

삶 전반에서 하나님과 함께 잘 살기

내가 이 책에서 제기한 모든 주제의 기저에 흐르는 핵심 개념은 이것이다. **하나님의 말씀을 듣는 것은 어떤 특정한 유형의 더 큰 삶 안에 놓여 있지 않는 한 아무런 소용이 없다.**

하나님에게서 소외된 인간의 존재 안에서 그분의 말씀을 찾으려 하는 시도는 우상숭배로 돌아간다. 그것은 하나님을 **이용하는** 것이다. 주님의 말씀을 얻어 냄으로써 인생의 모든 문제를 해결하려는 시도는 진정한 삶을 피해 숨는 것이요, 하나님이 피조 세계 안에서 우리에게 맡기려 하신 고결한 역할을 외면하는 것이다. 존 보이킨(John Boykin)의 말처럼 "하나님은 우리의 문제를 풀어 주려고 존재하시는 분이 아니다." 거꾸로 **우리가** 하나님 곁에 서서 그분의 세계에서 뭔가 의미 있는 자가 되기 위해 존재하는 것이다.

궁극적으로 우리는 하나님의 음성을 듣는 일을 **넘어서** 우리의 삶보다 더 큰 하나님 나라의 삶으로 들어서야 한다. 하나님의 음성을 분별하려는 우리의 마음은 그분을 예배하고 찬송하는 마음 그리고 그분의 피조 세계와 우리의 삶 전체를 위해 그분이 공급하심을 기뻐하는 마음에 압

도되어야 한다. 그런 삶을 사는 우리의 목표는 자신의 전 존재와 자신이 하는 모든 일을 우리와 우리의 세계를 창조하시는 하나님의 뜻에 맞추는 것이라야 한다. 그리하여 우리는 모든 일을 하나님의 영광을 위해 하는 법을 배운다(고전 10:31; 골 3:17). 다시 말해서 우리 자신에게만 아니라 주변 모든 사람에게 하나님의 선하심과 위대하심과 아름다움이 범사에 최대한 분명히 나타나도록 생각하고 행동하게 되는 것이다.

하나님이 말씀하시는 것은 그분이 적합하다고 여기시는 방법과 정도만큼 그런 삶에 꼭 필요한 일부가 될 것이다. 그것을 통해 구속받은 자아는 독특한 개인으로서 외적인 위협 없이 하나님의 일에 온전히 동참하는 경지에 이르게 된다. 그 경지에 이른 사람들의 삶은 곧 **자신**의 삶이자 하나님의 삶이다. 그것은 되돌릴 수 없이 소중한 삶이다. 그들을 통해 하나님의 삶이 흘러나올 것이다. 그것은 동시에 그들의 삶이기도 하다. 인도하시는 말씀을 **포함하면서도** 동시에 그것을 **넘어서는** 삶이다. 곧 추가적 출생으로 시작되어 천국의 영원하고 영광스러운 공동체로 절정에 달하는 삶이다.

이러한 관점에서 삶을 내다보며 존 웨슬리는 자신에게 다음과 같이 묻는 똑똑하고 진지한 사람에게 대답했다. "당신은 날마다 밤낮으로 많은 사람에게 설교를 한다고 들었습니다. 그 사람들을 어떻게 하려는 것입니까? 어디로 데려가려는 것입니까? 당신이 설교하는 종교는 무엇입니까? 그것은 도대체 어디에 좋은 것입니까?" 목사라면 누구나 답해야 할 정직한 탐구의 질문에 웨슬리는 이렇게 답했다.

나는 들을 마음만 있다면 누구에게나 날마다 밤낮으로 설교를 합니다.

그 사람들을 어떻게 하려는 것이냐고 물으셨지요. 자신에게 편안하고 타인에게 유익한, 덕망 있고 행복한 사람들이 되게 해주려 합니다. 어디로 데려가려는 것이냐고요? 천국입니다. 모든 사람을 사랑하시는 심판자 하나님께, 새 언약의 중재자이신 예수님께 데려가려는 것입니다. 제가 설교하는 종교란 무엇일까요? 바로 사랑의 종교입니다. 그것은 복음으로 밝히 드러난 자비의 율법입니다. 이것이 무엇에 좋냐고요? 받아들이는 모든 사람이 하나님과 자신을 기쁘게 해줍니다. 그들 모두를 하나님처럼 되게 해줍니다. 모든 사람을 사랑하는 사람이 되게 해줍니다. 삶에 자족하게 해줍니다. 그리고 죽을 때 조용히 확신에 차 이렇게 외치게 해줍니다. "사망아, 너의 승리가 어디 있느냐?…우리 주 예수 그리스도로 말미암아 우리에게 승리를 주시는 하나님께 감사하노라."[10]

어느 사역자 수련회에서 강의를 하던 내게 한 사역자가 교회 생활이나 종교 문제를 떠나 예수님이 해결하러 오신 **인간의** 문제가 무엇이냐고 물었다. 이것은 오늘날 교회가 당면한 질문이다. 내 대답은 이랬다. 예수님은 **잘 사는 법**을 알아야 할 보편적인 인간의 필요에 답하러 오셨다. 그분은 그분을 의지함으로써 우주의 현 상태 안에서 가장 잘 살 수 있는 길을 우리에게 보여 주러 오셨다. "내가 온 것은 양으로 생명을 얻게 하고 더 풍성히 얻게 하려는 것이라"(요 10:10)는 말씀도 그래서 하신 것이다. 그분이 우리에게 주시는 위대한 삶은 그분의 최고 주권에서 나온다. 예수 그리스도를 잘 알려진 전 세계적인 대안들과 나란히 경쟁 위치에 두는 것이야말로, 삶 전체에 대한 그분의 능력을 입증할 기회를 우리의 신앙에 제공하는 유일한 길이다.

하나님의 음성과 함께하는 삶의 공식

웨슬리가 질문자에게 설명한 것과 같은 삶 안에서 우리는 하나님의 말씀을 확실하고 안전하게 구하고 찾아야 한다. 즉 신비화, 술책, 병적 흥분, 자기 의, 자화자찬, 강박관념, 독단주의 등이 없이 하나님의 말씀을 구해야 한다. 그런 삶을 산다는 전제 아래 우리는 하나님의 인도하시는 음성과 **함께하는** 삶의 공식 같은 것을 정리해 볼 수 있다.

그러나 이것이 우리의 관심사에 대해 **하나님께 말을 시키기 위한** 공식이 **아님**을 주목해야 한다. 하나님의 성품 자체와 그분과 우리의 관계의 본질 자체에 의해 그런 '공식'은 일체 배제된다. 대신 이것은 하나님의 음성과 **함께하는 삶**을 위한, 즉 하나님께 삶을 드려 그분을 통해 성숙에 이르는 과정에서 그분의 말씀을 듣기 위한 공식이다.

공식의 첫 두 단계는 기초라 할 수 있다. 이는 하나님이 각 사람에게 주시는 말씀을 듣는 데 기본이 되지만 나머지 단계들처럼 구체적으로 그것과만 관련되는 것이 아닌 까닭이다.

기초 단계
우리는 **우리가 아는 도덕적으로 옳은 길과 하나님이 명시적으로 명하신 길을 행하기 위해 몰두하고 계획하고 준비한다.** 우리의 이해와 의식적 의지의 한도 내에서 최대한 그렇게 한다. 우리가 추가적 출생을 통해 추가적 생명에 들어섰기 때문에 그런 전략이 가능하다. 이러한 헌신에는 도덕적으로 옳거나 하나님이 명하신 바가 무엇인지를 **찾아내며** 그런 지식에서 자라가려는 의지도 포함된다.

우리는 성령의 감화를 따라 기회가 닿는 한 선을 행한다. 그렇게 함으로써 우리의 자연적 힘을 넘어 그리스도 안의 충만한 새 생명 속으로 들어가는 모험을 감수하고, 하나님의 붙드시는 힘을 의지한다. 그렇게 우리는 하나님의 신실하심을 좇아 믿음에서 더 큰 믿음으로 나아간다(롬 1:17). 무엇보다 위험을 무릅쓰며 복음서에 제시된 예수 그리스도의 복음과 하나님 나라를 선포한다.

하나님의 음성을 듣는 단계
우리는 하나님이 성경에 기록하신 **인생 원리를 꾸준히 묵상하며** 그 말씀의 의미를 더 깊이 파고들어 우리 자신의 삶에 적용하고자 늘 노력한다.

> 복 있는 사람은
> 　악인들의 꾀를 따르지 아니하며
> 죄인들의 길에 서지 아니하며
> 　오만한 자들의 자리에 앉지 아니하고
> 오직 여호와의 율법을 즐거워하여
> 　그의 율법을 주야로 묵상하는도다.
> 그는 시냇가에 심은 나무가
> 　철을 따라 열매를 맺으며
> 그 잎사귀가 마르지 아니함 같으니
> 　그가 하는 모든 일이 다 형통하리로다. (시 1:1-3)

우리는 내 생각과 내 마음속에 주실 하나님의 말씀을 듣고자 내 삶

에 일어나는 일을 주의 깊게 살핀다. 외적인 통로가 무엇이든 하나님의 말씀이 찾아와 발견되는 곳이 바로 거기이기 때문이다. 성경은 탕자가 스스로 돌이켰다고 말한다(눅 15:17). 그제야 그는 진리를 깨닫고 회개하여 곤경에서 구원받을 수 있었다.

범죄한 아담을 찾아오신 하나님은 "아담아, 하나님이 어디 있느냐?"고 묻지 않으시고 "아담아, 네가 어디 있느냐?"(창 3:9)고 물으셨다. 우리는 자신의 영혼 안에서 일어나는 일을 듣고 보며, 거기서 하나님의 움직임을 식별할 수 있는 능력을 겸손히 의도적으로 현명하게 신장시켜야 한다.

우리는 자신의 모든 당면 문제들에 관해 하나님께 꾸준히 구체적으로 기도하고 말씀드린다. 그것은 하나님과의 대화에서 우리 쪽에서 수행해야 할 필수 조건이다. 인간인 우리도 말하지 않는 사람과는 대화를 지속할 수 없는 법이다. 아주 드문 경우에만 말하는 사람과도 조리 있는 대화를 진행할 수 없다. 대체로 하나님도 우리와 똑같으시다.

하나님 앞에 가져오기에 너무 하찮거나 너무 절망적인 일이란 없다. 모든 것을 기도로 하나님께 올려 드려 그분과 공유하라. 그리고 이미 알고 있다고 생각되는 부분에 대해서도, 어쩌면 그런 부분에 대해 특히 더욱 하나님의 인도를 구하라.

우리는 하나님의 음성을 주의 깊고 신중하게 들으며 듣는 내용을 예의주시한다. 8장에 소개한 것 같은 일정한 계획을 활용할 수도 있다.

하나님이 말씀하시거든 우리는 귀기울여 듣고 감사하는 마음으로 받는다. 적어도 대화의 관계에 아주 익숙해서 더 이상 기록할 필요가 없을 때까지는 그 내용을 기록해 두는 것이 좋은 습관이다. 하나님이 진리를 깨우쳐 주시거든 충분히 이해될 때까지 묵상하라. 그분이 주신 말씀이 행동에 관한 것이라면 적절한 방법으로 행동에 옮기라. 하나님이 우리에게 말씀하시는 것은 우리를 즐겁고 재미있게 해주기 위해서가 아니라 우리 삶에 실제적 변화를 일으키기 위함이다.

하나님이 해당 문제에 관해 말씀하시지 않는 경우에는 다음 단계를 따르라.

1. 내 안에 혹시 장애물이 있다면 하나님께 그분이 선히 여기시는 방법으로 그것을 알려 달라고 기도하라. 내게 하나님의 말씀을 막는 징후가 있는지 찾기 위해 자기 내면의 세계에서 조용히 들으라. 그러나 무한정 거기에 매달리지는 말라. 장애물을 찾기 위한 기도의 기간을 구체적으로 정하라. 대개 사흘을 넘기지 않는 것이 좋다. 정말 문제가 있다면 하나님이 분명히 알려 주신다는 사실을 믿으라. 우리도 에이브러햄 링컨의 견고한 확신을 가지면 좋다. "전능하신 하나님이 특별히 내가 어떤 일을 하거나 하지 않기를 원하실 경우 어떻게든 내게 알려 주실 것임을 확신한다."

2. 적어도 두 사람의 조언을 들어 보라. 평소 내가 그들과 하나님의 관계를 존경할 수 있어야 하며 아주 가까운 친구가 **아닌** 것이 좋다. 사적인 문제가 아니라면 그룹 차원에서 조언을 들을 수도 있다.

3. 하나님의 말씀을 막는 요인이 있다면 바로잡으라. 가차 없이 바로잡아야 한다. 요인이 무엇이든 상관없다. 즉시 고치라.

4. 요인을 찾을 수 없다면 그때는 각 대안의 세부 사항을 잘 고려한 후 **내게 가장 좋아 보이는** 길을 따르면 된다. 몇 가지 대안이 똑같이 좋아 보인다면 마음대로 하나를 고른다. 그런 경우는 드물겠지만 혹 실

수하여 낭패한다 해도 우리의 확신은 나와 함께 가시는 주님, 비록 실수할지라도 그분을 의지하는 자녀들과 함께 계시는 주님께 있다는 사실을 잊지 말라. 그런 경우 그분이 우리 자신에게 구체적으로 말씀하시는 것은 모를지 몰라도 그분이 신실하시다는 것은 **분명히** 알게 될 것이다. "여호와의 인자와 긍휼이 무궁하시므로 우리가 진멸되지 아니함이니이다. 이것들이 아침마다 새로우니 주의 성실하심이 크시도소이다"(애 3:22-23). 이 말씀은 철저한 실패의 시기, 즉 하나님의 인도의 손길이 이스라엘에게 완전히 가려지고 오히려 그분이 그들을 향해 징벌의 손을 들어 올린 시기에 선지자 예레미야가 기록한 말씀이다.

이런 식으로 해 나간다면 우리는 하나님의 음성을 친밀한 개인적 사실로 깨달아 더불어 편안하게 살 수 있고 다른 이들에게도 효과적으로 소개할 수 있게 될 것이다. 우리는 하나님이 말씀하실 때 마땅히 행할 바를 알게 되겠지만 그분이 말씀하시지 않을 때도 마땅히 행할 바를 알게 될 것이다. 장애물이 있을 때는 그것을 찾아 제거하는 법을 알게 될 것이며 걸림돌이 없을 때는 사랑과 평안으로 단호하면서도 침착하게 전진하는 법을 알게 될 것이다. 우리는 하나님이 우리를 당신의 신실하심만 의지하여 더 큰 성숙으로 나아가도록 부르시고 계심을 알게 될 것이다. 요약하자면 언제나 우리 곁에 함께 계시는 아버지와 함께 대화의 관계 가운데 이 세상을 어떻게 살아야 할지 알게 될 것이다.

묵상을 위한 질문

1. 믿음의 기본 주제들에 관해 열심히 공부하고 생각하는 것은 하나님이 마음을 다하여 그분을 사랑하는 길로 우리에게 명하신 것이다. 솔직히 당신은 이런 개념을 어떻게 생각하는가? 깜짝 놀랐는가? 기쁜가? 낙심이 되는가?

2. 당신은 하나님의 음성 듣기를 이해하는 데 가장 중요한 세 가지 요점이 무엇이라고 생각하는가?

3. (말로는 그렇지 않거나 심지어 자신의 그런 생각을 알아차리지 못할지라도) 실제로는 하나님의 음성을 듣고 그 말씀을 자기 삶 속에 받아들일 마음이 없을 수 있다. 그런 마음을 보여 주는 증거로는 어떤 것들이 있겠는가?

4. 동기와 결과 면에서 다음 두 경우에 서로 차이가 있다면 무엇인가?

   - 하나님의 음성을 들을 **계획이 없는 것**(말씀을 들을 수 있도록 자신을 준비하지 않는다)

   - 하나님의 음성을 **듣지 않기로 계획하는 것**(하나님의 말투와 정신과 음질을 지닌 생각이 당신에게 올 때 그것을 외면한다)

   이 둘 사이에 어떤 유사점이나 차이점이 있는가?

5. 당신은 우리에게 말씀하시는 하나님의 음성을 듣는 것이 구체적으로 어떤 과정을 통해 이루어진다고 생각하는가? 그것을 성공적으로 듣는 데 도움이 될 만한 실제적인 조언은 어떤 것들이 있는가?

6. 지나치게 많은 인도가 성품에 미치는 영향은 무엇인가? 하나님의 지시를 받는 것과 자기 스스로 결정하는 것은 서로 어떤 관계가 있는가?

7. 하나님이 구체적인 말씀을 주시지 않는 문제들의 경우, 우리는 어떻게 하나님의 온전하신 뜻 가운데 있을 수 있는가?

8. 하나님의 말씀을 듣는 사람의 삶 속에 모험이 전혀 없으리라는 기대는 올바른 관점인가? 모험 없는 삶은 바람직한 것인가? 우리가 하나님 안에서 누리는 **궁극적** 안전은 무엇인가?

9. 그리스도 안에 있는 삶에는 하나님의 음성을 듣는 것 외에 어떤 것이 더 있는가?

후기: 뜨거운 마음을 갖는 길

보지 못하고 믿는 자들은 복되도다.
요한복음 20:29

길에서 우리에게 말씀하시고 우리에게 성경을 풀어 주실 때에
우리 속에서 마음이 뜨겁지 아니하더냐?
누가복음 24:32

지금까지 나는 하나님의 음성을 듣는 일이 무엇인지 자세히 설명하고, 원한다면 누구나 그리스도의 도 안에서 하나님의 음성을 듣는 삶에 들어설 수 있도록 돕고자 했다. 또한 그러한 삶의 이론과 실제에 대해 성경적 관점과 경험적 이해를 함께 제시하려고 했다. 이제 책을 마치려 하는 시점에 나는 그 삶을 자신의 것으로 삼으려는 사람들의 노력에 방해가 될 수 있는 **커다란 장벽**이 여전히 고통스럽게 느껴진다. 그 장벽은 오래전 헨리 처칠 킹(Henry Churchill King)이 '영적 생활의 외관상의 비현실성'[1]이라 부른 것이다. 이것을 '보이는 세상의 불가항력적 현존'이라고 말해도 크게 다를 바 없다.

보이는 세상은 날마다 온갖 사물과 사건으로 우리를 괴롭힌다. 그야말로 우리 몸을 꼬집고 밀고 두들겨 팬다. 아침에 콘플레이크나 토스트나 계란을 먹지 못해 허기를 느끼듯 하나님께 갈급함을 느끼며 잠자리에서 일어나는 사람은 별로 없다. 그러나 **영적** 세계는 고함치며 떠밀지 않고 아주 부드럽게 쉼 없이 우리에게 속삭인다. 그것은 보이는 영역이라는 현실 세계에서 모든 사건과 사물의 시작과 중간과 끝에 모습을 드러낸다.

부드럽게 다가오시는 하나님

인간의 삶 속에 들어오시는 하나님의 영적 침투는 몹시 부드러워서 마치 우리에게 그 침투를 외면하라고 말하는 것만 같다. 물론 보이는 세상에 얽매여 지배당하는 것의 결과는 죽음이요, 자신의 자아를 영적 세계에 내어 주는 것의 결과는 생명과 평안임을 준엄하게 깨우쳐 주기도 한다(롬 8:6).

우리에게 다가오는 하나님의 움직임은 얼마나 쉽게 외면당할 수 있는가! 바로 그 사실은 영적으로 성숙한 자로 자라가는 우리의 진보를 방해한다. 하나님의 움직임은 별 저항 없이 온유하게 다가온다. 물론 언젠가는 하나님의 날이 오겠지만 지금 그분은 우리의 성품을 구성하는 갈망과 성향에 맞추어 일하신다. 그렇게 해서 점점 우리는 앞으로 영원히 지닐 모습이 되어 간다. 등골을 오싹하게 만드는 사실이다.

하나님은 우리가 그분을 원하길 바라신다. 우리와 함께 계시는 그분을 찾으려는 **준비**와 결의를 갖출 정도로 그분을 원하기를 바라신다. 반대로 우리의 준비와 결의가 그분의 부드러운 만남의 제의를 외면하는 쪽으로 향한다 해도, 그분은 좀처럼 하늘의 불로 응징하시지 않을 것이다. 그보다는 우리를 내버려두실 가능성이 훨씬 더 높다. 그러면 우리는 자신이 호락호락 넘어가지 않는다고 스스로 대견해할 것이다.

우리를 향한 하나님의 부드러운 접근은 곧 우리의 성품에 대한 시험이다. 그런데 이 시험은 현대 세계의 지배적 관념들로 생각이 굳은 사람들에게 특히 위험하다. 우리는 수세기 동안 **회의적인** 사람이 믿는 사람보다 언제나 똑똑하다는 관념을 부추겨 온 문화 속에서 살고 있다. 그러나 의심하는 사람이라고 어리석지 않다는 법은 없다. 정신적 영리함을 진정한 지적 방법론이나 성품이 아니라 태도와 동일시하는 것이 요즘의 시대 풍조다. 그러므로 오늘날 영적인 삶의 실재성을 발견할 가망이 조금이라도 있는 사람들은 대단히 배짱 좋은 개인주의자나 반사회주의자 또는 내세에 집착하는 사람에 불과하다. 오늘날 사회 체제에 순응하고 영합하는 사람들은 다름 아닌 회의론자들이다. 그런데 그들은 강력한 지적 선전 때문에 자신들을 철저한 개인주의자요 비할 데 없이 총명한 자로 생각하며 계속 흐뭇해하고 있다. 회의론을 지향하는 이런 사회적 흐름은 교회와 신학교에서까지 위세를 떨치고 있다.

기도 생활에서 참된 능력을 맛보는 사람이 극히 드문 것도 그런 회의론에 일부 원인이 있다. 그런 고상한 회의 때문에 그들은 자신의 기도에 주어지는 응답을 우연의 일치로 해석할 만반의 **준비**가 되어 있다. 흔히 그들은 이런 태도를 자기가 정말 똑똑한 사람이라는 증거로 생각한다 ("흥! **내가** 그 정도 일에 그렇게 쉽게 속아 넘어갈 줄 알아?"). 이러한 교만 속에서 그들은 확신과 능력이 점점 커지는 기도의 삶으로 들어갈 길을 막아 버린다. 그들은 더 이상 자라지 않는다. 기도란 응답되지 않는 것임을 스스로 입증하고 자기만족에 빠져 버렸기 때문이다.

하나님의 음성을 듣고 그분의 인도하심을 받는 것을 포함하여, 영적으로 성숙할 수 있는 거의 모든 삶의 영역에서 이와 똑같은 도전이 우리 앞에 놓여 있다. 모든 영역이 우리에게 **영적인 사람이 되어 영적인 삶을 사는 길을 택할 것**을 요구하고 있다. 우리는 보이는 세상이 비록 현실일지라도 실재 자체는 아니라는 데 '인생을 걸어야' 한다.

보이는 세상이 항상 보이지 않는 하나님의 지배를 받고 있다는 진리를 일정 수준 확신하고 거기에 헌신하지 않고서는 영성이 '작동'할 수 없다. 우리의 영적 실체와 능력은 현재의 믿음을 실천에 옮길 때 그리고 그렇게 함으로써 우리 삶 속에 거하시는 하나님의 임재의 증거로 나타나기 시작하는 특징적 차이들을 구별하고 믿는 법을 배울 때 자라간다. 이것이 바로 그리스도의 복음을 통해 하나님을 절대적으로 선하시며 '정말 좋은' 분이 되게 하는, 하나님의 의가 나타나서 믿음에서 믿음으로 계시되는(롬 1:17) 방식이다.

너머의 삶

인간과 인간의 문화를 나누는 가장 큰 기준은 보이는 세상을 가장 중요한 것으로, 즉 실재 자체나 적어도 실재의 표준으로 간주하는가의 여부에 달려 있다. 오늘 우리는 보이는 세상만을 받들지 않을지는 몰라도 그것을 아주 중요하게 여기는 문화 속에서 살고 있다. 이런 입장은 이 세상에 팽배한 권력 구조에 스며들어 있으며 교육 체제와 정부도 그것을 유포하고 있다.[2]

그러나 하나님은 보이지 않으며 인간의 생각과 마음도 보이지 않는다. 진정한 **인격적 실체**가 다 그렇다. 예수님은 "아무도 아버지를 본 사람이 없다"고 우리에게 일깨워 주신다. 우리가 자신의 생각과 마음에 대해 알고 있는 많은 것 중에서 감각적 인식을 통해 알게 된 것은 거의 아무것도 없다. 하나님과 우리의 자아는 **본질상** 보이지 않기 때문에 당연히 **보이지 않는 세계**에서 만난다. 둘 다 보이는 세계와 관련되어 있기는 하지만 보이는 세계의 일부는 아니다.

십계명의 두 번째 계명은 하나님을 보이는 형태로 생각하지 못하게 함으로써(출 20:4) 우리가 하나님을 바로 찾도록 돕는다. 이 계명은 신적 존재의 표상으로서 **형상**을 사용하는 것을 금한다. 이스라엘의 역사는 예수님과 그분의 사람들을 통해 연장된 교회와 아울러 하나님을 인격적이고 비가시적인 실재로 이해할 것을 매우 열심히 강조한다. 이 하나님이 역사 속에 침투해 들어와 각 사람을 부르신다. 이는 그분과의 언약 관계 속에서 살아갈 것인지, 아니면 궁극적으로 중요한 자리에 다른 것, 즉 가시적인 것을 둘 것인지 **택하라**는 부르심이다.

이것이 날마다 잠에서 깨어날 때 내가 부딪히는 도전이다. 그 도전은 하루하루 모든 사건에서 나를 따라다닌다. 모세처럼 나도 "보이지 아니하는 자를 보는 것같이 하여 참을"(히 11:27) 것인가? 나는 하나님의 음성을 듣고 거기에 순종할 것인가? 그리스도를 통해 하나님 나라 안에서 사는 법을 배우는 나에게는 이 긴장이 바로 산다는 것의 의미다. 내가 처한 바로 이 자리에서 나는 형제 바울과 함께 순간순간 인내의 길을 걷는다. "겉사람은 낡아지나 우리의 속사람은 날로 새로워지도다…지극히 크고 영원한 영광의 중한 것을 우리에게 이루게 함이니 우리가 주목하는 것은 보이는 것이 아니요 보이지 않는 것이니"(고후 4:16-18).

하나님은 보이는 세상의 위력을 극복해야 하는 우리의 문제에 둔감하시지 않다. 그분은 보이는 세계로 침투해 들어오신다. 제사 의식과 장비, 성막 등 하나님이 모세에게 지시하신 정교한 **가시적** 제도는 가시적 세상 **속에서** 비가시적 하나님과의 만남의 장, 곧 그분이 온 세상을 자신과 화목케 하시기 위해 택하신 백성 사이에 끊임없는 만남의 장이 되었다. 하나님과 이스라엘 백성 사이에 설치된 회막 문에서는 아침저녁으로 제사가 드려져야 했다. "내가 거기서 너희와 만나고 네게 말하리라"(출 29:42). 이것이 바로 하나님이 "이스라엘 자손 중에 거하여 그들의 하나님이 되기로"(출 29:45) 택하신 형태다.

성경의 기록이 명백히 보여 주는 것처럼 이 말씀은 비유적인 것이 아니었다. 대개 가시적 임재는 없을지라도 들리는 음성이 있었다. 소리가 있었다는 점에서 물리적이지만 그럼에도 그것은 가시적 세상에서 벗어나 비가시적, 영적 세상으로 한 걸음 더 나아간 것이었다(신 4:10-14). 모세의 경우도 그랬다. "모세가 회막에 들어가서 여호와께 말하려 할 때에 증거궤 위 속죄소 위의 두 그룹 사이에서 자기에게 말씀하시는 목소리를 들었으니 여호와께서 그에게 말씀하심이었더라"(민 7:89).

우리는 가시적 임재 없이 음성이 들리는 것이 신약의 사건들에도 해당되는 것을 보았다. 말할 것도 없이 오늘날에도 일어날 수 있는 일이다. 하나님은 지금도 살아 계시며 지구라는 별에 건재하시기 때문이다. 기꺼이 받으려는 사람의 마음에 주시는 내면의 말씀을 향해 점진적으로 나아가는 것이야말로 그리스도 안에서 살아가는 삶의 경향이다. 목표는 하나님이 예배받기 원하시는 곳인(요 4:24) 영적 실재의 숨은 영역 속으로 온전히 들어가는 것이다.

하늘로부터 귀에 들리는 하나님의 음성은 예수님의 임재를 통해서도 찾아왔다. 그러나 언젠가 하늘에서 목소리가 들려왔을 때 예수님은 친히 이렇게 설명해 주셨다. "이 소리가 난 것은 나를 위한 것이 아니요 너희를 위한 것이니라"(요 12:30). 예수님은 끊임없이 우리를 "은밀한 중에 계신 네 아버지"(마 6:6)와 함께하는 삶으로, 보이지 않고 썩지 않는 하나님의 세계의 영원한 삶으로 데려가려 하셨다.

보이지 않는 길동무

예수님은 부활 후 40일 동안 아주 드물게 몇 차례만 눈에 보이는 형태로 제자들에게 나타나셨다. 그 기간 중 제자들의 스승으로서 그분의 주요 임무는 그들이 '그분을 보지 않고 듣는 삶'에 익숙하게 해주는 것이었다. 그래서 그분은 사도들에게 명하실 때도 "성령으로"(행 1:2) 하셨다. 예수님은 지금 제자들의 마음속에 말씀하시는 분이 **주님 자신이심**을 확신할 수 있을 만큼만 그들에게 모습을 보여 주셨다. 이런 준비를 거쳐 제자들은 예수님이 더 이상 눈에 보이지 않게 된 후에도 그분과 대화를 유지할 수 있었다.

누가복음 마지막 장에는 아주 중요한 이 가르침의 기간과 관련된 교훈적 장면이 나온다. 예수님의 제자 두 사람이 마음에 상처를 입고 예루살렘에서 북서쪽으로 11킬로미터쯤 떨어진 엠마오라는 마을로 가고 있었다. 그분은 그들의 눈에 보이는 모습으로 그들을 따라잡지만 그들은 그분을 알아보지 못했다. 그분은 그들에게서 나사렛 예수에게 일어난 일과 그로 인해 이제 모든 희망이 사라진 것 같다는 슬픈 이야기를 들으셨다.

그분은 성경을 자세히 설명하시며, 그들의 예수에게 일어난 일은 정확히 이스라엘이 기다려 온 메시아에게 임하도록 되어 있던 일임을 가르쳐 주셨다. 얼마 후 그분과 함께 저녁을 먹으러 앉자 갑자기 "그들의 눈이 밝아져 그인 줄 알아보더니 예수는 그들에게 보이지 아니하시는지라"(눅 24:31). 그러나 그들이 그분을 알아본 것은 시각적인 식별을 훨씬 뛰어넘는 것이었다. 바로 **그것이** 핵심이었다. 그들은 서로 물었다. "길에서 우리에게 말씀하시고 우리에게 성경을 풀어 주실 때에 우리 속에서 마음이 뜨겁지 아니하더냐?"(눅 24:32)

이들이 서로 주고받는 이 말은 무슨 뜻인가? 이들은 지금 그분의 말씀이 언제나 자신들의 마음, 즉 내면생활에 독특한 방식으로 영향을 미쳤음을 상기하고 있는 것이다. 그런 일이 이미 3년 동안이나 계속되었건만 아직 아무도 그 영향을 인식하지 못했다. 그래서 그들은 자문했던 것이다. "그분의 말씀이 우리에게 영향을 미치는 방식을 보고 왜 우리는 처음부터 그분을 알아보지 못했을까?" 말할 것도 없이 이전에 제자들 사이에서 예수님의 말씀으로 인한 이 '뜨거운 마음'이 화제가 된 적이 많았다. 그것은 그들에게는 익숙한 경험이었다.

곧 그분은 가시적 임재로 그들을 마지막으로 만나실 계획이었다. 아름답고 고요한 갈릴리의 산에서 그분은 하늘과 땅의 모든 권세가 그들에게 주어졌음을 설명하실 참이었다. 그것 때문에 그들은 이제 이 땅의 모든 족속에게 가서 그들을 그분의 제자로 삼고, 아버지와 아들과 성령의 실체 속에 들어가게 하며, 그분이 분부하신 모든 것을 지키는 법을 가르쳐야 했다.

이 부족한 사람들이 처음 그 사명을 받았을 때 열정이 크지 않았음이 상상이 간다. 그러나 그분이 그들에게 주신 마지막 말씀은 단순히 이런 말이었다. "보라, 내가 이 일이 다 이루어질 때까지 매순간 너희와 함께 있을 것이다"(마 28:20). 그분은 지금도 우리와 함께 계신다. 그분은 우리에게 말씀하시며 우리는 그분께 말씀드린다. 그분은 우리의 마음속에 말씀하시며 우리 마음은 그분 말씀의 독특한 영향으로 뜨거워진다. 물론 우리와 함께하시는 그분의 임재는 우리에게 주시는 그분의 말씀보다 훨씬 더 큰 것이다. 그러나 그분의 임재는 그분과 우리 사이의 현실적 **대화**를 통해서만 **교제**로 전환된다. 그 대화는 삶이 진행되면서 외적인 사건들을 통해 끊임없이 현실로 확증된다.

고금을 통해 실행되어 온 것처럼 예수님과의 이러한 교제가 곧 기독교 영성이 취하는 형태다. 영적인 사람이란 일정한 영적 행위를 행하는 사람이 아니다. **자신의 삶을 하나님과의 대화의 관계에서 길어 올리는 사람**이다. 그런 사람은 단순히 가시적 세상의 인간적 질서를 좇아 살아가지 않는다. 그들에게는 '너머의 삶'이 있다.

하나님을 믿는 천국의 제자로서 우리도 가끔씩 마음이 뜨거워지는 소위 엠마오 도상에서 살아가고 있다. 그분의 말씀은 우리 마음속에 쏟아져 들어와 세상의 표현으로는 설명할 수 없는 방식으로 우리의 삶을 지도하며 능력을 더해 준다. 그리하여 우리가 받아들이기만 한다면 이제 물리적 세상의 존재는 더 이상 나와 하나님 사이에 **장벽**이 아니다. 오히려 내 눈에 보이는 주변 환경은 하나님이 내게 주신 선물이 된다. 그 안에서 나는 예수님과의 우정을 통해 천국의 통치가 실현되는 모습을 목격하는 특권을 누린다. 이는 예수님이 내 기대에 대한 응답으로 행하시는 일이다. 거기서 우리는 피조물이 조금씩 "하나님의 자녀들의 영광스런 자유"를 향해 나아가는 모습을 기쁨으로 볼 수 있다. 이 모두는 하나님과 함께 살며 동행하는 내 삶이 영원을 중요시하기 때문이다.

> 지금이란 순간은 우리 하루의 빛나는 직물.
> 사랑으로 활짝 열리고 드넓게 펼쳐져 환히 트인 순간
> 파란 접시나 별빛 조명이 달린 천막처럼
> 갑갑하게 막힌 하늘도 이제는 자취를 감추고
> 우리는 무한으로 활짝 열려 있으니,
> 부활절의 사랑이 그분과 우리의 무덤을 여셨기 때문이다.
> 이제 하나님의 열망에서 우리를 막을 것은 아무것도 없으니
> 육체도 하늘도 별들도 죄조차도 막지 못하리.
> 이제 그분이 들어서실 영광만이 기다리고 있다.
> 이제 춤이 시작되리라.[3]

부록: 핵심 질문과 대답

부록에서는 하나님의 음성을 듣는 법에 대해 가장 자주 나오는 질문의 답을 신속히 찾도록 돕는다. 책을 읽고 난 후 복습할 때 활용하거나 책을 읽기 전에 예습으로 활용해도 좋다. 아울러 '그 내용을 이 책 어디선가 읽었는데 어디였지?' 하고 의문이 들 때 혹은 이 주제로 가르치려고 준비할 때도 유익할 것이다.

이 부록에서 답할 질문들은 다음과 같다.

1. 하나님이 내게 말씀하고 계심을 어떻게 아는가?
2. 하나님의 음성이 들려오지 않을 때는 어떻게 해야 하는가? 우리에게 응답하지 않으시는 것 같을 때는 언제인가?
3. 내가 듣는 것이 사탄의 음성이 아닌지 어떻게 아는가?
4. 어떤 사람들이 하나님의 음성을 듣지 못하는 것 같은 이유는 무엇인가? 그들은 어떻게 해야 하는가?
5. 하나님이 나에 관해 자신에게 말씀하셨다는 사람이 있을 때 이것을

어떻게 생각해야 하는가? 그대로 믿어도 되는가?
6. 하나님의 음성을 듣는 부분에서 지도자들은 어떤 생각을 해야 하는가?
7. 하나님의 음성을 더 잘 들을 줄 아는 사람이 되려면 성경을 어떻게 읽는 게 도움이 되는가?
8. 하나님의 음성을 듣는 데 도움이 되지 **않는** 성경 활용법은 무엇인가?
9. 우리의 하나님관은 하나님의 음성을 듣는 여부와 듣는 방법에 어떤 영향을 미치는가?
10. 하나님의 음성을 듣는 일이 그다지 과학적이지 않다는 말은 사실인가?

1. 하나님이 내게 말씀하고 계심을 어떻게 아는가?
   - 8장 모든 단락 (pp. 281-326)

2. 하나님의 음성이 들려오지 않을 때는 어떤가? 우리에게 응답하지 않으시는 것 같을 때는 어떤가?
   - 5장 "침묵은 '응답'이 아니다" (pp. 179-180)
   - 9장 "하나님의 음성을 듣는 법" 열 번째 문단:
     한편 한두 시간이 지난 후 아무것도 떠오르지 않아도 나는 놀라지 않는다. 그 문제를 계속 하나님 앞에 올려 드리면서 업무도 보고 자신 있게 일상을 살아간다. 물론 계속 듣는 데 주력한다. 대부분의 경우 하루가 지나기 전에 무슨 일이 생기면서 하나님의 음성이 분명하게 들려온다. (p. 339)
   - 9장 "스스로 알아서 내리는 결정" (pp. 343-346)
   - 9장 "하나님의 음성과 함께 사는 삶의 공식"에서 "하나님이 해당 문제에 관해 말씀하시지 않는 경우에는 다음 단계를 따르라"로 시

작되는 일곱 번째 요점 (pp. 362-363)

3. 내가 듣는 것이 사탄의 음성이 아닌지 어떻게 아는가?
    - 8장 두 번째 문단:
    그러나 그 차원을 넘어선 경우 "이것이 하나님에게서 온 것인지 어떻게 아는가?"라는 질문에 대한 유일한 대답은 **경험으로** 안다는 것이다. 토씨 하나 안 틀리게 인용한 성경 말씀도 얼마든지 인간 자아나 사탄의 메시지로 악용될 수 있다. (p. 283)
    - 8장 "사탄의 음성" (pp. 305-307)

4. 어떤 사람들이 하나님의 음성을 듣지 못하는 것 같은 이유는 무엇인가? 그들은 어떻게 해야 하는가?
    - 4장 "진리 2: 그분은 실제로 대화하신다" (pp. 117-122)
    - 9장 처음 여섯 문단 (pp. 329-330)

5. 하나님이 나에 관해 자신에게 말씀하셨다는 사람이 있을 때 이것을 어떻게 생각해야 하는가? 그대로 믿어도 되는가?
    - 서문 끝에서 일곱 번째와 여덟 번째 문단:
    그뿐 아니라 우리가 예수님과 동행하는 삶의 참 모습에 확실히 붙들려 그 실체를 점점 더 깊이 경험한다면, 종교적 권위의 오용과 실수에 대해 강력하고도 침착하게 저항할 수 있다. 지역 교회로부터 시작해 국가적, 국제적 영향력을 발휘하는 가장 높은 단계에 이르기까지 수많은 사람들과 단체들은 **우리가** 행해야 할 바에 대해 저마다 자기가 하나님의 인도를 받았다고 주장한다. 때로는 그들의 의도와 결과가 선하고 옳을 수 있다. 그러나 언제나 그런 것은 아니다.

한편으로 하나님의 은혜가 어떻게 개인에게 임하는지 알고, 다른 한편으로 개인이나 집단적 권위가 변혁적인 사랑으로 예수님의 공동체 안에서 어떻게 융합되는지 이해하는 사람은 종교적 권위의 오용에 대해 적절히 대응하는 법을 깨달을 것이다. 오늘날 그리스도 안에서 실천적으로 살아가며 그분의 음성을 듣는 데 능숙하고 자신 있는 다수의 사람들이 사회 각계각층에 절실히 필요하다. 그런 사람들이야말로 기독교 영성을 우리 시대에 맞게 구체적으로 재정의하는 힘을 발휘할 것이다. 그들은 하나님과 손잡고 대화하며 동행하는 가운데 자유롭고도 지성적으로 살아가는 개인과 집단에 속한 인간 존재를 보여 줄 것이다. 그것이 인간의 삶에 대해 성경이 제시하는 이상이다. (p. 16)

- 8장 "사이비 광신자와 율법주의에서 우리를 지켜 준다" (pp. 313-316)

6. 하나님의 음성을 듣는 부분에서 지도자들은 어떤 생각을 해야 하는가?
   - 1장 "지도자는 하나님의 음성을 듣는다" (pp. 27-30)
   - 2장 "성경 이야기를 어떻게 믿을 것인가" (pp. 55-57)
   - 4장 "양 지키는 개인가 목자인가?" (pp. 138-140)
   - 5장 "지도자: 사람들을 막지 않고 세우는 사람" (pp. 184-186)
   - 8장 "사이비 광신자와 율법주의에서 우리를 지켜 준다" (pp. 313-316)

7. 하나님의 음성을 더 잘 들을 줄 아는 사람이 되려면 성경을 어떻게 읽는 게 도움이 되는가?
   - 2장 "성경 이야기를 어떻게 믿을 것인가" (pp. 55-57)

- 5장 "성경의 경험이 곧 우리의 경험임을 재차 확인한다" (pp. 155-156)
- 6장 "성경과 하나님의 말씀":

  성경 **안에** 묘사된 넓은 의미의 하나님의 말씀은 하나님의 기록된 말씀인 성경을 **통해** 모든 사람이 들을 수 있다. 하나님을 발견하고 그분과 화목하게 살려는 불타는 열망을 가지고 겸손하고 꾸준히 성경에 다가감으로써 누구나 살아 계신 말씀(Word)의 음성을 들을 수 있다.

  그렇지 않은 사람들에게 성경은 죽음의 덫이 될 수 있다. 그리스도께서 이 땅에 계실 때 그분을 배척하고 자기들에 대한 그분의 주장을 거부하는 데 성경을 사용했던 이들의 경우처럼 말이다(요 5:36-47). 그렇기 때문에 성경은 성경 공부, 특히 바울 서신을 공부하다가 스스로 멸망에 이를 수 있다고 경고한다. "그중에 알기 어려운 것이 더러 있으니 무식한 자들과 굳세지 못한 자들이 다른 성경과 같이 그것도 억지로 풀다가 스스로 멸망에 이르느니라"(벧후 3:16). (p. 241)
- 7장 "구속 과정에서 기록된 말씀이 하는 역할"과 "성경으로 '기도'하기" (pp. 272-279)
- 8장 "세 가지 빛의 상호 의존성" (pp. 290-292)

8. 하나님의 음성을 듣는 데 도움이 되지 않는 성경 활용법은 무엇인가?

- 5장 "성경 이신론" (pp. 183-184)
- 8장 두 번째와 세 번째 문단:

  토씨 하나 안 틀리게 인용한 성경 말씀도 얼마든지 인간 자아나 사탄의 메시지로 악용될 수 있다. 성경 구절을 문맥과 상관없이 취하여 미리 정해진 목적에 뜯어 맞추는 이른바 입증용 성구 찾기의 위험은 잘 알려져 있다. 성경에서 직접 따온 한마디 문구나 개인에게 적용하여 기도하는 성경 구절들은 하나님의 취지에 **어긋나게** 사용될 수 있다. 즉 그분이 우리를 위해 품고 계신 뜻과 정반대로 사용될 수 있다는 것이다. **오직 성경은 전체로서만** 하나님의 기록된 말씀으로 간주할 수 있는 이유가 바로 이 때문이다.

어쨌든 하나님이 우리에게 무엇을 말씀하시는지 알려면 성경 말씀을 **벗어나서는** 안 되지만 반드시 성경 **이상의** 것도 함께 살펴야 한다. 앞에서 이미 살펴본 것처럼 성경의 가르침은 아무리 철저히 연구하고 확실히 믿는다 해도 결코 그 자체로 우리와 하나님의 인격적 동행을 구성하는 요소는 아니다. 성경 말씀은 각 사람과 개별적 상황에 반드시 **적용되어야** 한다. 그렇지 않으면 우리 삶과 무관할 뿐이다. (p. 283)

- 8장 "중요한 것은 원리다"와 "영적 만병통치약을 조심하라" (pp. 301-305)

9. 우리의 하나님관은 하나님의 음성을 듣는 여부와 듣는 방법에 어떤 영향을 미치는가?

- 2장 "엄한 주인이신 하나님?" (pp. 51-53)
- 4장 "진리 1: 하나님은 대화하실 마음이 있다" (pp. 115-117)
- 8장 "하나님의 음성에 담긴 정신"의 첫 두 문단 (p. 299)

10. 하나님의 음성을 듣는 일이 별로 과학적이지 않다는 말은 사실인가?

- 4장 "진리 3: 하나님은 충분히 대화하실 수 있다"("하나님의 음성 듣기 연습" 부분까지, pp. 122-136)

1. 하나님의 음성을 듣는 것에 관한 역설

1. John Calvin, *Institutes of the Christian Religion* 1.7, 『기독교 강요』(크리스챤다이제스트); William Law, *The Power of the Spirit*, 5장, Dave Hunt 편집(Fort Washington: Christian Literature Crusade, 1971).
2. George Fox, *The Journal of George Fox*(London: J. M. Dent & Sons, 1948), pp. 8-9. 『조지 폭스의 일기』(크리스챤다이제스트).
3. Wilhelm Hermann, *The Communion of the Christian with God*, 영어판 3판(London: Williams & Norgate, 1909), p. 14.
4. John Baillie, *Our Knowledge of God*(New York: Charles Scribner's Sons, 1959), p. 132. 『하나님과의 만남의 신학』(보이스사).
5. C. Austin Miles 작시, "In the Garden"(찬송가 499장).
6. J. A. Sargent, "Astrology's Rising Star", *Christianity Today*, February 4, 1983, pp. 37-39.
7. Russ Johnston, *How to Know the Will of God*(Colorado Springs: NavPress, 1971), p. 5.
8. Frederick B. Meyer, *The Secret of Guidance*(Chicago: Moody Press, 1997), p. 12. 『주님의 오묘한 인도』(생명의말씀사).
9. E. Stanley Jones, "For Sunday of Week 41", *Victorious Living*(Nashville: Abingdon, 1938), p. 281.

2. 하나님의 음성을 듣기 위한 지침

1 이 책 초판에서는 1975년판 영화를 가리켰으나 이번 증보판에서는 내용이 일부 변경된 2004년판 영화를 가리킨다.
2 칼케돈 공의회(주후 451년)에서 동정녀 탄생의 개념이 그런 의미로 사용되었다. "그리스도는 참 하나님이시요. 참 인간이시다. 신성으로는 성부와 함께 영원하며 모든 면에서 그분과 같다. 인성으로는 동정녀 마리아의 아들로 **다른 모든 인간과 똑같이 태어나셨고** 죄가 없으신 것만 빼고는 모든 면에서 우리 인간과 같다." *Cyclopaedia of Biblical, Theological and Ecclesiastical Literature*, McClintock & Strong 편집(New York: Harper & Row, 1894), p. 509의 "Monophysites" 항목에서(저자 강조).
3 A. W. Tozer, *The Root of the Righteous*(Harrisburg, Penn.: Christian Publications, 1955), p. 34. 『신앙의 기초를 세워라』(생명의말씀사).
4 A. T. Pierson, *George Mueller of Bristol and His Witness to a Prayer—Hearing God* (New York: Baker & Taylor, 1899), pp. 185-186.

3. 결코 혼자가 아니다

1 "Never Alone", *The Broadman Hymnal*(Nashville: Broadman, 1940).
2 Hymn no. 315 in *The Hymnal*(Oxford: Oxford University Press, 1889).
3 Thomas à Kempis, *The Imitation of Christ*(Chicago: Moody Press, 1958), pp. 106-107. 『그리스도를 본받아』(브니엘 외). 토저는 이 점과 관련하여 현대인의 필요를 날카롭게 지적하고 있다. "오늘날 우리에게 절실히 필요한 것은, 마지막 날에 필요할 것으로 알고 있는 그 믿음으로 지금 온전히 하나님을 믿을 각오가 되어 있는 그리스도인들이다. 하나님 외에는 아무것도 남지 않을 시간이 우리 각자에게 다가오고 있기 때문이다. 건강과 부와 친구와 의지할 곳이 다 사라지고 우리에게는 오직 하나님만 남을 것이다. 이것은 거짓 믿음을 가진 자에게는 두려운 생각이지만 진정한 믿음을 가진 자에게는 심령에 가장 큰 위안과 기쁨을 주는 생각 중 하나다." A. W. Tozer, *The Root of the Righteous*(Harrisburg, Penn.: Christian Publications, 1955), p. 54.
4 Augustine, *The City of God* 22.30. 『하나님의 도성』(크리스챤다이제스트).
5 웨스트민스터 소요리문답, 제1항.
6 The Beatles, "Eleanor Rigby", *Revolver* (1996).
7 A. P. Fitt, *The Shorter Life of D. L. Moody*(Chicago: Moody Press, 1900), p. 67.
8 같은 책, p. 76.

9 Brother Lawrence, *The Practice of the Presence of God*(Old Tappan, N. J.: Revell, 1958), pp. 37-38. 『하나님의 임재 연습』(두란노).
10 Leslie Weatherhead, *The Transforming Friendship*(London: Epworth, 1962), p. 155 이하.
11 이 내용에 대한 탁월한 보충 설명을 다음 부분에서 찾을 수 있다. Jeremy Taylor, "General Manners of the Divine Presence", *The Rule and Exercise of Holy Living*(출판지 미상, 1650), 제3부 1장.
12 E. Stanley Jones, *A Song of Ascents*(Nashville: Abingdon, 1979), p. 191. 『순례자의 노래』(복있는사람).

4. 대화하는 우주

1 Catherine Marshall, *A Man Called Peter*(New York: Fawcett, 1962), p. 24.
2 David Pytches, *Does God Speak Today?*(Minneapolis: Bethany House, 1989).
3 Agnes Sanford, *Sealed Orders*(Plainfield: Logos International, 1972), p. 98.
4 E. Stanley Jones, *A Song of Ascents*(Nashville: Abingdon, 1979), p. 188.
5 G. Campbell Morgan, *How to Live*(Chicago: Moody Press, 연도 미상), p. 78.
6 Frank Laubach, *Letters by a Modern Mystic*(Syracuse: New Reader's Press, 1955), p. 14. 『프랭크 루박의 편지』(생명의말씀사).
7 Alfred, Lord Tennyson, "In Memoriam A. H. H.", 1850.
8 Blaise Pascal, *Pensées*(Baltimore: Penguin, 1966), p. 88. 『팡세』(민음사 외).
9 A. H. Strong, *Christ in Creation*(Philadelphia: Griffith & Rowland, 1899), p. 3.
10 James Jean, *The Mysterious Universe*(New York: E. P. Dutton, 1932), p. 27.
11 Michael Talbot, *Mysticism and the New Physics*(New York: Bantam, 1981), 서문과 1장.
12 William Temple, "The Divinity of Christ" in *Foundations*, B. H. Streeter 편집(London: Macmillan, 1920), pp. 258-259.
13 Stevie Wonder, *Superstition*, Motown Records(1972).
14 여기에 대한 더 상세한 내용은 다음 책 3장을 참조하기 바란다. Dallas Willard, *The Divine Conspiracy*(San Francisco: HarperSanFrancisco, 1998). 『하나님의 모략』(복있는사람).
15 Francis Thompson, "Kingdom of Heaven, God", 1913.
16 Henri Nouwen, *Creative Ministry*(Garden City: Doubleday, 1978), pp. 12-13. 『영성의 씨앗』(그루터기하우스).

17 David Otis Fuller 편집, *Spurgeon's Lectures to His Students*(Grand Rapids: Zondervan, 1945), p. 187.
18 St. Francis de Sales, *Introduction to the Devout Life*, John K. Ryan 번역(Garden City: Doubleday, 1957), p. 106.
19 같은 책.
20 Joyce Huggett, *Listening to God*(London: Hodder & Stoughton, 1986), p. 141.
21 G. Wade Robinson, "Loved with Everlasting Love."

5. 세미한 소리와 그 경쟁자들

1 편지 번호 117-2, *Guideposts*(December 1982).
2 같은 책.
3 Mortimer J. Adler, *The Angels and Us*(New York: Macmillan, 1982), 서문. 다음 책들도 참고하라. Billy Graham, *Angels: God's Secret Agents*(Nashville: Thomas Nelson, 2000). 『천사, 하나님의 비밀특사』(생명의말씀사); A. C. Gaebelein, *What the Bible Says About Angels*(Grand Rapids: Baker, 1987).
4 Gustav Oehler, *Theology of the Old Testament*(Grand Rapids: Zondervan, 1983), p. 143.
5 같은 책.
6 안타깝게도 오늘 우리는 영혼 안에서 그리고 위에서 일하시는 하나님의 역사를 충분히 논할 공통된 어휘가 없다. 지금 우리에게는 영혼의 삶에 대한 심리학이 없다. 한때 널리 이해되고 사용되었던 개인의 하나님 경험에 대한 자세한 구분이 지금은 미지의 세계 아니면 전적으로 학문적 호기심의 대상이 되고 말았다. 예컨대 아빌라의 테레사는 음성과 환상의 경험에 필요한 중요한 구분에 관해 이렇게 말한다. "어떤 것(음성)은 바깥에서 오는 것 같다. 어떤 것은 영혼의 가장 깊은 곳에서, 어떤 것은 좀더 얕은 곳에서 오는 것 같다. 그런가 하면 완전히 영혼 바깥에 있어 인간의 음성으로 말하는 것 같아 귀로 들을 수 있는 음성도 있다." Teresa of Áila, *The Interior Castle*(여러 판), 'the Sixth Mansion'의 3장. 분석과 분별력이 뛰어난 다음 글도 참고하라. Evelyn Underhill, "Voices and Visions", *Mysticism*, 12판(New York: New American Library, 1974).
7 Samuel Shoemaker, *With the Holy Spirit and with Fire*(New York: Harper & Row, 1960), p. 27.
8 Russ Johnston, *How to Know the Will of God*(Colorado Springs: NavPress, 1971), p. 13.

9 Thomas Goodwin, *The Vanity of Thoughts and Let Patience Have Its Perfect Way*(Wilmington: Classic-a-Month Books, 1964), p. 4.
10 Rosalind Rinker, *Prayer: Conversing with God*(Grand Rapids: Zondervan, 1959), p. 17.『대화식 기도』(생명의말씀사).
11 같은 책, p. 19.
12 Leona Choy, *Andrew Murray: Apostle of Abiding Love*(Fort Washington: Christian Literature Crusade, 1978), p. 152이하.
13 같은 책.
14 Charles H. Spurgeon, *Morning by Morning*(London: Passmore & Alabaster, 1865), p. 191.
15 E. Stanley Jones, *The Way*(Nashville: Abingdon/Cokesbury, 1946), p. 283.
16 Bob Mumford, *Take Another Look at Guidance: A Study of How God Guides* (Plainfield: Logos International, 1971), pp. 140-141.
17 같은 책.
18 Frances Ridley Havergal, 소네트.

6. 하나님의 말씀과 하나님의 통치

1 William Shakespeare, *The Merchant of Venice*, 4막 1장 183행, 포르티아의 대사.『베니스의 상인』(문학동네).
2 Plato, *Theaetetus*, p. 190(스테파누스 판).
3 Augustine, *On the Trinity* 4.10.『삼위일체론』(크리스챤다이제스트).
4 William Penn, *The Peace of Europe, Etc.* (London: J. M. Dent, 연도 미상), p. 65.
5 Mary W. Calkins 편집, *Berkeley: Essay, Principles and Dialogues with Selections from Other Writings*(New York: Charles Scribner's Sons, 1929), p. 370.
6 같은 책, p. 373.
7 David Otis Fuller 편집, *Spurgeon's Lectures to His Students*(Grand Rapids: Zondervan, 1945), p. 182.
8 Martin Buber, *I and Thou*, Ronald G. Smith 번역(New York: Collier, 1958), p. 83.『나와 너』(문예출판사).
9 여기에 대해서는 다음 잡지에 실려 있는 생리학자 Walter Cannon의 연구를 참고하라. *Psychology Today*, June 1983, pp. 71-72.
10 Mary Ann Lathbury, "Break Thou the Bread of Life" 1절(찬송가 198장).

11 같은 찬송 3절.
12 Washington Gladden, "The Holy Scriptures."

7. 하나님의 말씀을 통한 구속

1 Hannah Hurnard, *God's Transmitters*(Wheaton, Ill.: Tyndale House, 1981), p. 12.
2 David Otis Fuller 편집, *Spurgeon's Lectures to His Students*(Grand Rapids: Zondervan, 1945), p. 172.
3 James S. Stewart, *A Man in Christ*(London: Hodder & Stoughton, 1935), p. 192이하.
4 같은 책, p. 193.
5 William Law, *The Power of the Spirit*, Dave Hunt 편집(Fort Washington, Penn.: Christian Literature Crusade, 1971), p. 62.
6 Thomas à Kempis, *The Imitation of Christ*, Leo Shirley-Price 번역(London: Penguin, 1952), p. 27.
7 Madame Guyon, *Experiencing the Depths of Jesus Christ*(Goleta, Calif.: Christian Books, 1975), p. 16.『예수 그리스도를 깊이 경험하기』(생명의말씀사).
8 영적인 삶을 위한 훈련의 입문서로는 특히 다음 책을 참고하라. Richard Foster, *Celebration of Discipline: The Path to Spiritual Growth*(San Francisco: HarperCollins, 1998).『영적 훈련과 성장』(생명의말씀사).

8. 하나님의 음성 알아듣기

1 기름부음만으로 충분하다는 가르침을 다양한 방식으로 이해할 수는 있지만 성경적 그리스도인이라면 아무도 그것 자체를 부인할 수는 없다. 13세기와 14세기 유럽에 신비주의의 물결이 세차게 밀어닥친 이후로[여기에 대한 좋은 입문서로는 다음 책을 참고하라. Jeanne Ancelet-Hustache, *Master Eckhart and the Rhineland Mystics*(New York: Harper/Torchbooks, 1957)] 이 가르침을 가장 강하게 옹호한 무리는 퀘이커 교도들이다. 그들의 입장은 다음 책의 명제 1, 2, 3에 가장 잘 제시되어 있다. Robert Barclay, *An Apology for the True Christian Divinity*(여러 판).

나는 전체적으로 성경과 기름부음의 관계에 대한 더 정확한 견해를 윌리엄 로, 존 웨슬리, 앤드류 머레이에게서 찾을 수 있다고 믿는다. 다음 책들을 참고하라. William Law, *The Power of the Spirit*, Dave Hunt 편집(Fort Washington: Christian Literature Crusade, 1971); William Law, *Serious Call to a Devout and Holy Life*(여러 판).『경건한 삶을 위

한 부르심』(크리스챤다이제스트); Andrew Murray, *The Spirit of Christ*(London: James Nisbet, 1899). 『성령』(벧엘서원); John Wesley, "The Witness of the Spirit", in *Sermons on Several Occasions*(New York: Waugh & Mason, 1836), 1:91-92. 성령에 관한 존 웨슬리의 여러 강론도 좋은 자료다.

2 Frederick B. Meyer, *The Secret of Guidance*(Chicago: Moody Press, 1997).

3 주 2)의 책 외에도 다음 책들을 참고하라. Bob Mumford, *Take Another Look at Guidance: A Study of How God Guides*(Plainfield: Logos International, 1971), 7장; G. Campbell Morgan, *God's Perfect Will*(Grand Rapids: Baker, 1978), p. 155이하. 『하나님의 뜻』(규장).

4 Meyer, *Secret of Guidance*, p. 18.

5 Beth Spring, "What the Bible Means", *Christianity Today*, December 17, 1982, pp. 45-48.

6 William Law, *Power of the Spirit*, p. 61.

7 뉴욕 주립대학교의 Don Ihde 교수는 음성 현상의 심층 연구에 아주 유익한 지침서를 펴냈다. Don Ihde, *Listening and Voice*(Athens: Ohio University Press, 1976).

8 E. Stanley Jones, *A Song of Ascents*(Nashville: Abingdon, 1979), p. 190.

9 Wesley, *"The Witness of the Spirit"*, pp. 91-92.

10 Adele Rogers St. John, *Guideposts*, December 1968, p. 8.

11 Mumford, *Take Another Look*, pp. 85-86.

12 Charles Stanley, *How to Listen to God*(Nashville: Thomas Nelson, 1985), p. 51. 『하나님의 음성을 듣는 법』(두란노).

13 J. Edwin Orr, "What Made the Welsh Revival 'Extraordinary'", *The Forerunner* 2, no. 8(1911): 11.

14 Isaac Watts, "Am I a Soldier of the Cross?"(찬송가 391장).

15 Meyer, *Secret of Guidance*, p. 31.

16 John Bunyan, *Grace Abounding to the Chief of Sinners*(Grand Rapids: Baker, 1981), pp. 46-47. 『죄인 괴수에게 넘치는 은혜』(규장).

17 이 부분과 병행하여 다음 책을 읽으라고 권하고 싶다. Charles Stanley, *How to Listen to God*, 1장과 2장. 『하나님의 음성을 듣는 법』(두란노).

18 이 책에서는 하나님의 음성 분별과 연관된 공동체적 측면은 살펴보지 않았다. 다음 책들을 참고하라. Richard Foster, *Celebration of Discipline: The Path to Spiritual Growth*(San Francisco: HarperCollins, 1998), pp. 150-162. 『영적 훈련과 성장』(생명의 말씀사); Danny E. Morris, *Yearning to Know God's Will*(Grand Rapids: Zondervan, 1991), 2부. 전반적으로 각 사람이 하나님의 음성을 듣는 과정과 동일한 특성이 단체적

과정에도 적용되지만, 영적으로 준비된 단체가 개입될 경우 메시지의 확실성이 더 커진다. 그러나 단체가 율법주의나 무지나 미신에 지배된다면 단체 인도는 생명력을 잃고 만다.

9. 인도하심 그 이상의 삶

1 G. Campbell Morgan, *How to Live*(Chicago: Moody Press, 1947), p. 76.
2 James Dobson, "The Will of God", 라디오 방송(1982년 12월 3일). 다음 책의 탁월한 장인 "Interpretations of Impressions"도 참고하라. James Dobson, *Emotions: Can You Trust Them?*(Ventura: Regal, 1981).
3 Frederick B. Meyer, *The Secret of Guidance*(Chicago: Moody Press, 1997), p. 42.
4 John Wood Oman, *Grace and Personality*(Cambridge: Cambridge University Press, 1931).
5 W. R. Sorley, *The Moral Life*(Cambridge: Cambridge University Press, 1911), p. 138.
6 Garry Friesen, *Decision Making and the Will of God*(Portland: Multnomah Press, 1980), p. 145. 『하나님의 뜻과 자유 의지』(아가페).
7 Brother Lawrence, *The Practice of the Presence of God*(Old Tappan: Revell, 1958), p. 51. 『하나님의 임재 연습』(두란노).
8 A. T. Pierson, *George Mueller of Bristol*(New York: Baker & Taylor, 1899), p. 196. 『죠지 뮬러전』(생명의말씀사).
9 John Boykin, "Rethinking the Will of God", *The Door*, May-June 1992, p. 13.
10 John Wesley, *Selections from the Writings of Reverend John Wesley*, Herbert Welch 편집(New York: Eaton & Mains, 1901), p. 138.

후기: 뜨거운 마음을 갖는 길

1 Henry Churchill King, *The Seeming Unreality of the Spiritual Life*(New York: Macmillan, 1908).
2 다음 책을 공부하면 이런 상황을 아주 깊이 이해하게 될 것이다. P. A. Sorokin, *The Crisis of Our Age*(New York: E. P. Dutton, 1994). 나의 책 *The Divine Conspiracy*(San Francisco: HarperSanFrancisco, 1998)도 참고하라.
3 Elizabeth Rooney, "The Opening." 이 시의 출전이나 저자의 소재를 파악할 수 없었다.

옮긴이 **윤종석**은 서강대 영어영문학과를 졸업하였으며, 미국 골든게이트 침례신학대학원에서 교육학(MA)을, 트리니티 복음주의신학교에서 상담학(MA)을 공부했다. 『교회, 나의 고민 나의 사랑』, 『거침없는 은혜』, 『남자는 무슨 생각을 하며 사는가?』, 『놀라운 하나님의 은혜?』, 『마음과 마음이 이어질 때』, 『모자람의 위안』, 『베푸는 삶의 비밀』, 『하나님이 축복하시는 삶』, 『천년 동안 백만 마일』(이상 IVP), 『재즈처럼 하나님은』, 『하나님의 모략』(이상 복있는사람), 『결혼 건축가』, 『하나님의 임재 연습』(이상 두란노) 등 다수의 책을 번역하였다.

하나님의 음성

초판 발행_ 2001년 7월 5일
초판 19쇄_ 2014년 1월 10일
개정판 발행_ 2016년 1월 27일
개정판 7쇄_ 2024년 1월 15일

지은이_ 달라스 윌라드
옮긴이_ 윤종석
펴낸이_ 정모세

펴낸곳_ 한국기독학생회출판부
등록번호_ 제2001-000198호(1978.6.1)
주소_ 04031 서울시 마포구 동교로 156-10
대표 전화_ (02)337-2257 팩스_ (02)337-2258
영업 전화_ (02)338-2282 팩스_ 080-915-1515
홈페이지_ http://www.ivp.co.kr 이메일_ ivp@ivp.co.kr
ISBN 978-89-328-1432-2

ⓒ 한국기독학생회출판부 2016

책값은 뒤표지에 있습니다.
무단 전재와 복제를 금합니다.